O Declínio da MÍDIA de MASSA

O Declínio da MÍDIA de MASSA

Por que os comerciais de TV de 30 segundos estão com os dias contados

Joseph Jaffe

M. Books

M. Books do Brasil Editora Ltda.

Rua Jorge Americano, 61 - Alto da Lapa
05083-130 - São Paulo - SP - Telefones: (11) 3645-0409/(11) 3645-0410
Fax: (11) 3832-0335 - e-mail: vendas@mbooks.com.br

Dados de Catalogação na Publicação

Jaffe, Joseph
O Declínio da Mídia de Massa – Por que os comerciais de TV de 30 segundos estão com os dias contados /Joseph Jaffe
2008 – São Paulo – M.Books do Brasil Editora Ltda.

1. Marketing 2. Propaganda e Publicidade 3. Administração

ISBN 978-85-7680-042-2

EDITOR
MILTON MIRA DE ASSUMPÇÃO FILHO

Tradução
Roger Maioli dos Santos

Preparação de Texto
Maria Sylvia Corrêa

Revisão de Texto
Regiane Miyashiro

Produção Editorial
Lucimara Leal

Coordenação Gráfica
Silas Camargo

Editoração e Capa
RevisArt

1ª edição
2008

Dedicado a minha bela esposa, Terri, e a meus esplêndidos filhos, Amber e Aaron — que vocês me perdoem por viver de mala em punho, por exibir uma personalidade exuberantemente insalubre do tipo A e por tentar mudar o mundo (sem ordem específica de precedência).

Agradecimentos

Agradeço a meus muitos colegas na indústria — que tenho o grande privilégio de chamar de amigos — por seu apoio e confiança, e por arriscarem seu dinheiro ocasionalmente comigo. Minha gratidão vai também para todos os pensadores e fazedores responsáveis por alguns dos trabalhos exemplares aos quais espero ter feito justiça neste livro.

Agradeço a Grant Lyons, diretor de criação e sócio da b2fync, que projetou meu site e os vários ícones dos salva-vidas retratados no livro.

Um obrigado ao meu caro Richard Narramore, editor sênior da John Wiley & Sons, por acreditar em mim e em minhas mensagens. E também a Ami Brophy, diretora executiva da Clio Awards, por ter feito a apresentação que acendeu a chama.

E, finalmente, minha eterna gratidão a minha mãe, por todo o restante.

Partes deste texto podem ter aparecido anteriormente na coluna "Jaffe Juice" da iMedia ou na seção MediaDailyNews da MediaPost.

Sumário

Prefácio xi
Introdução xv

PARTE I
O Problema

1 O Fim da Mídia de Massa? 3
2 O Que Tem Corroído o Comercial de 30 Segundos? 9
3 Assassinatos em Massa — Será a Publicidade a Resposta? 16
4 O Círculo Vicioso 18
5 O Fim da Linha 23
6 Forma-se uma Tempestade Perfeita 28

PARTE II
A Solução: Re:pensar Quatro Fundamentos do Marketing

7 Re:pensar o Consumidor Mutante 39
8 Re:pensar a Gestão de Marcas 55
9 Re:pensar a Publicidade
Torne a Publicidade uma Vez Mais Relevante 64
10 Re:pensar a Agência
Consertando a Bagunça das Agências 86

PARTE III
Dez Abordagens que Vêm Transformando os
Jogos do Marketing e da Publicidade

11 A Internet 115
12 Games 135
13 Conteúdo sob Demanda 146

14 Marketing Experiencial 168
15 Conteúdo de Forma Longa 178
16 Marketing Comunitário 189
17 Conteúdo Gerado pelo Consumidor 207
18 Busca 216
19 Música, Tecnologia Móvel e Coisas que o Deixam Ligado 226
20 Entretenimento com Marca 237

Epílogo: por que você iria se importar? 250

Índice Remissivo 255

Prefácio

Joseph Jaffe e eu somos tão diferentes quanto qualquer dupla que você puder encontrar. Joseph é um internacionalista. Eu sou de Oklahoma. Joseph passou muito de seu tempo na área de criação. Eu sempre fui um "terno e gravata". Joseph não somente acolheu a nova tecnologia, como se esbalda com ela. Eu escrevo este texto no Word 95. Joseph mora em Connecticut. Eu moro em Chicago. Somos claramente dois extremos polares.

No entanto, eis-me aqui. Um professor de calças lustrosas sugerindo que o novo conhecimento é melhor que o antigo. Que novos conceitos publicitários devem substituir o que conhecemos e amamos. Que a tradição deve ser reinventada. Que o que jaz adiante é mais importante do que o que ficou para trás. Isso tudo seria um anátema para o que apreciamos chamar de "método científico".

Estou escrevendo este prefácio porque acredito sinceramente no que Joseph tem dito em suas colunas, discursos, palestras, seminários e por aí vai. É o que ele diz continuamente em todo palanque e plataforma que encontra. E ele está certo.

Mas a verdadeira razão por que escrevo este prefácio é que este é um livro que eu gostaria de ter escrito. E a melhor coisa depois de escrevê-lo é ser convidado para redigir o prefácio. Chame a isso glória de empréstimo, se quiser.

A razão para que Joseph tenha me escolhido para o prefácio a seu livro é simples: nós concordamos em uma coisa básica. A publicidade na mídia, como foi conhecida, praticada e idolatrada nos últimos sessenta e tantos anos, está em apuros. Grandes apuros. E não vai se sair bem deles. Nunca.

Algumas Evidências Relevantes da Mudança

Minhas pesquisas acadêmicas pessoais nas áreas a seguir demonstram que a publicidade tradicional não está funcionando:

- o consumo simultâneo de mídias pelo público;
- os efeitos sinérgicos de exposição por veículos múltiplos;

- a inutilidade de informações demográficas sobre os consumidores para qualquer coisa que não seja determinar quando emitir carteiras de motorista ou iniciar pagamentos de seguridade social;
- a impotência dos modelos de otimização da mídia.

Todas essas são sólidas evidências da mudança, de que o velho está acabado e o novo já começou.

Mais significativa, porém, é a maciça mudança no que chamamos polidamente de *públicos-alvo* ou *consumidores*. Essa gente sem rosto e sem nome que deveria responder ao que nós, marqueteiros, julgamos importante, interessante e, acima de tudo, espertíssimo e revolucionário.

Como professor universitário, vejo as tendências futuras muito antes da maioria dos profissionais de marketing. Por quê? As mudanças estão sentadas em minha sala todos os dias. Transformando-se diante de meus olhos. A classe de 2001 não tem senão uma ligeira semelhança com a de 2004. O que os detectores de tendências levam meses ou anos para identificar, eu vejo sempre.

O problema é que pessoas no final da adolescência e entrando na casa dos vinte não são como o restante de nós. Certamente não são como os peritos em publicidade que pontificam, pronunciam-se e prevaricam sobre "consumidores" ou "clientes" ou "categorias". Essa nova gente — pois são de fato gente nova — não são como os grupos demográficos que adoramos empilhar nas faixas de 18 a 34 ou 25 a 49 anos. Não se parecem em nada com seus pais e menos ainda com seus avós... pessoas que cresceram e foram influenciadas pelos comerciais de 30 segundos. E o problema é que mesmo estas últimas já há algum tempo não são as mesmas, por mais que os publicitários tenham tentado tratá-las à mesma maneira de antes.

Essa é a grande mudança que Joseph apresenta neste livro: a mudança no consumidor, que vem determinando todos os novos conceitos, abordagens, tecnologias e outras tantas coisas que a nova era de consumidores adaptou e adotou. Para eles, o comercial de 30 segundos é tão relevante quanto uma amostra do próximo *Lawrence Welk Show*.

O consumidor está diferente e a publicidade não. O comercial de 30 segundos com certeza não está. Ele tem um começo, um meio e um fim. É um formato para uma época que já não existe e para um cliente que hoje se recusa a ser formatado. Esse é o problema que Joseph aborda na primeira parte do livro.

Rompendo os Laços

Os publicitários ainda se apegam ao comercial de 30 segundos. Para uma indústria que supostamente vive e respira criatividade, eles têm consideravelmente menos entusiasmo pela mudança do que contadores ou até mesmo cobradores de pedágio. Publicitários alardeiam novos conceitos, novas idéias, novas abordagens, novos issos e aquilos, mas abominam abrir mão daquilo que já conhecem e entendem e que lhes rendeu toneladas de dinheiro: o comercial de 30 segundos.

Penetrante é uma palavra muito débil para sugerir a dominação do negócio de propaganda pelo comercial de 30 segundos. Tudo o que fazemos se baseia nesse fragmento de tempo. Nossas pesquisas de pré-teste são predicadas num comercial de 30 segundos. Nossas pesquisas de consumo presumem como resultado o comercial de 30 segundos, como também nossos entrevistados em grupos de discussão. Nossos sistemas midiáticos enfocam e orbitam o comercial de 30 segundos. Nossos sistemas de medida reduzem tudo a um equivalente de 30 segundos de um filme ou fita com música, danças, gráficos, palavras e imagens, que são arranjados e rearranjados para ajustar-se a esse conceito arbitrário de tempo. O mundo da publicidade gira em torno do comercial de 30 segundos. Ele é o mecanismo de pensamento padrão que permeia a indústria. Peça a um publicitário que considere qualquer outro segmento de tempo e você verá instaurar-se um pânico de coelho assustado.

No entanto, temos aqui um desaforado de nome Joseph Jaffe que não se contenta em dizer que o comercial de 30 segundos vai morrer: diz que ele já morreu. Má notícia para muita gente e seu ganha-pão. Talvez o que observamos hoje seja o funeral do comercial de 30 segundos, com exéquias e tudo.

O Fim da Dominação

A grande mídia, as grandes agências, os grandes clientes e a grande idéia jamais dominarão a comunicação de marketing como dominaram na segunda metade do século XX. A publicidade midiática tradicional, com seus mitos, tradições, hierarquias, adereços e privilégios está sendo substituída por métodos que envolvem jogos, conteúdo sob demanda, marketing comunal e conteúdo gerado pelo consumidor, além de todo um exército de abordagens mais relevantes. É provável que jamais voltemos a ver um comercial como o "1984" da Apple, simplesmente porque jamais voltará a haver uma via similar ou um público similarmente enfocado. Embora seja uma vergonha, essa é a realidade. Por isso, sigamos em frente.

A publicidade já mudou, embora muitos profissionais continuem tentando barrar a maré. Mas diversamente de muitos textos que "contemplam com espanto", "contestam a liderança" ou "reclamam novos conceitos e abordagens", este livro oferece soluções e maneiras relevantes de lidar com as áreas tradicionais da propaganda midiática, das promoções, das relações públicas e do marketing direto — as quatro grandes da comunicação de marketing. Não amanhã, mas hoje. É isso que torna este livro único. Gasta-se pouco tempo explicitando o problema. E dedica-se muito a sugerir soluções e a compreender como re:pensar os quatro fundamentos do marketing (ou seja, o consumidor, a marca, a publicidade e a agência). Essas são as verdadeiras chaves do futuro.

O Declínio da Mídia de Massa é um mapa para o presente, e não um mundo de sonhos para o futuro.

Acolhendo a Mudança

Não podemos pôr a TiVO de volta na caixa, tampouco podemos pedir às pessoas que renunciem a seus automóveis ou portões automáticos. A comunicação de marketing mudou. E continuará a mudar. A verdadeira questão não é se mudará a publicidade, mas se mudarão os publicitários. Alguns mudarão, outros não. Alguns estão sendo rebocados, empurrados e até mesmo imobilizados e arrastados ao que o novo mundo da publicidade midiática é, pode ser e deve ser. Muitos não estão contentes com o que vêem. Eles espernearão, gritarão, se queixarão em blogs e criticarão o que se segue neste texto. Minha suspeita é que não gostarão do que vão ler, nem das implicações disso para seu futuro.

Este livro é um mapa não para o futuro, mas para o aqui e agora. Ele está cheio de idéias. Listas. Exemplos. Opiniões. Fatos. Sobretudo, de verdades. Verdades quanto ao que realmente vem ocorrendo no negócio da publicidade. O que mudou. O que não mudou e o que precisa mudar.

Talvez a única coisa que falta a este livro seja a perfuração. Páginas perfuradas que possam ser arrancadas do volume e pregadas no escritório de todo publicitário, como um simples lembrete de que "não estamos mais no Kansas, rapaz!".

Quanto tempo levará para que os publicitários mudem? Mais importante, eles *podem* mudar? Joseph e eu acreditamos haver vida após os 30 (segundos). As páginas a seguir mostrarão o caminho.

Don E. Schultz
Professor Emérito
Northwestern University
Evanston, IL

Introdução

Esta é uma obra opinativa. Isso é bom. Hoje em dia há muito poucas opiniões por aí. Alguém pode não concordar com minha opinião, mas pelo menos será incentivado a se arriscar fora daquela dura couraça protetora chamada *comodismo*.

Este livro está dividido em três partes.

Parte 1: O problema — Procuro lançar sal nas feridas do agonizante modelo dos 30 segundos, por duas razões. Porque é divertido chutar cachorro morto e, num tom mais sisudo, porque acho importante articular o problema real, explicar suas causas e discutir algumas implicações óbvias ou não tão óbvias.

Parte 2: A solução: Re:pensar quatro fundamentos do marketing — Desafio o leitor a re:pensar quatro quesitos — consumidor, marca, publicidade e agência publicitária. Isso é necessário se quisermos reinventar a nós mesmos e a nosso *modus operandi*: assim que compreendermos como o consumidor mudou, será mais fácil descobrir novos meios de alcançá-lo e aprofundar nosso relacionamento com ele. Em seguida, eu o ajudarei nesse caminho, analisando o que está certo, o que está errado e o que precisa mudar no mundo da publicidade e na criação de marcas. Por fim, avenho-me com o elefante gigante na sala — a guardiã histórica da marca e a criadora da comunicação: a agência de publicidade.

Parte 3: Dez abordagens que vêm transformando os jogos do marketing e de publicidade — O feijão e arroz do livro, em que eu discuto dez abordagens ousadas e não tradicionais que vêm mudando o jogo publicitário. Da Internet ao marketing experimental; dos telefones móveis à música; do marketing comunal ao conteúdo de forma longa. Como sou um orgulhoso generalista, recorri a dez especialistas confiáveis do mundo das comunicações. Eles concluem cada capítulo com um comentário sobre o assunto em mãos. Por sua colaboração, eu gostaria de agradecer (em ordem alfabética) a:

- Chris Aldhous, diretor europeu de criação da Hewlett-Packard, Publicis London;
- David Apicella, sócio sênior, diretor de co-criação da Ogilvy & Mather Nova York;

- Ian Beavis, ex-vice-presidente sênior de marketing, planejamento de produtos e relações públicas da Mitsubishi Motors North America, Inc.;
- Jason Devitt, CEO e presidente da Vindigo, Inc.;
- Robert Greenberg, chairman, CEO e diretor de criação da R/GA;
- Charles K. Porter, chairman da Crispin Porter + Bogusky;
- Jon Raj, diretor de publicidade da Visa;
- Kevin Ryan, vice-presidente executivo da Did-it.Com;
- Karen Schulman, vice-presidente de marketing & vendas da Global Publishing, Electronic Arts (EA);
- Rishad Tobaccowala, presidente do Starcom MediaVest Group.

Alguns Indicadores Finais

O leitor notará que várias marcas — algumas esperadas, outras não — darão as caras no decorrer do livro. Essas marcas atingiram um ponto em que as dez abordagens sugeridas na Parte 3 constituem mais uma lista de checagem do que de propósitos. Elas descobriram que, assim que se passa ao "novo marketing", é difícil voltar ao antigo.

Acredito que essas dez abordagens sejam menos "um troço legal desde que sobrem uns dólares do orçamento" e mais um salva-vidas para uma indústria em dificuldades. Se quisermos sobreviver, precisaremos de todos esses salva-vidas em um momento ou outro.

A maioria dos livros de negócios por aí emprega 250 páginas para dizer a mesma coisa 250 vezes. Eles se demoram e se estendem num problema em termos superficiais, com poucas sugestões e soluções.

A maioria também apresenta curas instantâneas para a insônia. Eu procuro contar minha história com um grande esforço para ser prescritivo, proativo, prático e pragmático; enfoco a solução de maneira envolvente, provocadora e, acima de tudo, não enfadonha. Faço o possível para manter seus olhos bem abertos. Se de alguma maneira ofender alguém, eu encarecidamente não peço desculpas. Assim é o amor brutal. Amo e me preocupo com esse negócio e com as pessoas que estão nele, e é por isso que o exponho tal qual ele é.

É pensando em meu proveito próprio que procuro mencionar, sempre que possível, meus próprios clientes — salvo se eu chamar isto aqui de publicação com marca e lhes enfiar a faca.

Por fim, faço previsões para o futuro. No caso de essas previsões se confirmarem, convido-os a assinar minha coluna "Eu te disse", onde poderei celebrar o sucesso de ter razão; se elas se mostrarem irremissivelmente ineptas e desnorteadas, convido-o a fazer uso de sua esquecedora natureza humana e tocar a bola para a frente.

Idéias Custam um Tostão a Dúzia; Passe para Cá Meu Tostão

Muita gente acredita que as idéias fluem em abundância e que a *execução* é o componente valioso. Balela! Minha convicção é que as idéias são tão corriqueiras quanto um oásis num deserto — a maioria de tais aparições, após uma inspeção detida, revelam-se meras miragens ou falsas promessas de grande potencial.

As agências são forçadas a produzir idéias demais sem remuneração, mas esse é um outro tema para um outro dia; por ora, eu gostaria de registrar que este livro contém muitas, muitas idéias. Incentivo-o a usá-las. Não me importo se alguém as chamar de suas e assumir o crédito por elas.

PARTE I

O Problema

"Jacksonville, temos um problema."

Não há conversa hoje em dia — pelo menos nos foros públicos da indústria do marketing — que não anuncie os fracassos do modelo em rede. Todo mundo provavelmente já ouviu expressões sonoras como "fragmentação do público" ou "proliferação de canais" (eu as murmuro dormindo, segundo me dizem), como "consumidores emancipados" ou "o elusivo homem dos 18 aos 34", como "ascensão da Internet" ou "a TiVo[1] como o Anticristo". Tudo isso culmina na banalizada morte do comercial de 30 segundos.

Dependendo da cabeça pensante (ou da mão escrevente) responsável pela comunicação em qualquer dia que seja, todo mundo também já ouviu a resoluta e enfática retórica de que o comercial de 30 segundos não desaparecerá tão cedo, embora esteja reconhecidamente mudando. Por outro lado, se alguém já meteu a cara no armário de vassouras (também conhecido como novo departamento de mídia) de uma agência publicitária, pode ter ouvido as palavras "os 30 segundos estão mortos"... ou seria apenas o barulho da Swiffer? [Exposição gratuita de produto número 1.]

Um recente estudo da AAF expôs opiniões aparentemente contraditórias em sua *2004 Survey of Industry Leaders on Advertising Trends* (Pesquisa 2004 de líderes de indústria em tendências publicitárias). Embora a maioria dos entrevistados sentisse que o crescimento de anúncios com formatos não tradicionais (liderados por gravadoras de vídeo digital como a TiVo) mudará a publicidade, também havia ceticismo quanto a tais alternativas. Essa descoberta pode ser lida de duas maneiras: (1) a comunidade do marketing está dividida entre aqueles que acolhem formas não tradicionais de marketing e aqueles que as temem; ou (2) — e esta segunda interpretação é mais repreensível — *ninguém jamais foi demitido por colocar a TV no plano de mídia.* Em outras palavras, uma porção de executivos de marketing por aí afora ainda se apega à propaganda televisiva porque acredita conhecer as alternativas e sente-se portanto a salvo. *Errado.* CMOs estão sendo descartados antes mesmo que Donald Trump consiga dizer "Rua!". A raiz do problema pode muito bem ser sua confiança nas assim chamadas opções mais seguras.

Quando falo com fanáticos do marketing New Age, eu danço sobre o túmulo do comercial de 30 segundos e canto aleluia; mas ao dirigir-me a uma sala com gente "tradicional" da mídia ou do marketing, já fui visto papagueando que o comercial de 30 segundos não sumirá tão cedo — um ato confortante de puxa-saquismo e autopreservação (afinal de contas, eu gosto de ser pago e detesto intensamente ser atacado).

Porém, é a hora de sair de meu armário com esta afirmação enfática: o comercial de 30 segundos — pelo menos como existe hoje em dia — está morto, morrendo ou já gastou a serventia. A escolha é sua.

Evidentemente, os que acreditam que o comercial de 30 segundos não desaparecerá tão cedo precisariam rever sua definição da palavra *cedo*. Talvez possamos fazer uma aposta sobre o que desaparecerá *mais* cedo: o comercial ou o emprego deles.

Houve uma época em que certas pessoas acreditavam que a televisão em preto-e-branco não ia desaparecer tão cedo. É verdade que persistem algumas delas por aí; acredito que possam ser compradas no eBay, na seção de antigüidades.

A conclusão é que o mundo da comunicação de marketing está em desarranjo. As relações entre cliente e agência estão na maior baixa de todos os tempos (tanto em ânimo como em vitalidade). Os departamentos de compras estão a toda e consultores responsáveis pelos números de circo necessários às seleções comerciais de hoje vêm dando um péssimo nome a consultores como eu; a Madison Avenue está maculada e já não é o epicentro do incestuoso mundo da publicidade.

Alguma coisa acabou já há muito tempo, mas a realidade a que muitos profissionais de marketing ainda se apegam é uma rede de segurança em que estão bordadas as letras UPFRONT[2], uma rede manchada, rota e infestada de mofo e mariposas.

Enquanto o leitor pensa em outra profissão ou num trabalho voluntário na África, ou encara aquele laço de aparência funesta, respire fundo e relaxe: tudo vai acabar bem. Na verdade, tudo estará placidamente bem, mas exigirá algum tempo e muito trabalho duro. Vamos ter de pendurar o ego na entrada e talvez até tenhamos de trabalhar um pouco mais se quisermos alcançar uma nova posição, abrindo uma página nova com um conjunto inédito de possibilidades e potenciais.

A verdade é que não poderia haver época melhor para trabalhar nesse negócio. As oportunidades são infinitas e estão aí para serem aproveitadas, mas enfatizo que os pressupostos, as alianças políticas e os feudos têm de ser sumariamente descartados; a resistência à mudança será fútil, e a habilidade de assumir riscos se mostrará essencial para singrarmos este admirável mundo novo.

---

2. O autor define o termo na página 20. (N. do T.)

1

O Fim da Mídia de Massa?

Quem quer que deseje o sucesso constante deve mudar sua conduta conforme mudam os tempos.

Nicolau Maquiavel

Se ainda há pessoas por aí que acham que a mídia de massa é um negócio viável, faça o favor de mostrar-lhes este livro. Os conteúdos alternativos e a contínua fragmentação e proliferação de pontos de contato com a mídia tornam difícil o vínculo com grandes massas do público, e mais difícil ainda sua agregação.

Por que alguém ia querer atingir um público de massa numa época em que restam muito poucos produtos realmente de massa? Com mais de 40 mil produtos à escolha num supermercado médio (de acordo com a MSNBC), só o que há atualmente de massificado é a confusão, a distração e a desordem.

Mesmo a outrora reverenciada Coca-Cola já não é tão de massa como costumava ser. A capa da *Business Week* em 20 de dezembro de 2004 trazia a justa chamada "The Real Problem, or Gone Flat" [O verdadeiro problema, ou acabando o gás]. Com a C2, a Diet Coke, a Diet Coke com Limão, a Classic Coke, a Cherry Coke e a Vanilla Coke, para não mencionar o Dasani e outros, ela passou a constituir uma linha diversificada de produtos, direcionada a um público segmentado.

A Coca é uma marca que costumava ser impregnável. A Pepsi provaria literalmente aos consumidores que sua água com açúcar carbonado tinha um gosto melhor, mas ninguém ligou. Agora, por alguma razão, as pessoas começaram a ligar, e a Pepsi vem fungando forte no cangote da Coca. Há muitas razões possíveis para isso, mas um grande ponto de diferenciação pode ser a maneira como essas duas marcas se dividem e conquistam para firmarem contato com os consumidores, mediante uma combinação entre novas e antigas abordagens de marketing.

Al Ries e Jack Trout falaram sobre a alta visibilidade de marcas específicas, mas não creio que eles tenham chegado a pensar que a parte *mais fácil* do processo seria escolher a Colgate, e a mais difícil seria escolher entre o Colgate Total Plus Whitening, o Colgate Total, o Colgate Total Advanced Fresh, o Colgate 2 em 1 com branqueamento Icy Blast, o Colgate 2 em 1 com branqueamento, o Colgate 2 em 1 com sabor menta, o Colgate Total Advanced Fresh 2 em 1, o Colgate Herbal White, o Colgate Sensitive Maximum Strength com branqueamento, o Colgate com branqueamento por peróxido & soda e controle de tártaro Brisk Mint Paste, o Colgate com branqueamento por peróxido & soda e controle de tártaro Frosty Mint Striped Gel, o Colgate para controle de tártaro com menta de peróxido & soda, o Colgate 2 em 1 Kids Toothpaste and Mouthwash, o Colgate Barbie* Sparkling Bubble Fruit, o Colgate Looney Tunes† Bubble Fruit, WildMint and Berrylicious, a Simply White Advanced Whitening Toothpaste, o Colgate Max Fresh, o Colgate Fresh Confidence, o Colgate 2 em 1 com branqueamento, o Colgate Sparkling White Cinnamon Spice, o Colgate Sparkling White Mint Zing, o Colgate Sensitive Maximum Strength com branqueamento, o Colgate para controle de tártaro e branqueamento com gel de menta, Colgate para controle de tártato e branquemento Crisp Mint, o Colgate Platinum com branqueamento por menta suave, o Colgate Platinum com branqueamento por menta invernal, o Colgate Max Fresh, o Colgate Fresh Confidence, o Colgate para controle de tártaro com menta fresca de peróxido & soda, o Colgate Cavity Protection Great Regular Flavor, e o gel Colgate Cavity Protection Winterfresh.

O que eu quero dizer é que existe aí a extensão da linha de produtos, e com ela um bilhete só de ida para o hospício.

Será coincidência o fato de que a PepsiCo anunciou em março de 2005 que relançaria a Pepsi One diet com uma caloria a mais do que o número total de comerciais de TV a serem usados em sua promoção? (Dica: ela só tem uma caloria.) Acho que não. Em vez disso, a campanha incluiria eventos (ver capítulo 14), filmes online (ver capítulos 11 e 15) e outras alternativas à publicidade tradicional (como cartões colecionáveis). Isso lembra bastante este livro.

Em vez de avaliar um número explosivo de alternativas — desde a programação de nichos, passando pelo marketing em celulares até os games —, os profissionais de marketing continuam a sentir a necessidade, a ceder à urgência, a sucumbir à tendência de ser preguiçosos. Por alguma razão, parece-lhes melhor poder se esticarem e tocar o maior número possível de pessoas a qualquer momento.

O marketing de massa originou-se da necessidade de vender uma produção massificada após a Revolução Industrial (como no fordismo, iniciado por Henry Ford). Hoje somos governados por forças *revolucionárias informativas* — mas ninguém jamais adivinharia isso pelo modo como o marketing é utilizado, nem pela falta de inovação da indústria publicitária. A demanda (o consumidor) mudou irrevogavelmente. A oferta (ou seu marketing e publicidade) não mudou. Essa brecha tem de ser fechada.

O Super Bowl — definido por um comercial autodatado pelo nome de "1984"[1] — é o único alegado momento de mídia de massa que nos resta, e também ele degenerou no que eu chamaria de um ato de "marketing desesperado", em que os marqueteiros apostam tudo na esperança do sucesso instantâneo. Em 2005, os anunciantes pagaram um recorde de 2,4 milhões de dólares por um comercial de 30 segundos — uma soma ridiculamente inflada que apostava na esperança de que a história ou a badalação se repetiriam.

Há um motivo, porém, para a eficiência da propaganda no Super Bowl. Embora tecnicamente só vá ao ar durante os jogos, a real freqüência de um anúncio no Super Bowl pode ser magnificada por vários fatores, incluindo, mas não se limitando, às reprises que noticiários, artigos de jornal e picos de relações públicas em geral dão dessa superbadalada Meca da Publicidade. O efeito bebedouro (recentemente usurpado pela HBO — Não é TV, é HBO!) oferece ainda um refrescante coquetel extraforte. Recentemente a Web proporcionou a amplificação e a extensão dos anúncios do Super Bowl com a veiculação posterior dos comerciais e com sua capacidade de difundi-los entre colegas e amigos. A CBS e a AOL estimularam isso atraindo os espectadores à Web para votarem em seu comercial favorito durante a final, no Super Bowl Commercial Showcase. Não há como exagerar o valor que um punhado de ingressos para a final traz à mesa no lado comercial da equação. Mas como mensuramos o impacto desse comercial? Em termos de eficiência ou de eficácia? Deveríamos tentar calcular o imediato retorno sobre o investimento (ROI)? Como monetizar e quantificar o impacto dessa ribalta anual da publicidade?

Pedi a um monte de gente que justificasse por que e quando um anúncio no Super Bowl tem sentido. Uma das respostas consistentes foi "continuidade". Em

---

1. Este comercial, mencionado mais de uma vez neste livro, foi veiculado na TV norte-americana no terceiro trimestre de 1984, durante a temporada do Super Bowl. Dirigido por Ridley Scott e fazendo referência ao romance homônimo de George Orwell, "1984" anunciava o lançamento do computador Macintosh, num revolucionário clima de ficção científica. Por sua imensa influência, foi considerado o comercial da década pela revista *Advertising Age*. (N. do T.)

outras palavras, se este é o início de um processo, uma jornada, um meio para um fim, que melhor maneira de introduzir uma nova idéia ou marca, de lançar um novo produto ou de criar uma nova extensão de linha? Existe também o argumento em favor da mensagem que é enviada ao mercado (incluindo Wall Street) quando uma marca como a Reebok assume a liderança criativa, previamente ocupada por sua arqui-rival Nike, com o famoso comercial Terry Tate (salvo que não se explica por que a Reebok não renovou seu compromisso).

Existe aqui um conflito de especial interesse. Quantas vezes você acha que a agência BBDO do Super Bowl convenceu cada um de seus clientes com a mesma promessa? "Ei, FedEx, pense só na mensagem que isso enviará ao mercado e na vantagem que isso lhes dará sobre a UPS! Vamos incluir um monstro alien para dar mais efeito!" (Tlim-tlim!) Eis aqui algumas questões a considerar.

Com quase 50% do público sendo feminino, de que modo isso se traduz em eficiência no caso de uma marca como a Gillette? Aparentemente o próprio Super Bowl não tem um público tão super como fomos levados a crer.

E do ponto de vista da criação, será que esse pináculo do calendário é de fato a expressão última da promessa e potencial da publicidade? Ou será ele a suprema overdose de Ki-suco? Por que será que vemos esse tipo de criatividade somente uma vez por ano? Isso não deveria ocorrer o tempo todo? Num único ano, passamos da melhor casa de prazer no Texas (2004) a uma casa na campina (2005)[2], mas, em ambos os casos, a criatividade se ausentou sem pedir licença.

Um relatório da Association of National Advertisers [Associação dos Publicitários Nacionais — ANA] menciona que aproximadamente um terço dos grandes profissionais de marketing entrevistados acredita que suas agências de publicidade estão contaminadas pela "arrogância criativa". De que modo essa arrogância se traduz em custos inflados de produção — particularmente no que diz respeito ao Super Bowl?

Pensemos nos comerciais do Super Bowl tidos em geral como os melhores de todos os tempos. Por que será que a maioria deles tem dez anos ou mais? (Por acaso o estatuto de limitações do comercial "1984" da Apple expira em 2084?) O que significa, para nossa indústria, o fato de que um fenômeno único como o "1984" se tornou a melhor justificativa de nossa vida profissional, deixando os outros 364 dias tão flagrantemente negligenciados e estéreis?

E exponhamos a qualidade do público como ela de fato é. Um bando de espectadores intensamente inebriados, tão propensos a comprar um carro ou mandar uma remessa no dia seguinte como Pete Rose a carregar o próximo campeão do

2. Jogo de palavras com dois títulos de filmes. (N. do T.)

Triple Crown rumo à vitória. Com influências como essas, até que ponto esse tipo de investimento pode ser realmente eficaz?

Passemos agora ao cerne da histeria da publicidade em massa, à costumeira arma da vez: o comercial de 30 segundos, há muito protegido por uma metodologia furada que só sobreviveu porque todos os que a adotam têm pavor de pôr os pescoços para fora e dizer: "O fato de que todos seguem as mesmas regras defeituosas não faz com que elas estejam certas". E de fato já não estão certas. Já não são eficientes. Não são eficazes. É hora de pisar de lado e abrir caminho para um exército de soluções alternativas.

Não sei ao certo se existe alguma arraigada inveja psicológica nas mídias de massa que nos obrigue a comparar nosso alcance com o de nossos concorrentes, mas é sem dúvida agradável poder transmitir uma mensagem de higiene feminina a homens e mulheres pós-menopáusicas... só porque um programa qualquer tem picos de audiência junto a alguma segmentação ampla definida por faixa etária.

O pressuposto implícito é que, se todo mundo jogar segundo as mesmas regras furadas, estas por necessidade não serão furadas, uma vez que são geralmente aceitas e praticadas por um e por todos.

As classificações da Nielsen e sua metodologia beiram o ridículo, com intervalos de 15 minutos que equilibram convenientemente as altas do conteúdo e as baixas dos comerciais. Apesar da bizarra exigência de classificações minuto a minuto feita pelo ocasional executivo da agência (sua versão da machona briga de galos), o mesmo e velhíssimo estilo de negócios continua a todo vapor, como se não houvesse nada de errado.

As declarações a seguir aparecem no site da Nielsen como Perguntas Freqüentes dirigidas a possíveis candidatos a entrevistado: "Podemos pedir-lhe que mantenha um diário, que tenha um medidor de audiência em sua casa ou que responda a algumas perguntas por telefone".

Essas três abordagens metodológicas conjuram a noção de burro, burrão e burraldo ao conceituar as características inerciais de nossa batata de sofá:

Abordagem 1: O Diário

"Querido diário, hoje escorei-me em meu magnânimo traseiro por cinco sólidas horas num estado de coma, e às 2 da tarde, tendo despertado de meu transe, mostrei minha polivalência limpando a baba endurecida no canto da boca e ao mesmo tempo fazendo uma atroz bestimativa do que tinha visto aquela noite na telinha."

Abordagem 2: O Medidor de Tevê

Muitos de nós se perguntam por que a TiVo demorou tanto a pegar. Alguns afirmam que ela exigia uma mudança de comportamento grande demais em muito pouco tempo. A julgar pela abordagem 1, parece razoável supor que, numa sociedade em que os números 12:00 piscam incessantemente na maioria dos videocassetes, nossos diligentes espectadores talvez não sejam exatamente santos no que se refere a seus deveres como relatores.

ABORDAGEM 3: A ENTREVISTA POR TELEFONE

Sujeita à mesma inércia e preguiça associadas às duas primeiras abordagens, com um bônus: as pessoas tendem a distorcer as respostas para parecerem mais espertas.

Se tivermos sorte, chegará um dia em que teremos chips de GPS[3] implantados e localizadores de proximidade que ajudarão os publicitários a determinar a verdadeira inutilidade de suas mensagens. Quando esse dia chegar, eu lhes mandarei sem falta um postal das Ilhas Galápagos.

3. Sistema de Posicionamento Global. (N. do T.)

2

O Que Tem Corroído o Comercial de 30 Segundos?

Não pretendo entediá-lo com aquelas conhecidas estatísticas sobre quantas mensagens o consumidor médio recebe por dia (segundo me dizem, são 3.225), mas basta dizer que é muito difícil encontrar um lugar que não esteja abarrotado de mensagens de marketing — com propaganda em barriga de grávida, testas e até lápides tumulares!

Confusão Demais

O problema na verdade é pior do que o super-simplificado dilema de consumidores bombardeados por mensagens de marketing; ele reside antes no fato de que os consumidores perderam a paciência com a implícita concordância mútua entre comerciais e conteúdo.

Lenta, mas certeiramente, as sacrossantas fronteiras entre o conteúdo e o nível aceitável de comercialismo foram invadidas, até um ponto em que já não há regresso em termos de aceitabilidade. Os intervalos comerciais exorbitantemente longos dos programas matinais de rádio praticamente imploram aos consumidores que mudem de emissora; os quatro minutos extras (com grupos de anúncios) e a previsibilidade do intervalo comercial logo após os créditos de abertura ou as "cenas do próximo capítulo" na televisão são avisos gigantescos e faiscantes da "pausa para ir ao banheiro"; o ganso dourado do marketing dos buscadores, outrora conhecido como "busca orgânica", acabou infestado pela "busca paga".

Há muito os profissionais de marketing afirmam que, se martelarem o alvo de modo repetitivo com a mesma mensagem mundana, os consumidores acabarão se resignando ou sucumbindo. Claro que eles não explicam a coisa desse jeito, preferindo usar palavras como *freqüência* ou *reforço* como substitutas de *bombardeio* ou *doutrinação*.

Alguns autoproclamados visionários da mídia mencionam especificamente o problema agudo da confusão para justificar a importância de cercar os consumidores com mensagens consistentes e "integradas", como as seguintes:

O despertar: o rádio-relógio sussurra doces melodias (entremeadas de anúncios).

↓

A xícara de café: o consumidor se volta aos jornais para a dose de notícias diárias.

↓

A caminho do serviço: as opções de entrada consistem em mais rádio e jornais, com um limpa-goela de *outdoors* dispostos na medida certa.

↓

No serviço: a televisão nos fundos (com o som desativado) está sempre ligada (ver a audiência dos jornais impressos em banheiros por toda a América). A Internet e o rádio preenchem as lacunas.

↓

Voltando do serviço: já adivinhou — rádio, jornais e revistas fazem da volta para casa uma delícia.

↓

À noitinha: vovó de todas as outras, a televisão prevalece, com um exército de programas obrigatórios.

↓

Alerta: se já lhe venderam esse cenário como se fosse Integração, ele não é. Isso é perseguição, no pior dos casos, ou exagero, no melhor.
Eis aqui uma visão diferente do mesmo cenário:

↓

O despertar: o rádio-relógio desperta grosseiramente a vítima de seu sono (o botão *snooze* é apertado em questão de segundos, e/ou o rádio é arrancado do criado-mudo e atirado contra a parede).

↓

A xícara de café: O cenário ainda necessário, mas utópico, da pausa tranqüila para a leitura de jornais é um sonho ilusório; a televisão, quando muito, é ruído de fundo; e a Web serve como fonte adicional de notícias.

A caminho do serviço: ouve-se rádio, mas assim que os comerciais começam, muda-se de emissora (é por isso que os aparelhos têm teclas programáveis).

↓

No serviço: a Web torna-se a mídia ininterrupta do dia.

↓

Voltando do serviço: ver "A caminho do serviço". (Para recapitular, conteúdo é bom; comerciais são ruins.)

↓

À noitinha: o controle remoto surfa com destreza pelos mais de trezentos canais; tristemente, continua não havendo nada para ver, exceto a HBO, que não tem comerciais.

> A confusão em cada uma das mídias (número de anúncios por sessão de visualização, audição, leitura ou utilização) tornou-se ruído branco; ao se combinar com a assim chamada mídia integrada que a rodeia, e que as agências vêm alardeando, ela só piorou: virou ruído cinza.
>
> Os consumidores geraram resistência ou inventaram meios de evitar, desligar ou ignorar a obsessão da Madison Avenue por atravessar a confusão que ela própria criou.

De acordo com um estudo da Knowledge Networks divulgado em dezembro de 2004, 47% dos espectadores trocam de canal ao verem TV, ou porque o programa acabou ou para evitar comerciais. Isso constitui um aumento em relação aos 33% de 1994. O último bastião da badalação — a Nielsen — planejava introduzir classificações dos comerciais minuto a minuto, a partir de outubro de 2005. Eu, por algum motivo, suspeito que a introdução será convenientemente protelada, infestada por objeções e atrasos; como quer que seja, logo descobriremos, ao menos em teoria, se o público potencial realmente viu o comercial. Ou, metaforicamente, *se a árvore caiu...*

... será que ela fez barulho? Não há garantia de que a mensagem será captada. O mesmo estudo sugere que a proporção de espectadores que fazem "outras coisas" — como falar, comer, ler e usar a Internet — ao assistirem ao horário nobre da TV aumentou de 67% em 1994 para 75%.

Como deplora a Figura 2.1, a probabilidade de que as pessoas meramente recordem uma marca divulgada encontra-se num declínio acentuado e aparentemente irreversível. Sorte de seu coração que meus dados só chegam até o ano 2000.

David Poltrack, vice-presidente executivo de Pesquisa e Planejamento na rede CBS, reafirmou recentemente (Reuters, dezembro de 2004) que os gravadores de vídeo digital (DVRs) já não são uma ameaça tão grande quanto se pensava, pois pesquisas *internas* (nada de conflito de interesses!) revelaram que os puladores de canal recordaram, em média, dois comerciais e uma marca, *que é essencialmente o mesmo nível de recordação da TV ao vivo.* Isso é insanidade pura. Para os principiantes, esse é um relatório interesseiro que implica basicamente que os DVRs não são piores que a TV ao vivo, o que seria ótimo, se zero vezes um milhão fosse mais que zero. Portanto, Poltrack reconhece essencialmente que, em qualquer noite específica, é um tiro no escuro dizer qual marca em particular será relembrada e qual anúncio será recordado, sem que saibamos quem é a marca anunciante. Ele devia mudar seu título para vice-presidente executivo de Chutes e Palpites.

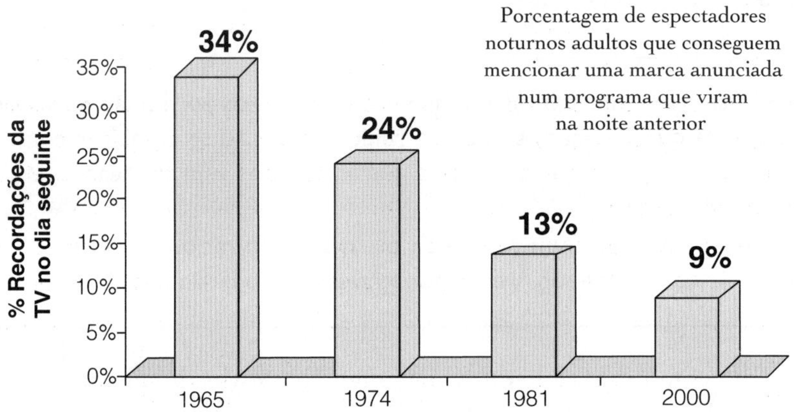

Figura 2.1 A minguante recordação do dia seguinte.
Fonte: National Association of Broadcasters (NAB), 1965-1986; Nielsen (2000).

No lado oposto, Bob Greenberg, da R/GA, fala de frente da mídia e fundo da mídia, sugerindo que, depois de combinados todos esses dados, a primeira barreira — ou seja, pôr sua mensagem em frente a *algum* público (em oposição a *seu* público) — já não é o bastante. É onde entra a criatividade, mas...

A CRIATIVIDADE (É UMA CHATICE)

No caso remotamente possível de que um "estouro" ocorra, o resultado líquido é usualmente uma bolha de avacalhadora nulidade — uma tentativa medíocre e débil de ser engraçado ou envolvente.

O infame Super Bowl de 2004 (sabe, aquele da "disfunção indumentária"[1]) era *a única certeza da Madison Avenue... e eles igualmente a desperdiçaram.* Menciono esse fato porque acredito que ele representa o ponto de desequilíbrio ou um mo-

---

1. O original, "wardrobe malfunction", é um eufemismo que designa a exposição pública e involuntária de partes íntimas do corpo. Neste caso, ele se refere à exposição acidental do seio de Janet Jackson durante um show ligado ao Super Bowl. (N. do T.)

mento de verdade — uma bifurcação nos futuros caminhos da publicidade e no papel que o comercial de 30 segundos desempenhará neles. Foi nesse preciso momento do ilustre histórico da Madison Avenue que testemunhei o início do fim.

As conseqüências desse não-evento em 2004 sugerem o seguinte:

- famílias — particularmente crianças — não são bem-vindas aos futuros Super Bowls;
- a Madison Avenue nos tomava por desmiolados;
- mesmo sob o pretexto de atingir um público de massa, os marqueteiros ainda insistem em dirigir-se a subsegmentos menores, como os pacientes de disfunção erétil, que compõem menos de 5% do número total de espectadores;
- a promessa da excelência criativa vem se mostrando vazia.

Claro, 2005 não me desmente, com sua mescla de tentativas banais, ultra-seguras e doentia e artificialmente adocicadas de agradar e apaziguar a NFL [Liga Nacional de Futebol Americano] e a FCC [Comissão Federal de Comunicações].

Os duplos padrões prevaleceram, e parecia aceitável no primeiro trimestre mostrar "violência e imagens demoníacas" (letras miúdas deles, não minhas) no futuro filme *Constantine*, ou reverter a incontinência urinária do filho para o pai ao obrigar este último a explicar o que é uma ereção de quatro horas depois do comercial da Cialis — ao passo que o "disfunção indumentária" da Budweiser, as partes traseiras de Mickey Rooney (surpreendentemente vistosas para a idade) no comercial da Airborne e a lascívia de Lincoln (que, admito, forçava a barra no Igreja *versus* Estado) foram considerados impróprios para veiculação.

Uma pesquisa da American Advertising Federation (Federação Americana de Publicidade — AAF) em 2004 frisou a importância da criatividade (ou de sua ausência) como prioridade comercial. A Figura 2.2 mostra quão dramática foi a mudança no panorama entre 2003 e 2004, com os desafios da mídia ficando num distante terceiro lugar, depois de uma série de outros desafios ao lado direito do cérebro. Mesmo o ROI [retorno sobre investimentos] parece ir para escanteio comparado com a importantíssima missão de se conectar com o consumidor.

Isso numa realidade dura e fria, em que a mídia é continuamente separada ou apartada do departamento de criação. Pode conferir.

Os Consumidores Não São Tão Ingênuos como Costumavam Ser

Estamos a grande distância das praias seguras da *Ilha de Gilligan* (embora ela tenha voltado à TBS como seriado) e dos dias em que uma mensagem podia ser

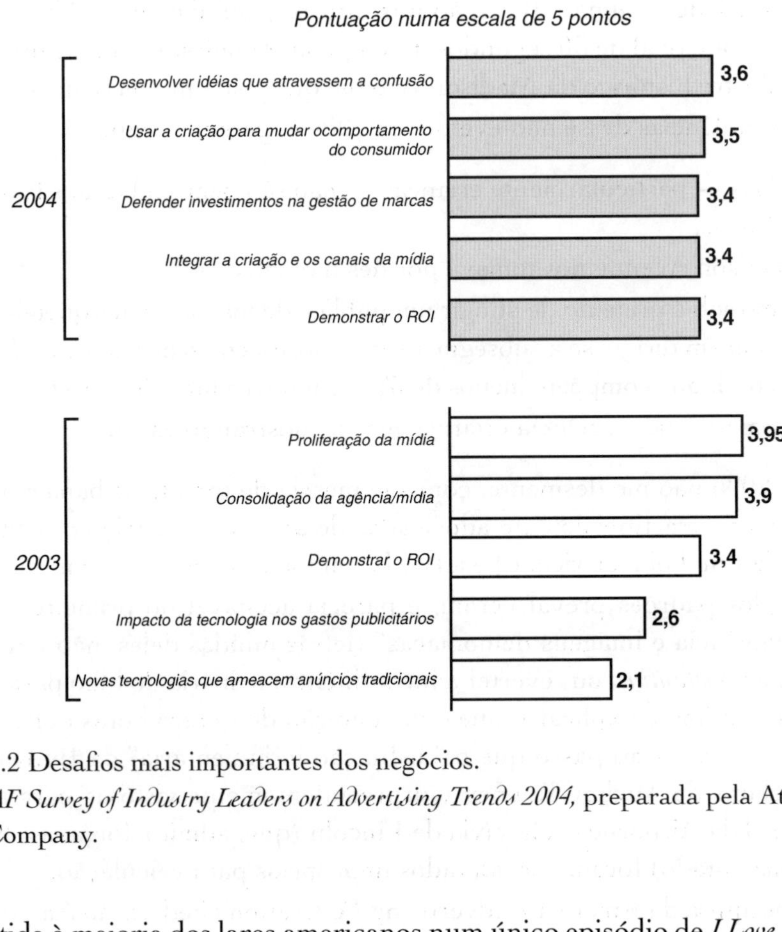

Figura 2.2 Desafios mais importantes dos negócios.
Fonte: AAF Survey of Industry Leaders on Advertising Trends 2004, preparada pela Atlantic Media Company.

transmitida à maioria dos lares americanos num único episódio de *I Love Lucy* — e, melhor ainda, *ser levada a sério.*

Os consumidores de hoje não apenas questionam, como contestam e rejeitam abertamente tudo o que é irrelevante, desnecessário e insultuoso.

Há apenas uns poucos anos, meu primo de 10 anos me perguntou o que eu fazia para viver. Na época eu trabalhava numa agência, por isso respondi que trabalhava com publicidade. Ele me perguntou em seguida o que representavam todas as letrinhas miúdas e palavras apressadas no final dos comerciais, e expliquei que eram ressalvas legais, termos e condições comumente exigidas. Ele me contemplou pensativo... se deteve... e então perguntou-me por que eu trabalhava num ramo em que precisava mentir para viver.

Curiosa penetração para uma criança que passa mais tempo mexendo na Internet e jogando videogame do que vendo TV — que vem crescendo num mundo de informação total numa época em que os marqueteiros estão mais transparentes do que nunca.

Níveis Inaceitáveis de Desperdício

"... mas funciona." Claro que funciona. Ninguém questiona o fato de que, quando centenas de milhões de dólares são despejados na televisão, as vendas aumentam. A questão verdadeira é: *até que ponto isso funciona e em que medida não funciona?*

John Wanamaker, o pioneiro das lojas de departamento que fez um uso intensivo da publicidade para anunciar e comerciar seus bens, proferiu estas famosas palavras: "Sei que metade do dinheiro que gasto em publicidade é desperdiçado, mas não sei qual metade". Mais de cem anos depois, outro pioneiro do varejo, Jeff Bezos, disse: "... se não gastarmos dinheiro em coisas como propaganda na TV, poderemos nos dar ao luxo de [*abaixar os preços*]". Pergunto-me quantos CEOs ou diretores de marketing (CMOs) da Fortune 500 seriam capazes de recitar *verbatim* o dito de Bezos, em oposição ao de Wanamaker.

Todavia, o dito de Wanamaker se tornou um padrão notório numa época em que não somente *sabemos* qual a metade desperdiçada, como sabemos que é muito mais do que a metade. O dilema de Wanamaker é a primeira parte do nocaute — o quesito eficiência de se apostarem dólares publicitários numa Ave Maria de 30 segundos.

Numa era de responsabilidade, em que consultores (excluído o presente) e compradores (que, francamente, não reconheceriam uma boa idéia a menos que fosse gratuita) ditam as regras, devemos questionar a eficiência de informar, persuadir e rememorar por meio desses 30 segundos pernilongamente chatos.

3

Assassinatos em Massa — Será a Publicidade a Resposta?

A maneira mais rápida de matar um produto ruim é a boa publicidade. Essas 13 palavras são muito comuns na Madison Avenue. São proferidas com imensa freqüência pela comunidade dos óculos de aro escuro, sobretudo quando se perde um cliente importante ou quando se realiza o exame *post-mortem* do que ocorreu ou poderia ter ocorrido.

Essa é também uma clássica defesa usada pela comunidade criativa para justificar por que uma "grande" idéia ou prática criativa teve um efeito exatamente oposto ao que se esperava: o produto não se mexe, embora o cliente invariavelmente o faça. É a história da Pets.com numa casca de noz. Mas é também a história da publicidade (num saco de nozes, por assim dizer).

Toda semana eu bisbilhoto a seção "Accounts in Play" [Clientes em jogo] de nosso ramo para saber quem é quente e quem não é. Sempre me pergunto o que é necessário para que se tome a decisão de reavaliar um contrato. Em alguns casos, isso tem muito pouco a ver com a agência ou seus anúncios. Um novo CMO geralmente significa um novo *modus operandi* e, ironicamente, é esse o momento em que as idéias políticas de cliente e agência mais se aproximam. Assim como muitos profissionais de criação acreditam que grandes idéias podem vir de qualquer parte (desde que venha deles), CMOs sustentam (tacitamente) que grandes agências fazem grande publicidade (desde que eles estejam envolvidos no processo seletivo).

As agências tendem a ser vitimadas pela lei da sucessão, mas caem muitas vezes numa armadilha diferente ao proferirem as 13 palavras mencionadas acima — a lei da desilusão. Por isso pergunto: se sabiam que o produto era um grande fiasco, por que aceitaram o contrato?

Também rumino sobre o corolário: se nada mata um produto ruim mais rápido do que a boa publicidade, *e quanto à proposição inversa dos bons produtos e publicidade ruim?* E, para levar esse passo mais adiante, o que seria a publicidade *ruim*?

Considere a tentativa de renomear (ou reposicionar) a World Wide Web como World Wide Wow. A AOL procurou recentemente colher os frutos do sexy mundo das marcas. Ela utilizou o renomado ícone do Corredor em dois grandes comerciais que explodiram por ocasião do Oscar 2004. O melhor dos dois comerciais explorava o tema do Homem Biônico, e o outro, surpreendentemente, exibia Sharon Stone de maneira quase desconfortavelmente sugestiva.

Embora o slogan da AOL — "So easy to use, no wonder it's number 1" ("Tão fácil de usar, não admira que seja a número 1") — merecesse há muito uma injeção de ânimo, ele era uma propaganda enxuta que servia ao valioso propósito de atrair os infinitos escalões de novatos na Net. Ocorreu então uma virada de 180 graus, de 100% concentrados no produto para 100% concentrados na marca. A nova campanha da AOL parecia ignorar o fato de que *novatos serão sempre novatos* no que se refere a seu relacionamento com a Internet — da mesma maneira que George W. sempre será o garotinho de George Pai.

Pode-se dizer que, neste caso, a solução *não era* empregar uma jeitosa campanha de marca, mas retomar a ênfase na velha abordagem centrada no produto, essa galinha dos ovos de ouro. O patrimônio da AOL depende parcialmente da habilidade do usuário de manter um codinome ou um endereço de e-mail, mas agora seu magnetismo consiste em seu exclusivo conteúdo com marca, seja na forma de bastiões offline como a *People* ou nas oportunidades seletivas e únicas do First Look, aparentemente a maior febre em meio à atual elite dos consumidores de música e entretenimento. Onde ficava isso tudo na mensagem?

Será que a agência não conseguiu reconhecer que o estilo piegas do ano anterior estava chegando ao fim com rapidez, ou será que o cliente não pôde resistir ao fruto proibido do Jardim da Mídia? O caso trazia CRM[1], e não CBS, escrito na testa.

Tudo o mais constante, a publicidade devia funcionar, e a boa publicidade devia funcionar esplendidamente. A palavra-chave aqui é *devia*, e ela levanta as seguintes questões:

- será que a publicidade tradicional das marcas é (ainda) a resposta?
- será que a publicidade na mídia aberta é (ainda) a resposta?
- será que a publicidade é (ainda) a resposta?

Por isso, da próxima vez que vir um cliente em jogo, e presumindo-se que a lei da sucessão não foi exercida, pense um pouco sobre como o cliente ficou em jogo — produto ruim, publicidade ruim ou simplesmente abordagem ruim? Talvez aquele famoso dito fique assim um dia: *A maneira mais rápida de matar um produto é a publicidade.* Ponto.

---

1. CRM é a sigla inglesa de Gestão das Relações com o Cliente. A CBS é uma das gigantes da mídia americana. (N. do T.)

4

O Círculo Vicioso

A confusão, a criatividade, o consumidor mutante e a própria eficácia do comercial de 30 segundos são quatro grandes problemas que, juntos e separadamente, compuseram um panorama complexo e difícil para as comunicações.

Para dizer com delicadeza, tentar construir uma casa sobre areia movediça não é nada recomendável. Se o comercial de 30 segundos é a casa, o ambiente em que ela é construída — caracterizado pela televisão, pelo conteúdo televisivo e pela relação entre conteúdo e comerciais — é a areia movediça da vez, e nela o comercial de 30 segundos vem lentamente afundando. Hoje, mais do que nunca, estamos agudamente cientes da inter-relação entre o meio (a mídia) e a mensagem (o trabalho de criação); que lugar melhor (ou pior) para começar um exame a esse respeito do que a TV aberta e o comercial de 30 segundos?

Se analisarmos sua raiz — a própria TV aberta —, o problema poderá ser visto como uma espiral decadente, como ilustra a Figura 4.1. Consumidores volúveis significam dólares publicitários volúveis, o que, por sua vez, restringe o oxigênio criativo bombeado no conteúdo — ou seja, há menos dólares disponíveis para o

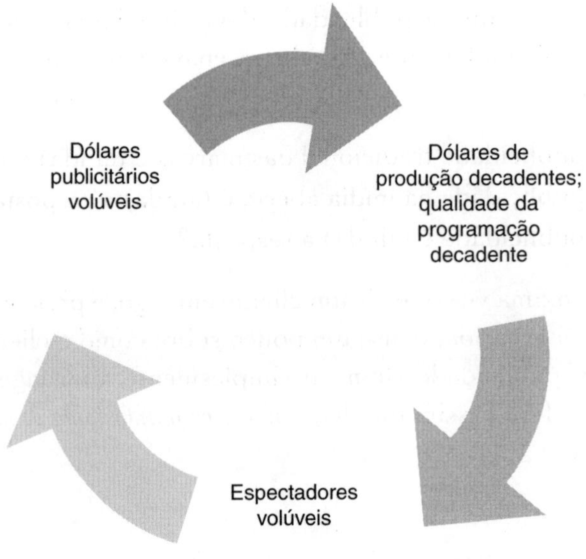

Figura 4.1 O círculo vicioso da televisão em rede.

lado produção/talento. Isso resulta em perda de espectadores, devido à falta geral de qualidade na programação, fazendo com que mais ratos fujam do navio que afunda... e já deu pra entender a idéia.

De acordo com o In-Stat/MDR, a projeção da publicidade para artigos eletrônicos nos Estados Unidos entre 2003 e 2009 (em bilhões de dólares) reflete um aumento de 95,9 bilhões em 2004 para 114,4 bilhões em 2009. Esse crescimento será alimentado sobretudo pela publicidade na Internet, sendo seguida pela publicidade na TV a cabo e em videogames, e é hora de nos prepararmos para isso. Se os marqueteiros continuarem em cima do muro quanto a adotar ou não alternativas à publicidade tradicional, será hora de eletrificar esse muro de hesitação, na esperança de deflagrar alguma ação imediata.

A Televisão "Saltou o Tubarão"

Atribuída ao inimitável Fonz, do seriado *Happy Days*, esta é uma daquelas metáforas facílimas de visualizar[1]. A meu ver as coisas só podem mesmo afundar a partir do momento em que literalmente saltamos um tubarão.

Veja o caso de *Seinfeld*, por exemplo. Esse processo pode ter ocorrido quando Kramer se lambuzou para tomar sol ou com a expressão "yada yada yada"; alguns vêem o tubarão no episódio retroativo. Mas há muita gente para quem nunca se saltou tubarão nenhum nesse popularíssimo seriado.

Costumamos falar de canibalização quando o assunto é a mídia, mas o que vem ocorrendo de fato com as redes de TV nas mãos da mídia online, das rádios via satélite e, claro, da TiVo, pode ser designado mais apropriadamente como a dolorosa experiência de ser devorado vivo. Numa pesquisa da Lightspeed Research, somente 31% dos entrevistados diziam que os telejornais em rede eram sua principal fonte de notícias, em comparação com 36% no ano passado. Na faixa dos 18 aos 34 anos, o declínio alcançou dois dígitos, com uma queda de 10% nos últimos 12 meses.

No *front* do entretenimento, as coisas metem mais medo ainda. A "TV realidade" iniciou uma recuada econômica em resultado de um modelo de negócios que pode ser melhor descrito como um remendo temporário para um problema mastodôntico. Os seriados humorísticos, por outro lado, são tudo menos divertidos, e

1. "Saltar o tubarão" ("to jump the shark") é uma expressão comumente usada pelos críticos da TV americana para referir-se ao momento em que um programa cruza seu auge e passa a declinar. (N. do T.)

os falsos aplausos e risos enlatados criam a impressão de que estão rindo *de nós*, e não conosco.

Os prêmios Emmy e Golden Globe empurram ainda mais a lâmina no lombo vulnerável das redes de TV, com a HBO provando ano após ano que a honestidade sempre prevalecerá sobre a hipocrisia: todos nós imprecamos, todos vemos revistas imundas, todos anelamos secretamente por satisfazer nossas tentações primitivas. A HBO nos proporciona isso aos borbotões, ao passo que a TV aberta prefere nos brindar com "estréias mundiais" destinadas a gente que há anos vive nas cavernas e que de algum modo não foi ao cinema, perdeu a versão em DVD e a veiculação sob demanda e não assinou nenhum canal premium. Essas estréias mundiais contêm tantos comerciais que ficam parecendo um calhambeque pipocante na fatídica viagem ao ferro-velho. Pior ainda, as redes acreditam, por algum motivo, que a violência gratuita (como em *Pulp Fiction*) é aceitável, mas em seguida substituem palavras que a maioria de nós usa no dia-a-dia por "poxa", "filho da mãe" ou, minha favorita, "Jiminy H. Cricket" (o Grilo Falante do Pinóquio!).

A Decadente Qualidade do Conteúdo: A Realidade da Televisão

O processo outrora estanque da televisão *upfront*[2] começa a parecer o *Titanic* em mais de um sentido, e enquanto as redes se estiram na amurada do leviatã, gritando "sou o rei do mundo", o restante da multidão publicitária já está com os joelhos imersos na água gelada. A arrogância suprema que afirmava que nenhum *iceberg* seria capaz de abrir um buraco no navio blindado da grande mídia era compreensível numa época em que maior era sinônimo de melhor.

E, no entanto, há novatas se proliferando nas próprias fibras das redes de TV, gerando uma forte oposição a elas. A Spike TV, a Fuse e a OLN são apenas três das arrivistas que se unem a usinas de força como a MTV, o Discovery e a ESPN, e a baluartes como a Bravo, a FX e mesmo a Sci-Fi. E há, de resto, os espíritos livres da turma — não-conformistas como a HBO e a Showtime — que nos lembram (com um aceno de cabeça a Lenny Kravitz): "Você vai ter que pagar o preço se quiser jogar".

---

2. O *upfront* (termo da televisão) é um método para comprar tempo de comercial televisivo muito antes do momento de veiculação dos programas, e geralmente por um período prolongado, como numa agenda de um ano.

A gabolice das grandes redes desde então deu lugar a nervosismo e ansiedade.

A solução delas até agora? Uma epidemia de *reality shows* tão aviltante, insultuosa e fútil que Vanna White se parece de repente com Jackie O., e Bob Barker com Cary Grant.

Eu arriscaria dizer que *My Big Fat Obnoxious Fiancé, Boss, Wife, Lover, or Whatever*, da Fox, significa que já chegamos ao fundo do poço, mas isso seria um descaso para com jóias passadas como *Married by America* e *The Will*, e afrontaria sem dúvida toda uma safra de podridão ainda por vir.

A verdadeira ironia dos programas de realidade é que o homem ou a mulher típico nas ruas é de fato mais interessante do que esses remexidos seriados inseminados artificialmente, que se tornaram mais do que estagnados em sua presente encarnação. Apesar de todas as risadas conjuradas pelo mágico botão dos aplausos, os seriados já não têm aquela graça toda.

O *engraçado* é que homens e mulheres adultos enfiem a cabeça numa cuia de tripas bovinas para recolher corações de porco com os dentes e depois se lavem de seus esforços com cérebro liquefeito, para vencer num *reality show*. Isso é hilário — especialmente sabendo-se que todos, salvo um, partirão de mãos abanando, embora com a "dignidade" intacta, sabendo que "jogaram o melhor que puderam".

As forças postas em ação já foram longe demais para serem revertidas. A passagem do tempo, a inevitabilidade da mudança e o poder de uma idéia madura são tais que o desejo da grande mídia de ser notada pela comunidade dos CMOs pode estar mais perto do que nunca da realidade.

O Efeito Bebedouro

Vamos dar um passo para trás e voltar aos consumidor estranhado. Esqueça os dólares publicitários por enquanto e concentre-se na razão por que a rede de segurança da TV aberta — o *upfront* — permanece intacta.

Se alguém se perguntar por que as coisas jamais foram as mesmas desde o comercial "1984" da Apple, só precisará, para sua resposta, analisar o *efeito bebedouro* — que, em essência, governa a espinha dorsal do modelo televisivo tradicional.

A proposta de valor da TV é muito simples quando se trata de grandes orçamentos, alto impacto, produção em massa e comerciais carregados: quando um anúncio veicula em rede aberta, ele provavelmente será visto por todos os consumidores que por acaso estiverem vendo um programa específico num momento específico.

Todo mundo liga a telinha para saber quem o dolorosamente corriqueiro Joe acaba escolhendo, ou qual Senhor das Moscas é eleito para sair da ilha; todos se acotovelam para descobrir se a bomba explode em *24 Horas*. E os comerciais comparecem para o desfile.

Se todos falarem sobre o que viram na TV ao redor do proverbial bebedouro (ou, nos dias de hoje, na Starbucks mais próxima), as chances são de que essas pessoas serão expostas aos comerciais que acompanharam o magnético conteúdo. E, em casos especiais, as pessoas podem até falar dos comerciais em si. A paródia da gostosona, da Go Daddy, poderia se qualificar nessa categoria, como os famosos comerciais "Wassup?" da Budweiser, que devem certamente ao efeito bebedouro o fato de terem ficado arraigados no próprio tecido de nossa cultura popular.

Eis aqui a mosca na sopa: *o que vai acontecer ao efeito bebedouro se as redes continuarem perdendo audiência para a TV a cabo, com toda essa loucura de fragmentação da mídia?*

Em 1998, estima-se que 76 milhões de pessoas assistiram ao episódio final de *Seinfeld*, o que representou 58% dos televisores em uso, segundo a Nielsen Media Research. Isso pode soar impressionante; no entanto, foi significativamente menos do que a parcela de 77%, ou 105 milhões de espectadores, alcançada por *M*A*S*H* em sua última veiculação em 1983.

Poucos programas (se é que algum) conseguiram dominar o bebedouro corporativo como *Seinfeld*. Mesmo assim, seis anos depois que Jerry e companhia foram misteriosamente deixados na cadeia, seis amigos (*Friends*) nossos vieram se despedir, mas apenas 51 milhões de espectadores ligaram a TV para dizer adeus. Nos 15 anos entre a despedida de *M*A*S*H* e a de *Seinfeld*, a porcentagem de lares vendo o programa caiu 19%, e outros 15% entre *Seinfeld* e *Friends*, o que perfaz 34% em 21 anos... Já começou a se preocupar?

O fato é que, além da tripla coroa da televisão — as cerimônias do Super Bowl, do Grammy e do Oscar —, torna-se cada vez mais difícil deduzir quaisquer economias de escala associadas com o efeito bebedouro. Parece-me que, com apenas um em cada cinco espectadores[3] sendo capaz de trocar idéias sobre as inesperadas reviravoltas ou o final chocante da véspera, o bebedouro já não é um ambiente tão divertido nos dias de hoje.

Isso só não vale se você for a HBO, cuja campanha auto-reflexiva de 2004 aludiu justamente a essa idéia, sugerindo que por toda a América os bebedouros estavam sendo removidos por falta de atividade — até, evidentemente, o advento da HBO, que vem jubilosamente restaurando bebedouros aos locais de trabalho por toda a nação. Aleluia.

3. Baseado em cálculos atuais dos programas de maior audiência, como porcentagem do total de lares com televisor.

5

O Fim da Linha

O comediante Steven Wright disse certa vez: *"O trabalho duro compensa no futuro; a preguiça compensa agora"*.

Talvez seja por isso que, para cada conhecedor do ramo que proclama que *este* ano será o último do *upfront* na TV, outros 99 replicam: "É o que eles dizem todo ano!".

Um ponto de desequilíbrio entra em jogo quando o assunto é o modo como a televisão é comprada e vendida. Os números continuarão a cair até que se cruze um patamar, após o que os publicitários votarão com seus dólares — salvo que desta vez o eleito será destronado. Em desenvolvimentos paralelos, os publicitários logo poderão acompanhar e fazer relatórios sobre a audiência contínua, em oposição à audiência saltada ou interrompida, e otimizar compras de criação ou mesmo integrais por uma cláusula de cancelamento em 24 horas, dependendo do número de amostras requeridas. Quando isso ocorrer, o *upfront* será a menor das preocupações do mercado.

Todos conhecemos o dito "se não está quebrado, não conserte". Agora, porém, há algo definitivamente quebrado. É um problemão, grande como um elefante na salinha dos executivos da rede aberta, das agências ou do departamento de marketing, e exerce uma pressão intolerável sobre as mesas de mógano, os minibares, os sofás chiques e as cadeiras Herman Miller Aeron.

O modelo de negócios da grande mídia está falido. Graças a DVRs como a TiVo, o horário nobre está virando o "meu horário". A mudança de horários está se tornando mais penetrante, com a veiculação com horário fixo sendo substituída pela veiculação sob demanda. A mudança do empurre para o puxe já não se limita ao mundo da busca — ela não poderia ser mais evidente do que no mundo da TV.

Num bizarro ardil 22, a filosofia do "se não está quebrado" é talvez a principal razão para que o modelo televisivo continue funcionando. Embora a propaganda na TV continue sendo possivelmente a mais intrusiva e perturbadora forma de publicidade, ela ainda é aceita, pois representa o *status quo*. Todos nascemos nesse formato e passamos a aceitá-lo com o tempo. A consistência de sua execução e difusão nos condicionou a internalizá-la e integrá-la a nossa vida. Isso não é de todo bom, contudo, pois muitos (ou até a maioria) de nós já nos programamos para ir ao banheiro quando começam os comerciais. Para a maior parte, porém, ainda existe o reconhecimento voluntário ou involuntário de que é assim que as coisas funcionam.

E no entanto, frente a uma paisagem em contínua fragmentação, com uma explosiva gama de opções e a progressiva resistência dos consumidores a mensagens irrelevantes, as mãos das redes tiveram de se mexer. Executivos da TV estão sendo pressionados a reavaliar seriamente o modo como têm feito negócios, para garantir que continuem a fazê-los.

Existe uma linha tênue entre a inovação e o desespero, se quer saber. A Ford é uma anunciante que parece estar sempre experimentando novas abordagens, como em seu patrocínio para a estréia sem intervalos comerciais das estações 2 e 3 do seriado *24 Horas*, e em seu apoio ao *American Idol*. A primeira abordagem é intrigante, mas relativamente fácil de transmitir no caso de consumidores desconfiados. A última tinha potencial, mas os artificiais momentos Ford eram meio perturbadores para o estômago.

O que realmente leva o bolo, porém, é a tendência de revisar o modo como as redes lançam novos seriados e estréias nos Estados Unidos. A transição de um *Blitz* no outono para uma programação mais balanceada durante um período mais prolongado tem Perdedora escrito na testa. Levou décadas para doutrinarmos a América média sobre como ela devia ver TV, e agora, numa jogada ousada, vamos tentar convencer essa gente de que ela não devia estar vendo beisebol, brincando com as crianças no quintal ou fazendo o que quer que faça quando seus cérebros não estão apimentados de elétrons?

O real dilema é conceber um modelo de negócios melhor (que eu elaboro na Parte 2). A esse respeito, tive a sorte de fazer parte de uma indústria jovem que experimentou, inovou e adaptou, ou por ser um território inexplorado, ou por força das circunstâncias (a sobrevivência pode ser um motivo muito possante), ou meramente por causa do DNA cultural. A permissão (*taí* uma idéia exótica: capacitar, de fato, os consumidores a eleger, assistir/ver/participar) é um fio bastante comum na metodologia da publicidade online: os grandes portais (o MSN da Microsoft, a AOL, o Yahoo! e, mais recentemente, o Google) oferecem uma variedade de ferramentas abaixo do custo como o Instant Messenger e o e-mail gratuito pra induzir os consumidores a ver seu conteúdo patrocinado. Mecanismos de busca combinam listas gratuitas e pagas e, quando não há resposta à presença dos anunciantes, estes recebem uma passagem só de ida para fora da cidade (pode imaginar alguém dizendo à Procter & Gamble que ela está sendo posta de castigo?). E há o novato no pedaço — o *behavioral targeting* [a seleção comportamental de público-alvo], que emprega o histórico e o comportamento real para sintonizar a seleção e livrá-la do elemento adivinhação.

Quer alguém tenha ambos os pés offline ou online, quer tenha um pé em cada lado, enquanto continuar a custear seus 401(k)s reunindo compradores e vendedores pelo mecanismo casamenteiro das mensagens, *terá de descobrir um jeito de transmitir mais por menos, num mundo em que os consumidores afirmam que menos é mais.*

A decisão tomada pelas redes de lançar novos seriados num ritmo calculado parece mais a manifestação de um *Punk'd* divino do que uma intervenção. Está na cara que ela não vai dar certo, pois bate de frente com a única coisa que realmente funcionava: a consistência. Há tantas medidas que poderiam funcionar melhor — por exemplo, usar o sistema Sob Demanda para assegurar que o consumidor jamais perca um episódio (a Time Warner está lançando esse recurso), mandar um DVD ao consumidor para que ele veja o programa nas férias, ou baixar a cópia de um episódio perdido no PC (o último coelho tirado da cartola da TiVo).

Aonde Foi a Garotada?

Os consumidores, conforme deixam às manadas as praias das redes de TV, acham refúgio em fontes alternativas de poder, muitas das quais lhes permitem o engajamento segundo seus próprios termos e oferecem uma variedade de experiências de consumo e envolvimento. Quero deixar uma coisa patentemente clara: a TV a cabo tampouco é a solução de longo prazo. Ela é o equivalente de pular da panela para o fogo. A curto prazo, os ícones da TV a cabo estão colhendo a recompensa do desajuste das redes, mas, sob muitos aspectos, a TV a cabo é como aquele ganhador da loteria desdentado, de camiseta e rabo-de-cavalo de *Jerry Springer* — exemplo desclassificado dos piores *trailers*. Fui duro? Talvez, mas é importante martelar algo nessas nossas cacholas: a televisão, como meio sustentado por anunciantes, está sofrendo tremendas dores transicionais e continuará até o fim sob considerável pressão.

A Figura 5.1 oferece uma perspectiva e, espero, desbanca quaisquer ilusões de que a TV a cabo seja a grande solução para os atuais problemas da publicidade. As barras esquerdas representam os consumidores que passam mais tempo na mídia em questão em comparação com 12 meses atrás. As barras direitas refletem a redução desse tempo em comparação com 12 meses atrás. Esse gráfico é uma boa medida de como as mudanças de consumo ocorrem, bem como de sua magnitude.

Que diferença faz um ano, e que endosso para o novo marketing e para o fato de que foi uma boa decisão comprar este livro, sobretudo se você estiver no ramo publicitário! A Web e a TV aberta são imagens reversas uma da outra. O único outro ponto de contato com a mídia que se encontra no lado errado do crescimento são os videogames, mas isso é visto como uma anomalia atribuível ao fato de

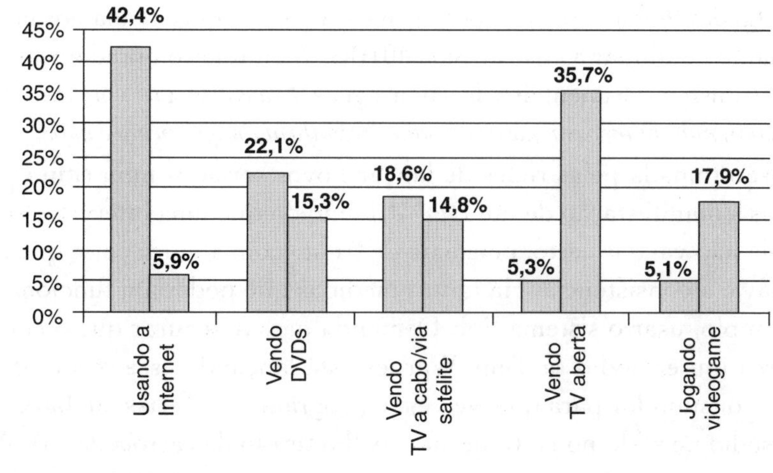

Figura 5.1 Mudanças no consumo de mídias.
Cortesia: In-Stat/MDR.

estarmos no quinto ano de um ciclo de cinco anos. Com o lançamento dos consoles de nova geração, como o PlayStation Portable (PSP) ou o Xbox 2, o crescimento dos videogames deve aumentar de novo.

O FIM DA INOCÊNCIA

O marketing tradicional, ou o que eu chamaria de "velho marketing", é, há muito, tido como uma metodologia criada em resposta direta à Revolução Industrial. Um marketing de massa era necessário para lidar com os resultados da produção em massa. A eficiência de produzir-se em massa provinha das economias de escala geradas com a produção; por outro lado, as eficiências de comunicar em massa decorriam da capacidade de enviar-se uma única mensagem a todos os consumidores simultaneamente.

Essa balela já não tem mais relevância.

A produção mudou do "tamanho-único-para-todos" para o "como-quer-que-montemos-seu-carro?". A customização e a personalização já não são acessórias, mas obrigatórias, desde o carro que você dirige até a calça que usa e os sapatos em seus pés. *Já não estamos vivendo uma revolução industrial; estamos vivendo uma revolução de outra espécie.*

Os consumidores mudaram ainda mais (como será revelado em breve) e concertaram um silencioso, mas violento, golpe de misericórdia pelo qual assumiram o controle de todas as facetas dos arcaicos quatro PP (produto, preço, promoção e posicionamento) — em praticamente todas as categorias. Vez ou outra eles chegam a exercer sua recém-descoberta liberdade para lembrar aos marqueteiros que estes não somente são subservientes, mas, na prática, são observados, julgados e avaliados com base no conjunto de suas ações.

Num caso muitíssimo irônico, a customização se voltou instantaneamente contra uma poderosa marca global. No caso em questão, a Nike emitiu um pare-e-desista contra um consumidor (um exército de um só) que customizara seu par de tênis com a expressão SWEAT (esquerda) SHOP (direita)[5]. A Nike ativou sua legião de águias legais para erradicar a infeliz mancha em seu imaculado histórico... mas o dano já fora causado.

Os consumidores de hoje, no entanto, descobriram um componente vital — ou viral — no novo marketing: a propaganda boca-a-boca, ou *mouse-a-mouse*. No exemplo acima, mensagens via e-mail retratando a obtusa cadeia de correspondências entre a corporação Nike e o cliente ofensor rodaram o globo repetidas vezes, não em oitenta dias, mas em oitenta milissegundos. O profundo embaraço causado por um único consumidor descontente pode ter conseqüências irreparáveis.

O ponto é que *a verdade corre solta*. Os profissionais de marketing já não podem se esconder por trás de uma cortina de veludo verde, puxar uma combinação de alavancas, acionar vários botões e esperar que a fumaça e os espelhos induzam os consumidores a comprar seus produtos.

A era da inocência deu lugar a uma opção simples: *acolha a mudança ou seja consumido por ela*. É uma relação engraçada, se pararmos para pensar: *consumidor, consumo, consumido*. Sua evolução espelha a da palavra *alvo*, que outrora reinava suprema na ciência imperfeita do *targeting* [a seleção de público-alvo]. Hoje, contudo, o selecionador tornou-se o próprio alvo.

O velho marketing, alicerçado nos constructos arcaicos do alcance e da freqüência, define-se pela habilidade de fustigar os alvos na cabeça até que estes se rendam, impotentes. O novo marketing, impregnado pelo DNA da inovação digital, vira pelo avesso o desequilíbrio de poder para revelar um novíssimo paradigma.

---

5. Literalmente, *sweat shop* significa "oficina de suor". A expressão aglutinada, *sweatshop*, designa a fábrica com práticas de trabalho exploradoras — associada já há algum tempo com a imagem corporativa da Nike. (N. do T.)

6

Forma-se uma Tempestade Perfeita

O conceito do ponto de desequilíbrio descreve quão subitamente, como que vinda do nada, uma revolução pode ocorrer. Muitas vezes ela é causada pelo fator mais ínfimo, e aparentemente o mais insignificante ou inconseqüente (consegue dizer "Atkins"?[1]).

Malcolm Gladwell[2] não precisa de mais dinheiro, por isso vou usar outra analogia para descrever o próximo estouro no mundo das comunicações. Eu o chamo de *tempestade perfeita* — a que se forma progressivamente e vai ganhando força, velocidade, direção e ímpeto.

A tempestade perfeita refere-se a um mundo cada vez mais digital, governado pela habilidade de criar sinergias e dinâmicas sem conta, graças ao amálgama de dados, informações e comunicação.

Os quatro ingredientes desta receita para o sucesso ou desastre (dependendo do lado da cerca que se chama de lar) são explorados várias vezes neste livro, particularmente nos capítulos dedicados ao perfil das várias alternativas ao marketing tradicional (ou abordagens do novo marketing) que vêm fortalecendo as marcas. Os quatro ingredientes são:

1. Banda larga.
2. Tecnologia sem fio.
3. Buscadores.
4. Redes.

Quando esses ingredientes se combinam, eles criam uma dinâmica nunca antes vista (ver Figura 6.1).

---

1. A referência é à "dieta do Dr. Atkins", que atribui o ganho de peso somente aos carboidratos e permite a ingestão de quaisquer outros alimentos. (N. do T.)

2. Gladwell é o criador do conceito do "ponto de desequilíbrio". (N. do T.)

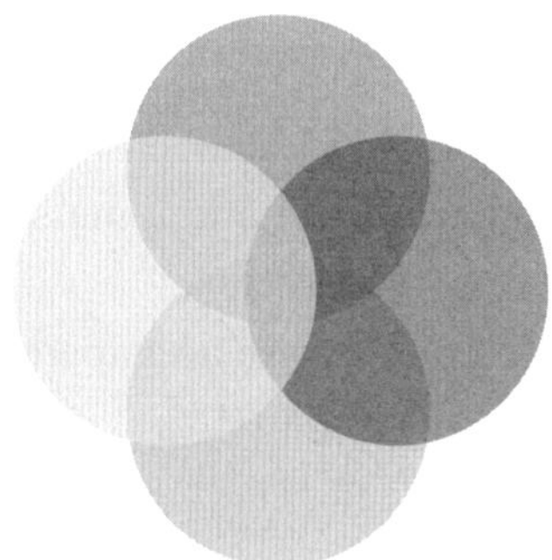

Figura 6.1 Forma-se uma tempestade perfeita.
Fonte: Jaffe, LLC.

BANDA LARGA

A próxima parte discute a banda larga em mais detalhes, examinando as realidades de um mundo sustentado por ela. Por enquanto, quero explicar o valor básico que a banda larga põe na mesa.

Não se trata da velocidade.

Velocidade é bom, mas não é o atributo mais significativo de um mundo pós-moderno. A verdadeira promessa, neste caso, é a *onipresença.* Com a banda larga, os consumidores estão sempre conectados e nunca precisam registrar-se nem deixar para amanhã o que podem fazer hoje (deixemos isso para quem está de dieta). A banda larga permite que os consumidores aproveitem o dia, vivam o momento ou, num plano menos grandioso, vejam a previsão do tempo, confiram as classificações esportivas, comprem um ingresso para o cinema, façam bolões, pesquisem futuras compras, comparem observações sobre um destino para o feriado e assim por diante.

A banda larga também reduz e, aliás, elimina o intervalo ou lacuna entre a exposição e a ação.

Intervalo = Desconexão

São 9h25 da noite. Você está vendo o seriado *CSI* (o original, sem Miami, Nova York nem Timbuctu). Está vendo um comercial da Gap (tenha paciência e faça de conta que você ainda não apertou o botão *fast-forward* do controle da TiVo), que é instantaneamente reconhecível pelo uso gratuito de uma conhecida estrela de Hollywood desfilando contra um fundo branco.

E então?

Você tem três opções. Será que deveria:

1. Apertar o botão Inclinar de sua cadeira elétrica La-Z-Boy, arrancar o roupão e os chinelos e sair em disparada até a loja mais próxima da Gap (que, aliás, está fechada)?
2. Viver o sonho estereotípico de conectar-se ao gap.com e tomar parte no ritual catártico de fazer compras de roupão?
3. Não fazer nada?

Se tiver escolhido a opção 3, você ganhou (e a Gap perdeu).

Uma falha fundamental do velho marketing é que nós *pressupomos* (e preço pomos!) que estamos falando com as pessoas no lugar certo na hora certa, mas na verdade isso não acontece. Por isso mesmo, esperar que alguém se conecte a um site, corra até uma loja, esquadrinhe um catálogo ou execute qualquer tipo de ação sob nosso comando é algo que beira o ridículo.

Os consumidores optarão por fazer negócios com você segundo as condições *deles*, e o melhor que lhe resta fazer é facilitar as coisas, oferecendo-lhes uma variedade de meios de chegar ao fim desejado.

A banda larga ajuda horrores.

TECNOLOGIA SEM FIO

Levou algum tempo para que eu entendesse que *wireless* era *wire less* (sem fio), ou *unwired* [desconectado], caso queira adotar o rótulo da Intel. A promessa da tecnologia sem fio não se resume a um telefone celular. Ela se manifesta, antes, na liberdade de movimento. O PC ou laptop já não se limita a um local físico em particular (onde indubitavelmente nos registraríamos), liberando-se por via da *penetração* ou liberdade de se mover pelo gabinete que é o trabalho, a casa, a viagem ou o lazer.

Em casa, a Internet, sempre ligada, é uma experiência verdadeiramente virtual, com acesso garantido em todo o domicílio — do berçário à churrasqueira, do trono de porcelana ao sofá. A proliferação da visualização multimídia (neste caso a utilização manual, em duas telas, da Web e da TV) está se tornando corriqueira no lar, e é por essa razão que o profissional de marketing, o provedor de conteúdo ou o editor precisam encarar esse fenômeno.

O terceiro ambiente conectado depois do trabalho e do lar — a estrada — constitui uma das oportunidades mais subestimadas e, por conseguinte, subaproveitadas para que os profissionais de marketing se conectem com seus fugidios consumidores.

Isso tudo vem mudando. Aviões, trens e automóveis estão todos se conectando — e *sem fio*, entenda-se. Os consumidores logo poderão se conectar dentro do meio de transporte de sua escolha, e os marqueteiros espertos os seguirão. Similarmente, a promessa do WiMax — a tecnologia que promete levar conexões sem fio de alta velocidade a áreas metropolitanas inteiras — converterá o mundo todo num palco das comunicações.

Buscadores

Se até agora você ainda não ouviu falar do pequeno mecanismo de busca que mudou para sempre nosso modo de viver, gostaria de visitá-lo em seu santuário em Xangri-lá.

Do ponto de vista da cultura, a palavra *Google* é bem mais transada do que suas icônicas predecessoras Coke, Apple ou até Nike. O Google tornou-se sinônimo de fim da mídia de massa — o resultado gratificante e instantâneo de consumidores que "puxam" — e do dobre fúnebre de marqueteiros empurrões que lançavam suas quinquilharias contra o consumidor esclarecido.

Falarei mais sobre os mecanismos de busca, mas por enquanto eis a promessa, em uma palavra, da terceira variável no coquetel da tempestade perfeita: *controle*.

A banda de rock Queen certa vez cantou "I want it now" ("Eu quero agora"), e nem suspeitávamos que Freddie Mercury estava profetizando a nova onda de emancipação dos consumidores — na qual eles ganhariam acesso imediato a informação, educação e entretenimento sob demanda, segundo seus próprios termos.

Redes

A expressão *killer app* (aplicativo assassino) foi objeto de uso e abuso durante o apogeu e a queda das infames empresas ponto-com. Ela foi usada para designar praticamente todos os novos meios, tecnologias e ferramentas. O e-mail foi um *killer app* antes de soçobrar sob o próprio peso maciço.

Minha convicção — e essa é uma cesta em que tenho confiança suficiente para acomodar grande parte dos meus ovos — é de que a *comunidade* é o definitivo *killer app*. As histórias de sucesso de hoje e de amanhã giram em torno de uma energia dinâmica decorrente da capacidade de explorar, empregar e maximizar o poder da comunidade.

A comunidade é a única verdadeira economia de escala no admirável mundo novo de hoje. É a próxima iteração do lendário efeito bebedouro.

A promessa da comunidade é a *emancipação* resultante de estarmos informados, conectados e unificados. A emancipação é similar — mas não idêntica — ao controle. A diferença mais importante é que o controle é exercido individualmente, ao passo que a emancipação é acionada ou acelerada por meio da conexão entre pensadores afins.

Por um lado, ela é o resultado da "informação perfeita", que lhe é trazida sob demanda de qualquer parte, a qualquer momento e em qualquer lugar, como cortesia de seu mecanismo de busca e de milhões de seus mais íntimos desconhecidos virtuais; por outro lado, é o inevitável veneno da serpente da realidade, numa época em que a árvore do conhecimento foi sacudida e seus frutos foram arrebatados.

O NAVIO JÁ ZARPOU; VOCÊ ESTÁ A BORDO?

- O controle remoto não matou o comercial de 30 segundos;
- o videocassete não matou o comercial de 30 segundos;
- a Internet não matou o comercial de 30 segundos;
- o DVR não matou o comercial de 30 segundos;
- o comercial de 30 segundos não desaparecerá tão cedo (e outras lendas urbanas).

Todo santo dia pode-se ouvir algum tipo de união entre os comentários acima. E uni-los não é um rio no Egito; é um estado emergencial de negação, e vem culminando lentamente num momento decisivo na ilustre história do comercial de 30 segundos.

O controle remoto pode não ter matado o comercial de 30 segundos, mas isso aconteceu porque este se acobertou sob a metodologia furada da Nielsen, ocultando-se entre intervalos de 15 minutos de conteúdo, a tal ponto que hoje vive e ronda dentro do conteúdo. O videocassete não é uma tecnologia subversiva — ele pode ser um substituto, mas não um sucessor, do conteúdo ao vivo. Como em geral não era possível ver um programa gravado senão depois que ele terminasse, o videocassete permaneceu discreto e inócuo.

A Internet, contudo, é uma tecnologia efetivamente subversiva. A princípio, três fatores retardaram ou talvez mascararam sua marcha pelo território delimitado pelo comercial de 30 segundos: as restrições de largura de banda da conexão discada, o *boom* das empresas ponto-com e o duplo consumo de televisão e Internet (via PC). Hoje, a banda larga entrou no grande circuito e mais de 50% dos usuários domiciliares se encontram conectados (com e sem fio), podendo consumir vídeos com qualidade de TV por meio de seus PCs.[3]

E então vem o DVR, que, para um em cada cinco executivos da publicidade, será responsável pela morte do comercial de 30 segundos. Com 54,3% dos consumidores numa pesquisa da In-Stat/MDR indicando que evitam entre 75 e 100% dos comerciais, e 82,8% pretendendo comprar um DVR e admitindo expressamente que pretendem saltar comerciais, fica fácil ver no DVR uma pressão adicional e a gota d'água que finalmente entornará o balde.

Quatro forças — a banda larga, a tecnologia sem fio, os buscadores e os consumidores em rede — aceleram o ritmo da mudança que vem provocando a tempestade perfeita. No centro dessa tempestade existe um olho poderosíssimo. O que costumava ser uma coleção de globos oculares sem rosto, forjando um público anônimo, é hoje o ofuscante olho do consumidor emancipado, que puxa o que quer e empurra para escanteio a irrelevância, os ruídos e excessos desnecessários. O consumidor dá seus tiros, e os marqueteiros estão sendo abatidos — à esquerda, à direita e no centro — feito patinhos.

Ainda não acabei. No fim das contas, o maior contribuinte para o óbito do comercial de 30 segundos é o próprio comercial de 30 segundos. Um ícone outrora orgulhoso e viril é hoje uma sombra embaraçada e senil de seu antigo ser. O padrão dourado não passa de ouro dos tolos, e os tolos vaidosos são aqueles que tentam perpetuar esse reinado em meio a confusão, mediocridade e instabilidade que perdura num ambiente de mensurabilidade, responsabilidade e exigências implacáveis de retorno sobre os investimentos.

O comercial de 30 segundos está morto, ou só gastou a serventia? Se a publicidade foi outrora uma criança e o comercial de 30 segundos sua fralda, a publicidade de hoje é um adulto que continua circulando de fralda. Um ótimo candidato para o *Jerry Springer*, sem dúvida.

O comercial de 30 segundos está na ala derrotada da batalha da eficiência. A julgar pelo *potencial* de se pôr diante de um público relativamente definido (pense no Always de *Everybody Loves Raymond* ou no Fixodent do *CBS Nightly News*) que provavelmente sairá da sala, mudará de canal, desligará da TV ou fará outras coisas, será difícil argumentar sensatamente que esta antiga usina de força proporciona *alcance* ou *composição* com eficácia ou eficiência — especialmente quando o

---

3. De acordo com a Nielsen/NetRatings, em julho de 2004, 51% dos usuários domiciliares dos Estados Unidos se conectavam à Internet por banda larga, contra 49% que usavam conexão discada — um aumento em relação aos 38% de julho de 2003.

consumidor tende a recordar somente dois comerciais e uma marca por noite. Para mim, isso parece mais um jogo de roleta russa. A *freqüência* se tornou a desculpa miserável para compensar a falta de eficiência, e o bombardeio de impressões parece ser a única esperança de empurrar uma mensagem de resto artificial e avacalhadora. A falta de ROI ecoa essa mensagem, de acordo com um estudo da Capgemini sobre automóveis, o qual conclui que as montadoras e suas revendedoras estão desperdiçando dinheiro em propaganda na TV aberta em vez de se valerem do marketing direto.

Não existe volta. Só há um caminho para a frente. Continue comigo. Descartemos e re:pensemos tudo o que achávamos que tinha sentido. Abracemos um mix ousado de alternativas à publicidade tradicional, que pode ser a injeção de ânimo capaz de finalmente salvá-la.

PARTE II

A Solução: Re:pensar Quatro Fundamentos do Marketing

Vamos resumir: tornou-se impossível transpor o excesso de mensagens; os consumidores estão mais espertos e o desperdício é uma tolice. A televisão — liderada de longe pelas redes, mas certamente não limitada a elas — está vivendo um círculo vicioso e decadente. A publicidade, parasita que deve muito de sua existência a sua hospedeira — a TV — está quase no fundo do poço em termos de qualidade, credibilidade e mesmo eficácia. Ah, e mais uma coisa: o consumidor não está dando a mínima.

O consumidor de hoje mudou irrevogavelmente. Ele (ou mesmo você) está devastadoramente no controle, munido de todo um sortimento de *armas de destruição (de mídia) em massa*. Embora alguns executivos de suspensórios nos digam que o primeiro exemplo de arma interativa foi o controle remoto, e que o controle, o videocassete e a Internet nem chegaram a tirá-los do negócio, eles só precisam contemplar o horizonte para acrescentar um incremento proliferante de aparelhos similares — incluindo mas não se limitando aos DVRs e ao rádio via satélite — que constituirão sua desgraça (ver Tabela II.1).

Tabela II.1 Artefatos concorrentes.

Mídia/aparelho					
Televisão	Controle remoto	DVR	Internet	Videogames	DVDs
Rádio	Rádio via satélite	MP3 players	Internet		
Imprensa	TV	Buscadores	Internet		
Internet	Bloqueadores de pop-up	Lixo eletrônico	Internet		

Separadamente, esses aparelhos vêm causando consternação entre as mídias tradicionais (incluo a Web por enquanto, na medida em que ela incorpora técnicas da publicidade tradicional); ao se combinarem, no entanto, eles criam poderosas sinergias negativas. Além disso, o ritmo da difusão desses aparelhos — sobretudo dos que agem canibalisticamente — está se intensificando.

Sem dúvida, a televisão é o aparelho que se tornou a soma de todos os medos. É ela que tem mais a perder, pois enfrenta o maior número de alternativas concorrentes — muitas das quais usam o mesmíssimo aparelho (como os consoles de videogame).

É crítico perceber que os aparelhos de televisão já não são sinônimos exclusivos de emissoras ou programação a cabo. O fato de que a Dell vende monitores de plasma com tela plana e alta resolução é um indicador do que está ocorrendo agora e do que ainda está por vir.

Vimos testemunhando o advento de novas tecnologias, aparelhos e mídias que, em certa medida, estão eliminando, substituindo e, em raros casos, complementando antigas mídias. A proliferação desses aparelhos reflete as inclinações multifárias do consumidor médio de hoje (costumo brincar que sou mantido vivo artificialmente, já que a todo momento tenho à mão meu BlackBerry, meu Tablet PC, meu iPod e meu gravador de áudio digital, e o oscilante cabeamento à mostra pode ser um tanto desconcertante), mas eles também representam decisões abertas e conscientes de aceitar mídias que não insultam, não enfastiam, não nos tratam com condescendência e não invadem nossa preciosa vida, nem nosso tempo ainda mais precioso, com um conteúdo comercial irrelevante e sem sentido.

Eis a definitiva questão do ovo ou da galinha: quem veio primeiro, a tecnologia que emancipa o consumidor, ou o consumidor emancipado que requer a tecnologia? A pergunta é difícil. A resposta é fácil: quem se importa? As coisas estão aí, vamos aceitá-las.

Ainda que aceitemos a idéia de que massa é crassa, que nos sintamos adormecidos ou entediados pela tecnologia ou que nem liguemos para o futuro do comercial de 30 segundos, devíamos nos preocupar bastante com o consumidor mutante, pois se compreendermos realmente as mudanças, suas implicações e o modo de lidar com elas, estaremos certamente numa posição melhor para nos adaptar (o que é muitíssimo mais agradável do que a alternativa: a morte).

Agradecendo a meu amigo Jan Zlotnick (de The Zlotnick Group) pelo termo *re:pensar*[1], é hora de os profissionais de marketing re:pensarem quatro áreas primárias do ramo:

1. O Consumidor.
2. A Gestão de Marcas.
3. A Publicidade.
4. A Agência Publicitária.

[1] O original emprega a grafia *re:think* em vez de *rethink*. Na tradução se usará *re:pensar* em vez de *repensar.* (N. do T.)

7

Re:pensar o Consumidor Mutante

O passo 1 é, sem dúvida, o mais importante deles: redescobrir e reconectar-se a um consumidor que mudou em muitos sentidos e para melhor. Se alguém demonstrar que investiu tempo, dinheiro e empatia em manter contato com os Silvas, Sousas, Santos e assim por diante, terá rompido o ciclo de um vício insalubre e aparentemente insuperável.

Uma variedade de barômetros pode ajudá-lo a visualizar *como* os consumidores mudaram e, especificamente, quão poderosos se tornaram na esfera econômica na última década. Do ponto de vista da fragmentação e da proliferação, considere o número de canais a cabo, revistas e estações de rádio disponíveis para o consumo; do ponto de vista da desordem, compare o número de mensagens de marketing a que o consumidor médio era e é exposto diariamente; do ponto de vista das opções de produtos, calcule o número médio de unidades de manutenção de estoque disponíveis para você e para mim, ontem e hoje. A desordem, as opções e o caos geral de marcas, mídias e produtos obrigaram os consumidores a instalar bloqueadores de tranqueira para priorizar, sancionar e separar os penetras dos convidados bem-vindos.

A tecnologia deu aos consumidores um meio de chegar a esse fim. A multiplicidade de tecnologias atuais de consumo que não existiam há cerca de 10 anos inclui o gravador de vídeo pessoal ou digital (PVR ou DVR), o rádio via satélite, a banda larga e o acesso Wi-Fi à Internet, para não falar do crescimento e penetração explosivos de tecnologias como o telefone celular. Em todas as mídias, avanços tecnológicos têm resultado em inovações que dão aos consumidores um poder sem precedentes para determinar *o que* ver, *quando* ver e *como* ver.

DVRs como a TiVo começaram a transformar o "Horário Nobre" no "Meu Horário". Os consumidores exploraram as propriedades de troca de horário que permitem que a veiculação fixa se torne uma veiculação verdadeiramente sob demanda. Mesmo anúncios valiosos (ou seja, com público-alvo definido) tornaram-se agora irrelevantes (pois nunca são vistos). O rádio testemunhou o advento de opções via satélite (XM, Sirius) que oferecem aos consumidores experiências sem comerciais. A audiência anteriormente cativa dos horários foi agora liberada.

A mídia online também teve seu quinhão de repúdio à publicidade por parte dos consumidores, na forma de bloqueadores de pop-up e filtros de lixo eletrônico que erram ou distorcem para o lado da cautela, que é muitas vezes desfavorável aos verdadeiros profissionais de marketing. A Colina do Capitólio está cheia de políticos ignorantes, porém ambiciosos, dispostos a usar as melhores promessas da Internet como bodes expiatórios para promover suas carreiras.

A mesma pergunta insiste em ser feita — quem veio primeiro: a tecnologia emancipadora ou o consumidor emancipado? Essa relação de ovo ou galinha está muito distante dos dias em que a família americana se reunia na sala em torno do papai em sua Barcalounger reclinável, para mais um número de *Father Knows Best*.

O lar dos consumidores de hoje está repleto de vários aparelhos de mídia, usados por diversas pessoas que raramente se encontram no mesmo lugar ao mesmo tempo. É cada vez mais comum ter um televisor na maioria dos cômodos... e até no carro. Mas esses televisores são usados para uma variedade de propósitos, incluindo entretenimento, comunicação, videogames e música.

O velho consumidor era um alvo fácil que os marqueteiros corporativos dos Estados Unidos visavam e contra o qual *empurravam* toda sorte de coisas. O novo consumidor, entretanto, é um perito ambulante em mídia, que *puxa* o conteúdo desejado de uma variedade de recursos num virtual frenesi multitarefa.

Os marqueteiros de hoje estão sem palavras. Em vez de reinventarem o processo, em vez de se adaptarem às novas redondezas, em vez de enfrentarem os consumidores em seus próprios termos, a solução de marketing que encontraram foi agarrar-se mais renhidamente ainda à derradeira rede de segurança: o *status quo*.

Ao longo da era da mídia, a publicidade tem sido um espelho que refletiu o estado da mente do consumidor — a publicidade reflete a vida, pode-se dizer. Um comercial de TV nos anos de 1960 era visto com pouca resistência em seu curso de mão única rumo à atenção dos consumidores, que estava sempre aberta para negócios. Os anos de 1980 (1984, para ser exato) celebraram a propaganda de marcas em sua forma mais refinada, constituindo uma era dourada para a publicidade, quando se podia contar uma história numa embalagem discreta com marca impressa. Mais de vinte anos depois, numa era em que todo ciclo da vida imaginável foi acelerado até uma altíssima velocidade, ainda nos apegamos a esse passado.

A evolução está imperceptivelmente ausente. Mas não a revolução. Indústria após indústria esbateu-se e, em maioria, foi derrotada e definitivamente alterada pela era da emancipação. Serviços bancários. Investimentos. Viagens. Namoro. Perda de peso. Música (lembra-se daqueles estrambóticos objetos circulares e brilhantes, com um furo no meio? Creio que se chamavam CDs, e aposto que é possível achar alguns entre as promoções para colecionadores no eBay). Todos os que professarem a mínima responsabilidade por preservar as relações da marca devem trabalhar agressivamente para compreender os consumidores, a mudança que sofreram e o melhor modo de atender a suas evolutivas necessidades... nos termos deles. O pioneiro jogo de ferramentas emancipadoras da Delta Air Lines — que emprega uma variedade de aparelhos digitais, desde PDAs, passando pela Internet, até *check-ins* online e em quiosques de auto-atendimento — proporciona um exemplo de empresa que ouve e responde a seus consumidores.

Os 10 Princípios do Marketing para o "Novo" Consumidor

Em menos de uma geração, todo o equilíbrio de poder parece ter oscilado do marketing para o consumidor. Os profissionais de marketing já não dizem aos consumidores o que estes devem comprar, onde comprar ou como comprar. É antes o consumidor que dita termos e condições para o marketing.

Não há dúvida de que a digitalização da vida desempenhou um papel preponderante nessa maturação forçada. Num mundo de informação perfeita, em que estações de notícias a cabo difundem, com detalhes explícitos, relatos golpe a golpe de qualquer evento sórdido ou digno de veiculação, inclusive reconstituições do julgamento de Michael Jackson, não sobra muita coisa para a imaginação. E se os consumidores não tiverem sua dose na telinha, sempre haverá a Internet com seu suprimento sem fim de opiniões, vieses e perspectivas, abrangendo todo o espectro das propriedades da mídia estabelecida, dos painéis comunitários de mensagens e dos blogs.

Em Hollywood ocorre o mesmo. Praticamente nada resta à imaginação, e praticamente tudo é escancarado para o prazer do consumidor *voyeur*. Gostaria de voltar a uma época mais inocente, quando cabia à imaginação despir qualquer cenário? Lamento, mas não é possível. Isso faz parte do acesso aberto, e constitui uma inevitável perda da inocência.

A celeuma que envolveu a exposição do seio de Janet Jackson foi um momento que, no entender de alguns, já tardava a chegar. Chocante, sim; surpreendente, não. Ele mudará alguma coisa? Sim e não. O ex-chairman da FCC Michael Powell e seus asseclas levaram essa onda puritana ao extremo (graças, em grande parte, ao Parents Television Council [Conselho de Televisão dos Pais], um grupo ativista minoritário bastante expressivo), como se pôde verificar nas eleições de 2004.

Jackson expôs o que já se tornara corriqueiro, e é certo que as forças naturais e refluentes do esquecimento acabarão ajudando as coisas a voltarem ao "anormal". Entretanto, em vez de um retorno completo aos velhos e bons tempos, haverá uma grande mudança na distribuição do conteúdo. O apresentador Howard Stern continuará tagarelando — mais, pior e num tom mais barra pesada do que nunca — no topo do mundo (e entendo com isso um satélite, e não o Empire State Building). Walter the Farting Dog e Harry Potter liderarão a revolução de leitura dos jovens. *Grand Theft Auto: Fallujah* continuará competindo com *Halo* pelo cobiçado prêmio de Seqüência Destrutiva mais Gratuita dos Videogames, no Video Game Awards da Spike TV. Em outras palavras, as irreversíveis areias do tempo terão descido pela ampulheta. Se não gostar, mude de canal, exerça seu direito de escolha, encha o blog até lhe doerem os dedos, mas acima de tudo, aceite e respeite o que mudou para sempre.

Essas tendências são resumidas em 10 mudanças comportamentais que ilustram e explicam a natureza mutante do consumidor.

1. O Consumidor de Hoje é Inteligente

Superinteligente, na verdade. O consumidor de hoje existe num mundo de informação perfeita, onde as defesas do marketing corporativo são em maioria ineficazes contra a habilidade do público-alvo de ver tudo, saber tudo e dizer tudo.

A Internet democratizou o fluxo e a disseminação de informações, equalizou o equilíbrio de poder entre aqueles que têm conhecimento e os que o desejam, e gerou uma paridade generalizada — paridade de preços, de produtos e de desempenho. Se os consumidores não souberem a resposta, podem muito bem encontrá-la em questão de segundos — uma mera busca no Google pode revelar tudo.

As marcas que não se derem conta disso num triz estão sujeitas à evisceração. Vejamos a caduca promoção Pepsi-Apple iTunes, por exemplo. Passadas horas do início da promoção, alguns sites divulgaram o fato de que se alguém segurar uma garrafa de Pepsi num ângulo de 30° contra a luz, poderá saber se ela contém uma tampinha premiada com um download gratuito de iTunes. Em essência, portanto, a chance de vitória de uma em três (ou a chance de derrota de duas em três) tornou-se garantida para os consumidores emancipados, e, como resultado, duas em cada três garrafas ficaram nas lojas juntando poeira.

De um ponto de vista totalmente diverso, empresas, marcas e personalidades em crise recorreram à Web para conquistar lealdade e até mobilizar apoio mediante a habilidade de se conectarem com consumidores inteligentes. Um site como o savemartha.com tornou-se um ponto essencial de contato com a marca para ajudar Martha Stewart a continuar viva, apesar dos percalços da pessoa por trás da marca e das grades. Hoje, o regresso de Martha, como o de Donald, está assegurado.

Os consumidores inteligentes de hoje possuem medidores embutidos de autenticidade que os ajudam a distinguir entre comunicações, ofertas e promoções genuínas e falsificadas. O oposto também vale: uma iniciativa, um site, uma campanha ou uma comunidade de fato excelente se difundirá como um incêndio na mata depois que se estabelecer a conexão entre remetente e destinatário.

Os profissionais de marketing subestimam os consumidores de hoje por sua própria conta e risco. Pode negá-lo se quiser, mas se continuar a praticar o marketing de massa, você estará condenando sua base de consumo ao estereótipo generalizado do "tamanho único para todos". Uma rebelião clássica contra esse tipo de generalização é revelada por um fenômeno que praticamente todos os clientes da TiVo acabam descobrindo. Eles percebem que, se demorarem 10 ou 15 minutos para ver seus programas, poderão eliminar virtualmente 100% dos comerciais indesejáveis e *ainda assim* acabar "no horário", ou no mesmo horário, que o restante dos espectadores.

2. O Consumidor de Hoje Está Emancipado

A inteligência leva à emancipação. A informação e o conhecimento são acionáveis — e essa ação assume a forma de consumidores vencendo e marqueteiros perdendo.

A propaganda boca-a-boca sempre foi o *killer app* quando o assunto é o modo como os consumidores avaliam e adquirem bens e serviços. Usando a indústria automotiva como exemplo, a Figura 7.1 serve como um instantâneo muitíssimo desigual da eficiência percebida da publicidade tradicional contra os reis dos influenciadores, você e eu.

Ao comparar a quantia gasta nos vários itens com sua eficiência percebida (por exemplo, em 2003 os gastos automotivos na televisão foram de 43%, com a eficiência percebida pelos consumidores em 18%), torna-se quase inconcebível, quase um crime, que tais desequilíbrios estejam ocorrendo.[1] Gráficos como o mostrado na Figura 7.1 estão em circulação há mais tempo do que quaisquer outros, e os profissionais de marketing passaram a aceitar o poder da propaganda boca-a-boca como um informe não ajuizável, mas conveniente. Isso, evidentemente, ocorreu antes de os consumidores descobrirem como capitalizar sobre as opiniões de seus colegas compradores e antes de os próprios profissionais de marketing começarem a perceber as possibilidades de investir em faróis boca-a-boca — tanto direta como indiretamente.

1. Estatísticas da TNS Media Intelligence/CMR.

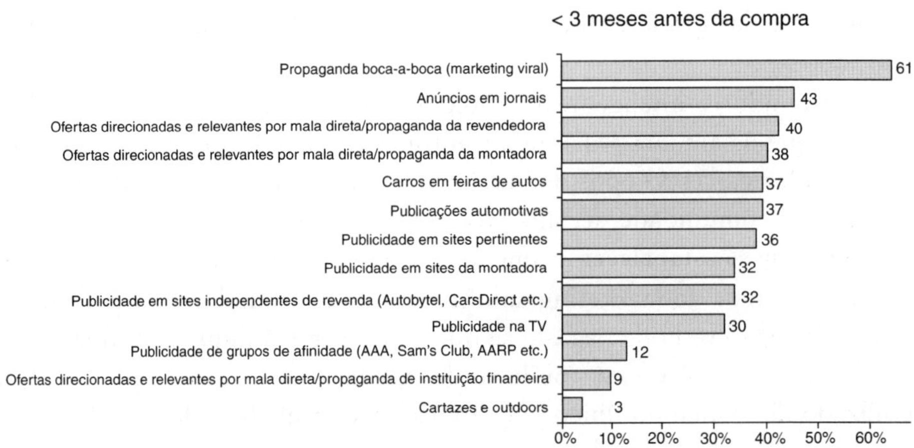

Figura 7.1 Propaganda boca-a-boca *versus* publicidade: não há comparação.

Fonte: Capgemini, Carls Online, 04/05, "Driving Growth through Collaboration" ("Motivando o crescimento pela colaboração").

Um dos efeitos decisivos da emancipação é a capacidade de enxergar através das fachadas que são o marketing e a publicidade. A compra comparativa, por exemplo, está à distância de um clique ou um e-mail, o que faz com que um produto vendido em múltiplas lojas online fique instantaneamente transparente, incapaz de se ocultar por trás de ursinhos dançantes, torcedoras seminuas ou alguma combinação de coelhinhos, cãezinhos e bebês.

3. O Consumidor de Hoje É Cético

Os consumidores de ontem talvez aceitassem tacitamente qualquer coisa que lhes disséssemos, mas hoje eles questionam... tudo.

Um livro sendo vendido na Amazon.com fica sujeito a várias camadas de veto antes de ser incluído numa lista de intenção ou no carrinho de compras. A primeira camada consiste nas resenhas oficiais; esse, entretanto, é apenas o primeiro abismo — consumidores céticos e emancipados exigem mais e não aceitarão a palavra do editor (e nem a mercenários pagos, se quer saber). A segunda camada são a minha e a sua resenhas, ou seja, a todo-poderosa comunidade da Amazon.com, e o recurso "essa resenha foi útil para você?", da camada três, proporciona o selo de realidade que ajuda os compradores prospectivos a avaliar o valor da resenha e do resenhista em questão.

Lamento, Tom Peters, Peter Sealy e Sergio Zyman, mas seus superlativos sob encomenda já não dão fruto algum.

O mesmo se pode dizer da Tinseltown. Os consumidores já não decidem ver um filme específico com base na versão tristemente deturpada e descontextualizada da resenha do crítico. O Moviefone.com e o Fandango contêm classificações agregadas da comunidade que ajudam a balancear o cantinho dos críticos de aluguel. Os dois polegares para cima de Ebert e Roper já não são o que costumavam ser. A opinião do crítico é tipicamente baseada numa amostra representativa de um só — ele próprio. Sua abordagem generalista pode funcionar para um consumidor que ainda depende do jornal impresso para horários, cinemas e resenhas, mas para o consumidor cético, que possui uma variedade de fontes a que recorrer em busca de opiniões, ela já não tem relevância. Não sei quanto a você, mas a perspectiva apaixonada e gramaticalmente incorreta de outro Trekkie é inestimável comparada com a de Gene Shalit ou Jeffrey Lyons.

O antídoto perfeito para o ceticismo é a confiança, e os antecedentes perfeitos da confiança são o crédito, a confiabilidade e a consistência. Para mim, isso cheira a marca — ou ao que uma marca deveria ser.

As implicações para os atuais profissionais de marketing não são menos que catastróficas. Se o marketing é uma janela para a alma, a alma devia visitar o confessionário — e logo. Escândalos corporativos, insuficiências e má difusão consistente resultaram num relacionamento extremamente frágil e precário entre consumidor e corporação. Cabe às corporações assegurar que todos os pontos de contato sejam verdadeiramente integrados, unificados e congruentes, e que o marketing seja um retrato acurado e veraz do estado de coisas, como cumpre que seja. Tudo o mais não será bom o bastante.

4. O Consumidor de Hoje Está Ligado

Os consumidores de hoje estão sempre ligados — seja no trabalho, com conexões de alta velocidade, seja em casa, com uma assinatura da AOL (sim, ainda restam algumas) ou um modem a cabo, seja na estrada, com os badalados T-Mobile Wi-Fi da Starbucks, com um BlackBerry ou com um celular.

Estar conectado, porém, é apenas o começo. O que faz a diferença é o acesso imediato a informações sob demanda, a possibilidade de fazer perguntas e receber respostas instantâneas.

Lembra-se de *Who Wants to be a Millionaire?* (Quem quer ser milionário?) Na seção de "ligue para um amigo", a pessoa que recebia o telefonema às vezes repetia a pergunta em voz alta e momentos depois tinha a resposta com 100% de confiança. Sabe como ela conseguia isso? Ela repetia a pergunta a um cúmplice disposto que digitava as palavras no Google e, naturalmente, recebia a resposta correta.

O que torna esse fenômeno ainda mais interessante é que as opiniões de estranhos ficam instantaneamente acessíveis e, por meio de um simples processo de veto, são rapidamente filtradas de acordo com a credibilidade.

Aos cinco meses de idade, meu filho recebeu o diagnóstico de plagiocefalia — o achatamento da parte traseira da cabeça em resultado da pressão contínua de se apoiar nas costas. Minha esposa entrou em uma espécie de cruzada, disposta a adquirir toda a informação possível sobre o assunto. Ela descobriu uma empresa chamada Cranial Technologies e, em questão de horas, estava por dentro de todo o processo de avaliação, custo e implicações médicas.

A Cranial Tech é uma empresa relativamente nova, e a plagiocefalia é quase que desconhecida. Por essa razão, os grandes planos de saúde são um tanto reticentes em abrir mão de 3 mil dólares para o tratamento. Entre nos painéis de mensagens — uma câmara de compensação que proporciona a pais zelosos e preocupados todas as informações de que eles precisam para descobrir quais planos de saúde pagam pelo tratamento e quais não, e até alguns casos raros em que as prestadoras agiram inconsistentemente. As histórias de sucesso, os testemunhos e os álbuns com fotos do processo foram igualmente instrumentos para ajudar pais nervosos como eu a tomar a decisão de seguir adiante com o tratamento.

Um simples painel de mensagens. Custos irrisórios. Retorno inestimável.

5. O Consumidor de Hoje Tem Pouco Tempo

Hoje a mercadoria número 1 em termos de escassez é o tempo — ou, antes, a atenção. Os consumidores estão sendo bombardeados em todas as direções por marqueteiros desesperados. A desordem está na maior alta de todos os tempos.

Exacerbando essa tendência está a proliferação e fragmentação das opções e alternativas da mídia. O consumidor médio recebe hoje cem canais por provedores a cabo. A News Corp. prevê que até 2010 o número aumentará para até mil. Mil canais à sua escolha... e ainda assim, nada para ver na TV! Se alguém estiver no jogo da oferta de conteúdo, não perca o tempo dos consumidores com conteúdo ruim. Se estiver do outro lado da cerca (agência, marketing), precisa redescobrir a arte da redução — transformar o complexo no simples, sucinto e profundo. Pare de carregar o ROI nas mangas (ou pregado na testa) e pense no ROA (o "retorno sobre a atenção") do consumidor.

Esta é uma economia da atenção, e *o dinheiro é a nova moeda corrente.* Tudo o que for feito para desperdiçar o tempo de outra pessoa — entrar à força na vida dela com um berro indesejado, imprevisto e inapreciado de impulso de compra, ou insultar o bem mais precioso que ela possui — será muito mal recebido.

A expressão *marketing com permissão* foi cunhada há vários anos por Seth Godin com referência ao marketing por e-mail e especificamente ao processo de *optar* por receber materiais de conteúdo mercadológico. Acredito que a *publicidade com permissão* acabará chegando a um consumidor perto de você, e que as marcas terão de ser expressamente convidadas, em vez de achar que seu espaço está garantido. Uma demonstração da TiVo é um exemplo de publicidade com permissão. Uma unidade publicitária online flexível, que ganhe vida somente com o brandir da varinha mágica do consumidor — ou de seu mouse —, é outro exemplo de voto aberto de confiança para que um profissional de marketing abra o leilão pela atenção, a mente e, finalmente, o coração do consumidor.

Quando a poeira assentar, ainda estaremos lidando com apenas um consumidor e um momento de atenção. Apesar da enfiada de opções midiáticas e da variedade de fontes de informação e entretenimento, tudo se resume a uma quantidade finita de tempo, e todo momento daquele tempo precioso que o consumidor decide gastar com você deve ser maximizado, e não reduzido a feijões contados e avaliados como tais.

6. O Consumidor de Hoje É Exigente

Os consumidores de hoje sentem que merecem algo de valor e que deviam recebê-lo sob deixa. Eles têm um senso de direito à *mídia*, e com ele vem a gratificação instantânea do *conteúdo*. O consumo de mídia já não é visto como um privilégio (e quando foi?), mas como um direito. E o processo de controlar, customizar e personalizar o influxo de conteúdo é visto em grande medida como um implemento obrigatório, e não opcional.

A gratificação instantânea é um grave problema que se impõe aos novos profissionais de marketing e da mídia. Ela vem embutida no DNA comportamental dos consumidores da Geração Y, a geração conectada. Esse é um daqueles problemas que emergem da caixa de Pandora que é a inovação e o progresso.

Pense nisso: quantas vezes você já mandou um e-mail a alguém e lhes perguntou cinco segundos depois: "Recebeu meu e-mail?". A mesma conversa se dá 30 segundos mais tarde, e o candidato a recipiente fulmina o botão "Enviar e Receber" qual fosse o botão de disparo num jogo de tiro. Um minuto depois, ambos estão de queixo caído, completamente atônitos com o que poderia ter ocorrido com o e-mail de três megas!

Um viva para os celulares e as mensagens instantâneas — duas maneiras de assegurar que jamais sairemos totalmente das garras de clientes insolentes, esposas protetoras e pais neuróticos.

No reino da retenção e da gestão das relações com o cliente, essa tendência é igualmente preocupante. Linhas de atendimento gratuito são hoje uma piada. A espera é dolorosamente longa, já que qualquer tentativa de encontrar um elusivo ser humano no outro lado da linha é, com freqüência, infrutífera. Tentativas corporativas de cortar custos automatizando o máximo possível dos processos são tristemente visíveis, sobretudo quando se justapõe o tempo de espera por um pedido de vendas (receber) com o de uma pergunta de suporte técnico (dar).

A Web como ferramenta de gestão das relações com o cliente (CRM) é para os profissionais de marketing um sonho que virou realidade, mas somente se eles descobrirem um equilíbrio otimizado entre poupar dinheiro e satisfazer seus clientes. Seções de Perguntas Freqüentes e sistemas de resposta a e-mail, com a garantia de serviços 24 horas, são inquestionavelmente passos na direção correta, mas não bastam. Ainda há trabalho a fazer para acomodar clientes impacientes ou desesperados, como também aqueles à espera de aprender como se emancipar com esse novo paradigma de serviços. Vai uma dica por enquanto: o Instant Messaging.

A gratificação instantânea não desaparecerá durante nossa vida no marketing, mas aquelas marcas que, com seus exércitos de agentes, falharem em recompensar o consumidor por seu tempo escasso, podem ter em breve de começar a compor seus epitáfios.

7. O Consumidor de Hoje É "Desfiel"

A palavra é inventada, mas o sentido não.

Considero-me o epítome do consumidor desfiel. Sou fiel a uma marca ou empresa até que ela me tapeie, desaponte ou deixe na mão. Depois disso, é fim das apostas. Passarei de melhor amigo para pior inimigo deles num piscar de olhos. Em vez de "tapeie-me uma vez, a vergonha é sua; tapeie-me duas, a vergonha é minha", a história é "tapeie-me uma vez, e está ferrado".

O mundo do velho marketing atribui peso demais à idéia de *valor vitalício* quando o assunto são os consumidores, mas talvez seja hora de repensar esse ideal utópico em prol de um paradigma mais pragmático e realista. Em vez do "valor vitalício do consumidor", devíamos procurar contribuir para o "valor da vida deles" — cada experiência, interação ou ponto de contato deve constituir uma "vida" auto-suficiente, capaz de sustentar um relacionamento e, pelo menos, conquistar para a empresa o direito de voltar a interagir no futuro.

É ingênuo, e ao mesmo tempo imbecil, esperar que os consumidores permaneçam leais por toda a vida — certamente não com as opções, a proliferação de substitutos e a paridade competitiva que existem hoje. Marqueteiros — graças em grande parte à destreza e às façanhas de criação de marcas de suas agências —

conseguiram transformar produtos de jardim em marcas astronômicas depois de décadas de laboriosa fertilização, cultivo e poda. Os consumidores de hoje, porém, reduziram as marcas a seu antigo *status* de produto (ou, pior ainda, de mercadoria) sem pensar duas vezes. É por isso, talvez, que a Pepsi finalmente alcançou a Coca — promoção caduca ou não, a Pepsi oferecia iTunes gratuitamente, e de acordo com os testes de sabor, ela é *realmente* mais gostosa! E é essa uma razão-chave para que a Fortune 50 de cinqüenta anos atrás não se pareça nadinha com a Fortune 50 de hoje.

Agravando o problema da deslealdade estão o decréscimo das barreiras para firmar acordos e a interoperabilidade que tanto facilita trocar o provedor de telefonia celular sem perder o número da linha; o Oeste Selvagem dos mecanismos de busca, que permite aos Davis brincar no mesmo terreno que os Golias e chutar areia em suas proverbiais faces; o modelo Priceline, que agrega todas as marcas conhecidas e provoca um pandemônio norteado pelos critérios exclusivos e os caprichos de preço dos consumidores emancipados. Mesmo a altivamente arrogante Apple teve de abrir seu clubinho exclusivo depois de perceber que não tem graça um pomar vazio. As cotações da Apple parecem ter achado boa a idéia.

O relacionamento com o cliente é tão robusto quanto a última — ou a pior — interação, o que quer que aconteça primeiro. Consumidores "desfiéis" são implacáveis FDPs, mas pelo menos são honestos nesse sentido.

Devíamos seguir o exemplo dos tenistas profissionais, que rebatem cada bola como se fosse a única. Um verdadeiro campeão pode agüentar a situação de triplo *match point* de 0-40 e ainda assim chegar à vitória. Deveríamos encarar as atuais relações com o cliente como se cada transação fosse fazer ou morrer. Isso pode soar meio extremo, mas aposto minha fortaleza de ânimo contra as alternativas.

8. O Consumidor de Hoje Está Sempre Acessível

O livro *Acesso total*, de Regis McKenna, retrata um novo mundo e um novo consumidor, delineando uma realidade de "acesso total" em que os consumidores regem o show em seus próprios termos. McKenna categoriza o marketing de massa como a última responsabilidade que resta ao marketing tradicional, o que dista muito de seu antigo decreto de que "o marketing é tudo" e que toda decisão que uma empresa toma deve ter a contribuição, o consentimento e a bênção do departamento de marketing.

Hoje os departamentos de marketing perderam o muque para outros departamentos que arrebataram a iniciativa. A responsabilidade pelo apreçamento, a distribuição e os serviços aos clientes já não é domínio do marketing. Mesmo o processo de avaliar e selecionar uma agência publicitária virou um item na lista de compras. O marketing se tornou uma piada. Não surpreende, portanto, que um estudo de outubro de 2004 da Association of National Advertisers [Associação dos Publicitários Nacionais — ANA] e da consultoria administrativa Booz Allen Hamilton tenha constatado — entre outras coisas assustadoras — que o departamento do marketing corporativo não se alinha com os planos do CEO.

De maneira similar, consumidores sempre conectados, sempre exigentes e sempre aptos a obter as informações que desejam — onde, quando e como as desejarem — usurparam muito do controle dos publicitários.

Logo os consumidores poderão estar online onde preferirem. Cidades inteiras, de Amsterdã à Filadélfia, estão sendo munidas de acesso Wi-Fi onipresente; a tríade John Candy de aviões, trens e automóveis será similarmente abençoada (ou amaldiçoada) pela conectividade onipresente. De fato, várias viações aéreas, como a Lufthansa, a Japan Airlines e a SAS lançaram recentemente o acesso à Internet rápida sem fio durante o vôo. O BlackBerry já transmite e-mails quase em tempo real aos dedões artríticos dos guerreiros da estrada pelo mundo.

Minha hipótese dá um outro tipo de viés à multimídia. Se o consumidor tiver mais vias de acesso, conexão, pesquisa, compra e comunicação, o resultado será uma utopia sempre aberta a negócios. A mídia ou os meios se tornarão essencialmente transparentes, com informações transmitidas continuamente sob demanda. Isso cerraria a brecha entre os mundos físico e eletrônico, mediante uma variedade de pontos de contato: do PDA à Web; do telefone ao e-mail; da vitrine real à virtual.

Os profissionais de marketing têm de encontrar os consumidores nos termos *deles*. Uma maneira de fazer isso é usar o método da "estação de água", sugerido por Jon Berry e Ed Keller em *The Influentials* [Os influentes], pelo qual uma série de estações metafóricas são posicionadas no caminho dos consumidores, na esperança de que eles parem para comprar água — presumindo-se que precisem de hidratação. Se eles preferirem não parar, talvez alguém os receba na próxima rodada. Pelo estabelecimento de uma rede de estações de conversão ou conversação, aberta em regime 24/7/365, a possibilidade de sucesso sobe aos píncaros.

Nesse cenário, nenhum ponto de contato é mais importante que outro. Eles são democratizados, unificados e integrados — e por *integrado* entendo que, quando um consumidor disca um 0800, a operadora em questão tem à mão o histórico de ligações da pessoa, inclusive visitas a lojas e transações na rede. As operadoras, com isso, não precisam pedir aos consumidores que digitem seus números de conta senão uma única vez. Elas conseguem casar vendas, fazer ofertas e criar promoções, com opções expostas numa paleta de informações perfeitas que não somente comporta um jogo completo de todos os produtos e serviços disponíveis, do nível local ao regional e nacional, como também pode recomendar a melhor escolha para um dado consumidor — eliminando com isso toda possível dissonância cognitiva.

- Quão perto você está dessa terra da fantasia? Ou ainda está prometendo responder às ligações na ordem em que forem recebidas?
- Você está atraindo seus clientes à Web porque é a coisa certa a fazer ou porque é mais barato? Já considerou que a Web talvez não seja o mecanismo de interação ideal para todos os consumidores?
- Quando um consumidor está pronto para falar com você, você é capaz de responder? Três da manhã e três da tarde são a mesma coisa em seu livro, ou você ainda usa a plaqueta "Desculpe, estamos fechados" na porta de sua vitrine virtual?

A IBM sempre foi uma boa indicadora de mudanças de maré na comunicação e no comportamento do "consumidor". Ela acertou em cheio ao lançar o "e-business", cunhando a expressão e definindo a categoria. A meu ver, ela se atrasou um pouco para a festa quando chegamos à nova geração da troca de mensagens, que pregava o conceito do "sob demanda"; ainda assim, a IBM hasteou a bandeira branca da rendição voluntária, reconhecendo que o consumidor sempre ligado estava no controle e que suas "demandas" seriam atendidas pela Big Blue. Idéia esperta.

Como *você* está refletindo as mudanças que ocorrem agora mesmo em sua troca de mensagens (se é que está)?

9. O Consumidor de Hoje Está à Frente na Curva

Ou, para ser um pouco mais brusco, está à *sua* frente.

> **MARLONB1212:** Qual é a desse site aqui: http://www.theheadeddog.com? Para que serve? Eu não entendo, e isso está me incomodando. Alguma idéia?
>
> **GEORGIE GIRL:** Meu, tá tão na cara que você trabalha para uma firma de marketing viral que chega a doer. Adoro seu uso de erros ortográficos [numa mensagem anterior] para dar uma de real. Turma, o Marlon é um TOUPEIRA. É parte de uma grande empresa paga para pintar por aqui e fazer a gente ver propaganda, mas a "propaganda" vem como verme nas mensagens dele. Eu aposto, por isso, que esta mensagem não vai entrar no pacote que você está mandando ao cliente (a MTV2, eu suponho) para mostrar seu sucesso em despertar o interesse dos adolescentes. *Ciao*, mentiroso![2]

[2] *Fonte:* Business 2.0, Thomas Mucha, 4 de fevereiro de 2005.

Os consumidores de hoje estão fazendo a roda nos marqueteiros antes mesmo que estes percebam que estão cercados. A comunidade de marketing perdeu o controle sobre o processo de comunicação há muito tempo. As rédeas do poder se soltaram e foram dadas, talvez permanentemente, aos consumidores emancipados, sem o menor resmungo. Mas não se engane, sangue foi derramado na forma de prejuízos em participação de mercado, capitalização de mercado e lealdade à marca.

Usando uma combinação da maioria dos princípios precedentes, os consumidores de hoje se valem do poder que têm na ponta dos dedos para manipular, ajustar e sintonizar as informações e o conhecimento de acordo com seus requisitos únicos. Hoje em dia, eles farão pesquisas extensivas antes de sacarem o telefone ou entrarem numa loja para dizer ao vendedor o que querem — o que inclui fabricação e modelo específicos, extras opcionais e não, obrigado, não preciso do plano de troca do monitor. Dê-lhes meia chance e eles o deixarão de fora!

10. O Consumidor de Hoje É Vingativo

Os meios para aproveitar os efeitos em rede da propaganda *mouse-a-mouse* estão a um mero clique. Isso nem sempre é bom (para você). O sucesso viral pode muito bem se transformar em desastre viral. A propaganda boca-a- boca de consumidores emancipados é o que eu chamaria de ADM, ou *armas de destruição de (mídia em) massa*: um consumidor irritado pode derrubar um império — ou pelo menos fazer com que este lamente o dia em que esqueceu haver um rosto humano por trás de toda transação ou número de pedido.

> Quando tiveram a opção de continuar permitindo o acesso de telemarketing abusivo e até mesmo ofensivo em suas casas, 62 milhões de consumidores (80% registrados na Web pelo donotcall.org) não hesitaram em expelir uma indústria inteira de sua vida.

Considere os irmãos Neistat. Casey e Van são dois irmãos comuns que causaram um impacto extraordinário expressando sua insatisfação com uma marca que, francamente, se estabelecera em virtude de seus altos padrões (percebidos ou não).

Nas palavras de Casey:

> Em setembro de 2003 a bateria em meu iPod de primeira geração não ficava carregada por mais de uma hora. Levei o iPod à loja da Apple em Manhattan para reparo, e soube que eles não estavam oferecendo um programa de substituição de bateria, e que minha melhor opção seria

> comprar um novo iPod. Liguei então para o 0800 da Apple para tratar do assunto, e me disseram a mesma coisa. Em seguida, enviei meu iPod ao escritório executivo da Apple aos cuidados de Steve Jobs, com uma nota explicando minha situação e solicitando a troca da bateria. O escritório entrou em contato por telefone para explicar que a Apple não reparava nem trocava baterias mortas de iPods, e que era norma a empresa recomendar ao cliente a compra de um novo iPod no caso de a bateria dar defeito. Eu então me virei sozinho e comprei uma bateria substituta de terceiros, o que não era endossado pela Apple. Depois da complicada instalação, meu iPod nem ao menos funcionava, mesmo se ligado na tomada.
>
> Em resposta a essa experiência, meu irmão Van e eu filmamos o curta "O Segredo Safado do iPod". Depois de terminarmos a produção do filme, a Apple passou a oferecer um programa de substituição de bateria para o iPod por uma taxa de 99 dólares e uma garantia ampliada por 59 dólares.
>
> Aplaudimos a nova norma de substituição de baterias da Apple. Nosso filme é uma documentação de nossa experiência.

O curta já foi visto por mais de 1,2 milhão de consumidores — e esse é um mínimo conservador, baseado no contador Neistat no site deles.

Os irmãos Neistat estavam simplesmente se expressando da maneira que sabiam. Eles lutaram por seus direitos e levantaram a voz. Se o consumidor tem um relacionamento com uma marca, esse relacionamento assume a forma de um diálogo — desde que seja minimamente saudável (ver princípio 7). Esse diálogo nem sempre será bonito, e se o relacionamento valer a pena, ambos os lados serão honestos, francos e justos. O relacionamento será ótimo nos tempos bons, mas seu verdadeiro teste será nos tempos ruins ou débeis. A lição a ser aprendida aqui pelos profissionais de marketing é a capacidade de celebrar o bom, mas também de responder aos desafios. Acima de tudo, nunca tome as coisas como certas — como a Apple descobriu da pior maneira.

A Última Palavra — Um Ponto de Vista Dissidente

Aquele que decide reger a orquestra deve dar as costas para o público.

James Crook

Todo posicionamento de produto deve ser divulgado com rótulos de "publicidade paga"? E quanto à publicidade de guerrilha? Ou à linha borrada entre igreja e Estado online? Talvez sim, talvez não. Sou *totalmente* dedicado a respeitar os consumidores, seu tempo e sua atenção, bem como a atender suas necessidades. Mas em que ponto devemos nos distanciar e tomar decisões difíceis com base numa combinação do que é bom para nós e, em última instância, do que pode ser bom para eles? Será que o consumidor pode mesmo levar a palma nos dois sentidos: conteúdo livre, desejável e puro, sem anúncios?

Este não é um tema fácil de tratar, e vejo-me oscilando entre um campo e outro, conforme me ponho no lugar ora do profissional de marketing, ora do consumidor. Quer acreditemos que a publicidade é um serviço valioso e utilitário, uma distração bem-vinda ou um mal necessário; quer acreditemos que ainda é possível criar necessidades e mudar ou persuadir mentes; quer simplesmente assumamos a posição prática de que, sem a publicidade, todo conteúdo some, o fato permanece: uma ótima experiência do usuário ou consumidor sempre será a meta final. No entanto, é claro que uma má experiência é melhor do que não ter experiência nenhuma.

Estamos adentrando uma era cujo marco será um nível tremendo de experimentação. Volto inevitavelmente aos perigos associados a ser liderado em vez de liderar. Os consumidores de hoje são mais do que expressivos (ver princípio 10), e não se engane: dar às pessoas a chance de serem ouvidas é muito melhor do que não fazer nada. Dito isso, é ainda mais importante irmos além do que eles parecem estar dizendo, rumo ao que eles *realmente* estão dizendo, ao que têm em mente e/ou ao que não estão dizendo — para que possamos fazer o contato decisivo, que de fato represente a minoria ativa e a maioria silenciosa dos consumidores e, é claro, os profissionais de marketing. Estamos sufocados até a morte por grupos de discussão e, quando a inovação entra em pauta, é hora de assumir riscos e confiar em nossos instintos. Pisque e você pode ficar a ver navios.

A longo prazo, os consumidores terão a última palavra. O que estou dizendo é apenas que o marketing não deve lhes dar a primeira palavra.

8

Re:pensar a Gestão de Marcas

As marcas nunca foram tão importantes como são hoje, mas a gestão de marcas, como a conhecemos, mudou definitivamente.

A discussão sobre o destino do comercial de 30 segundos refere-se, no fim das contas, à gestão de marcas. Claro, existe um mecanismo de resposta associado a ela, mas quando é que não houve uma dose de responsabilidade ligada à publicidade? O verdadeiro problema não é tanto saber se ela funciona e sim determinar quão bem ela funciona... ou quando não funciona... ou até mesmo quando causa mais mal do que bem.

A vantagem das marcas é muito simples. A profusão de ruído, distração e desordem, complicada pela explosiva gama de opções, resulta numa posição incrivelmente confusa e desestimulante para os consumidores. Felizmente, eles podem contar com produtos e serviços específicos que apresentam qualidades, atributos e benefícios consistentes com os seus próprios.

As marcas importam por quatro razões — os quatro Os, correspondentes a opção, opção, opção e opção:

1. Opção — controlar com pulso firme a sanidade das unidades de manutenção de estoque.
2. Opção — um voto de confiança.
3. Opção — a agregação de pessoas de mentalidade similar.
4. Opção — comunidades midiáticas como filtros ou qualificadores da marca.

Tudo bem, as marcas são importantes, mas e quanto à gestão de marcas? Se a gestão — o processo de formação das marcas — é uma maçã (ou uma Apple) lustrosa, o miolo da maçã está contaminado por um verme na forma do comercial de 30 segundos.

Quatro passos simples compõem o argumento, traçando uma linha firme na areia entre o velho e o novo marketing:

Passo 1. A gestão de marcas é, há muito, vista como uma função primária da publicidade.

Passo 2. A publicidade se baseava (e ainda se baseia) predominantemente na televisão.

Passo 3. Os dólares televisivos se concentram geralmente em oportunidades de massa, como o horário nobre das grandes redes.

Passo 4. A unidade central de publicidade no horário nobre é o comercial de 30 segundos.

A promotoria silencia.

Se alguém precisar de mais persuasão, permita-me apresentar-lhe a Evidência A, que chamo de "face mutante das marcas". A Figura 8.1 mostra o número de marcas que não existiam há 10 anos mas agora são consideradas entre as favoritas a marca do ano.

Segundo minha última checagem, empresas como o Google, a Starbucks, a Amazon.com, a Pixar e o eBay não chegaram a esse topo gastando excessivamente em publicidade. Compare com a decadente marca Coca-Cola (que nem entra na lista!), cujo único meio de retorno, para citar o novo presidente Neville Isdell, é gastar mais. Não gastem mais: *gastem mais sabiamente*.

Os Sete Atributos da Nova Gestão de Marcas

Se a "velha" gestão de marcas está falida, como, exatamente, a "nova" servirá como solução para um problema que se aprofunda? Os sete atributos da nova gestão de marcas a seguir devem deixar isso às claras[1].

1. Experiência da Marca

A maioria das súmulas criativas começa com duas perguntas: "Qual é o produto?" e "Qual é a marca?". Tipicamente, o que se segue é uma tentativa de articular as principais diferenças entre o funcional e o emocional, ou entre "o que é" e "o que gostaríamos que você pensasse que fosse". Por exemplo, o *Queen Mary 2* poderia ser documentado em termos de *produto* como um luxuoso transatlântico e, em termos de *marca*, como um portal de transporte para Utopia. A descrição do produto, no caso de um BMW, pode ser "a nova Esportiva Midsize X3", e a da marca "a última palavra em veículo para famílias".

Mas isso já não basta. O problema com as marcas — ou antes com o modo como são embrulhadas e levadas a nossas portas — é que elas se tornaram fins em

[1] Agradeço à Advertising.com pela plataforma que permitiu o desenvolvimento deste esquema.

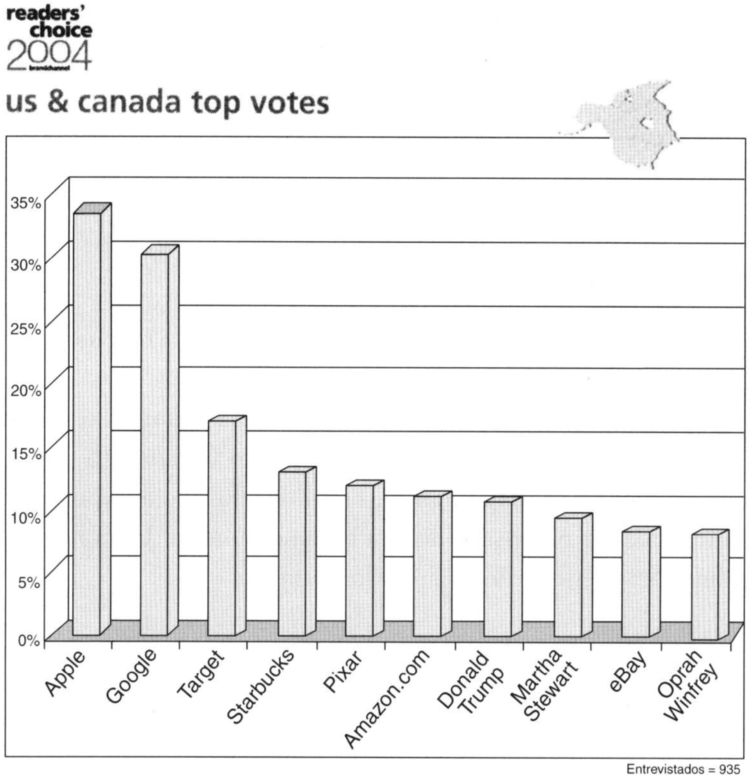

Figura 8.1 Prêmio de Escolha dos Leitores 2004 da Brandchannel (América do Norte). *Cortesia*: 2004 Reader's Choice Award, Branchannel.com.

si mesmas, e não meios para um fim. Além de *produto* e *marca*, é hora de um terceiro fator juntar-se à mistura: a *experiência*, caracterizada por seu *contexto*.

> *Produto:* o que ele faz.
> *Marca:* o que ela faz você sentir.
> *Experiência:* onde ela se encaixa em sua vida.

O teste de tornassol para validar o argumento em prol de uma camada adicional de contexto ou significado é que o mesmo produto e a mesma marca comprados no mesmo horário e local por duas pessoas diferentes podem assumir significados muito distintos. Nesses casos, aqueles velhos dados demográficos e psicográficos tornam-se identificadores contextuais em vez de variáveis de segmentação. Para Jerry Seinfeld, a compra de um enésimo Porsche tem menos importância do que teria para um operário que passasse a vida inteira sonhando com isso.

Desafio todas as agências a incluir desde já em suas súmulas essa terceira dimensão, perguntando: "Qual é a experiência?". Larry Light, CMO do McDonald's, alertou que a experiência (como o próprio posicionamento) pode assumir uma variedade de formas dependendo do público específico que passa por ela.

Nós usamos produtos e compramos marcas, mas vivemos *a experiência.*

2. A Gestão de Marcas em Fluxo

Este ponto se coaduna perfeitamente com o princípio 7 da discussão sobre o consumidor "desfiel" de hoje, no capítulo 7. *A gestão de marcas — como o sucesso — é uma jornada, não um destino.* Embora a meta final talvez seja alcançar o destino, a transmissão da experiência com a marca em cada ponto de contato deve ocorrer de maneira auto-suficiente e independente, de tal modo que a experiência possa se auto-sustentar e manter o consumidor na trilha da marca. Uma marca é tão forte quanto a última experiência do consumidor com ela.

3. O Nascimento das Antimarcas

O Google e a Priceline são minhas duas antimarcas favoritas. Elas representam uma nova safra de marcas, que podem ser descritas como *infomediárias*. A Amazon e o eBay não ficam muito atrás nessa categoria. A digitalização de nossas vidas destruiu vários intermediários tradicionais — ou, especificamente, barreiras à informação — mas, ao mesmo tempo, criou intermediários que constituem novas camadas de filtragem (em oposição à complexidade crescente). Essas antimarcas comerciam dados, informações e conhecimento, tornando o mundo do marketing particularmente difícil para as marcas convencionais.

P.: Qual tem sido tradicionalmente o único elemento gráfico a aparecer no Google.com?
R.: O logo do Google.

Todos os dias, conforme milhões de buscas são realizadas em seu buscador, a marca Google causa impressões extras similares. Não apenas o Google *não* paga por elas: elas são pagas na prática por empresas da Fortune 500 e da Global 2000, e toda uma panelada de lojas modestas que concorrem num campo de guerra pelo clique do consumidor. Aí você vê a antimarca — ela fica mais forte enquanto o resto do mundo das marcas se engalfinha pelos despojos. Se a idéia parece dura, ela reflete ainda assim o novo mundo da gestão de marcas, governado pela informação, pelo controle dos consumidores e pela democratização.

4. A Gestão de Marcas Comunal: Gerindo por meio de Comunidades

Vem ganhando contorno um padrão dentro do qual os presentes atributos da nova gestão de marcas podem ser vistos como relacionados com os princípios do consumidor de hoje. No caso da gestão de marcas comunal (ver também a discussão do marketing comunal no capítulo 16), a propensão a uma gestão eficaz está estreitamente ligada a um consumidor sempre acessível e adiante na curva, que acessa e faz contato continuamente com comunidades íntimas, ampliadas, profissionais e globais, tanto direta como indiretamente. Esse consumidor, por sua vez, costuma receber comunicados de outros consumidores de sua confiança.

As marcas capazes de estabelecer comunidades de interesse, de se integrarem a elas e de contribuir com elas estarão em condições de aproveitar os efeitos positivos associados a redes em expansão exponencial. Um exemplo impressionante é o da NEC Corporation, que arrebatou o Cyber Grand Prix no Festival Internacional de Publicidade de Cannes em 2004 com um site que criava uma árvore virtual feita de comentários dos consumidores sobre problemas ambientais (ver Figura 8.2). Isso constituiu uma demonstração assombrosa do poder da comunidade conectada. A Ecotonoha era mais do que um mero "anúncio". Era um esforço ímpar de marketing com causa integrada. Para cada 100 folhas virtuais, a NEC anunciava que plantaria uma árvore em seus esforços por contribuir para o meio ambiente e enfrentar o aquecimento global.

> Muitas vezes falamos do consumidor como sendo o coração de qualquer campanha de marketing, mas talvez a *idéia* é que deveria constituir o núcleo da campanha, circundada por uma robusta rede de consumidores conectados.

5. Banda Larga = Banda Larga

Não apenas a gestão de marcas online é possível, como se torna impossível sem ser online.

Há um número excessivo de profissionais de marketing que ainda não se convenceram do papel do online. Existem também aqueles que só fazem uso do online como um passageiro mecanismo de ajuste para vendas. Ambas as posições são equívocas, e se não forem rápida e incondicionalmente corrigidas, o resultado pode ser o massacre da marca.

A banda larga fomentou uma cultura onipresente de acesso aberto. Ela também criou um ambiente em que vídeos não somente podem ser servidos à maneira da TV, como podem ser transmitidos com um novo e melhorado nível de interatividade e controle. O resultado é uma gama de possibilidades de fazer cair o queixo.

6. Os Mundos da Gestão de Marcas e da Resposta Direta Colidiram

Era uma vez uma linha. Acima da linha estava um negócio chamado *publicidade* (incluindo a gestão de marcas); abaixo dela estava uma disciplina chamada *marketing direto*. E então surgiu a Internet, e tudo virou uma misturada.

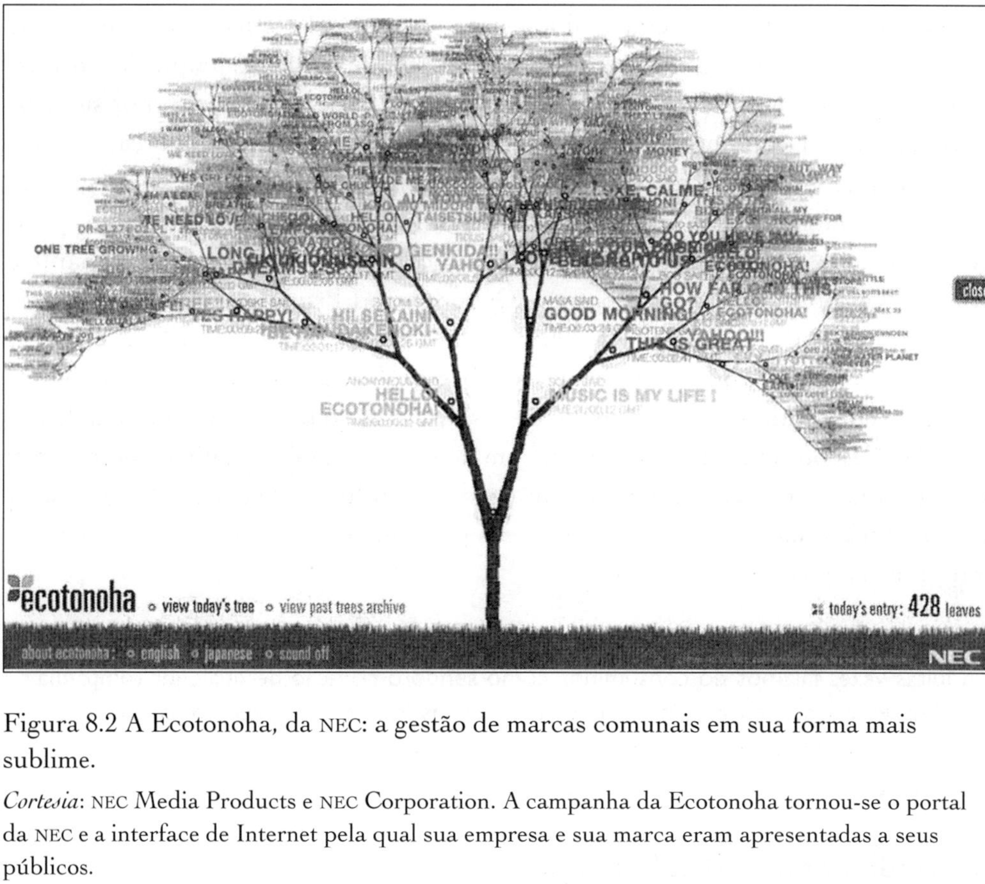

Figura 8.2 A Ecotonoha, da NEC: a gestão de marcas comunais em sua forma mais sublime.

Cortesia: NEC Media Products e NEC Corporation. A campanha da Ecotonoha tornou-se o portal da NEC e a interface de Internet pela qual sua empresa e sua marca eram apresentadas a seus públicos.

Parece-lhe uma boa historinha de ninar? Não, a menos que você não se importe de acordar no meio da noite suado e descomposto. Essa história é mais um pesadelo que um sonho, e eu vou lhe dizer por quê.

A triste verdade é que labutamos para traçar uma distinção entre gestão de marcas e resposta direta. Nas formas tradicionais de mídia, o resultado é uma barafunda de mensagens com visual e efeito mutilados, e eficiência e impacto diluídos (um pau-para-toda-obra). No espaço da Internet, a indústria foi forçada a discutir se a Web é um meio de gestão de marcas ou resposta direta. A maioria acha que o assunto já foi revirado até a morte, mas acho que mal começamos a entender e explicar esse entrave fundamental. Aqueles que afirmam que ela é "as duas coisas", como também os que optam pela posição da "resposta à marca", têm posições válidas; mas ainda acho que a maioria de nós está justamente confusa quanto à distinção entre criação de negócios a curto e a longo prazos.

Sempre que ouço alguém perguntando "Mas deu certo?" ou "Ela teve sucesso?" com relação a uma dada campanha, tenho de me ater aos vagos critérios adotados para determinar o sucesso. Em geral, as campanhas ainda são julgadas com base em indicadores isolados de curto prazo.

A gestão de marcas jamais foi concebida em termos de vendas, sendo vista como um processo imensurável e lento. Essa é uma das armadilhas mais perigosas em que a indústria já caiu. Em última instância, a gestão de marcas consiste na formação de um negócio. A meta é formar um negócio mediante a criação de uma marca. Por que as duas coisas deviam ser mutuamente excludentes?

A gestão de marcas sem resposta é negligente, e a resposta sem gestão de marcas é ingênua.

Agências e clientes devem aprender a se refrear quando devido, a administrar expectativas e a educar de acordo com o alcançável. *É tolice não fazer isso.*

A análise avançada, ou os *smart metrics*, são nossa salvação na missão de redefinir o que existe acima da linha e o que reside abaixo dela — em outras palavras, o que constitui gestão de marcas e o que constitui marketing direto. (Por falar nisso, *smart metrics* é uma expressão importada — podem me procurar depois do apito se quiserem mais explicações.)

Talvez eu esteja simplificando demais, mas acho necessário reduzir a questão a sua forma mais simples: uma linha. Com o nascimento da Internet, a linha entre os dois componentes se borrou — não somente na Internet, mas por toda parte.

Em certo sentido, *gestão de marcas e resposta direta são a mesma coisa*. Elas existem para servir ao mesmo propósito — gerar vendas. *A única diferença é o tempo*: a gestão de marcas costuma levar mais tempo do que a resposta direta.

Profissionais de marketing inteligentes estão percebendo que agora possuem a habilidade, provavelmente pela primeira vez, de atingir ambas as metas simultaneamente. A *resposta à marca* representa o ponto em que a gestão de marcas e a resposta direta colidem — o "ponto sensível". Os profissionais que já perceberam onde se dará o ponto sensível é que marcarão pontos com os consumidores de hoje.

7. Gestão de Marcas por Números: Dados

Os dados são o DNA deste negócio, o ROI é a moeda corrente e a criatividade é a mágica.

Quero adotar uma abordagem binária com respeito aos dados. Temos à nossa frente um complicado quebra-cabeça, com um código de cores e números que nos ajudará na solução e revelará a imagem oculta sob a superfície — e todavia preferimos não juntar as peças. Deixamos de fazer a conexão entre os dados maçantes e sua habilidade de revigorar e renovar nossas marcas. Essa omissão é o resultado de preguiça ou estupidez — e isso é o mais binário a que consigo chegar para explicar por que não há mais empresas aproveitando a riqueza de dados de que dispõem para melhor compreender seus consumidores, transmitir-lhes mensagens, aprender com eles e adaptar-se a suas necessidades mutantes e aos constructos também mutantes do ambiente mercadológico que os envolve.

O comercial de 30 segundos, tal como existe hoje, é aquele valentão que molestava o colega na escola, que roubava seu lanche e, de sobra, o trancava no armário — só músculos e nenhum cérebro, um mocorongo. O comercial de 30 segundos poderia ser também um emblema da agência publicitária tradicional e dos profissionais de criação que exercem tamanho poder entre suas paredes. Mas os tempos mudaram. O garoto de protetor de bolso, óculos com fita adesiva e calculadora sempre à mão é hoje o líder da classe. O nome dele é "mídia", para quem quiser tomar nota. Como observou David Verklin, da Carat, "é *A Vingança dos Nerds*". Entretanto, com a conexão entre o mundo dos dados e o das folhas de estilo, surge uma espécie de "Perfil GE": se parece bom, é porque é bom.

Os dados em si são inúteis, a menos que aplicados na prática. Eles devem ser continuamente direcionados a um circuito fechado que não faça distinção entre dados como matéria-prima e dados como produto, desde que o processo em si avance rumo a um estado de conhecimento acionável e sabedoria exclusiva.

Como exemplo, vai aqui uma ilustração.[2]

> Qual a definição de *dado?*
>
> O sol nasce às 5h38 da manhã.
>
> Qual a definição de *informação?*
>
> O sol nasce a leste às 5h38 da manhã e se põe a oeste às 7h45 da noite.
>
> Qual a definição de conhecimento?
>
> Se você se perder no mato, siga o percurso do sol para determinar sua direção.
>
> Qual a definição de sabedoria?
>
> Nunca se perca no mato.

2. Crédito parcial a Doug Weaver, do Upstream Group.

O Novo Diferenciador da Gestão de Marcas? O CRM

Se a publicidade já não é a resposta (e talvez não seja), o que então constitui o ingrediente *x* na fórmula para o novo sucesso na gestão de marcas? Se você retornar ao princípio fundamental da gestão de marcas — a capacidade de se diferenciar numa base significativa, *possuível* e consistente —, combiná-lo com o atributo 7, que é a habilidade de resolver o quebra-cabeça, e "pintar com números", a solução pode estar bem à sua frente: o *marketing de relacionamento.* Um cliente na mão vale mais do que dois na massa.

Enquanto 80% de suas vendas continuarem provindo de 20% de seus consumidores (ou, no caso da Diet Coke, enquanto 8% dos consumidores forem responsáveis por 84% das vendas — e minha mulher deve representar uns bons 5% desses 84%), *você tem o dever, para com seus* stakeholders[3], *de investir desproporcionalmente em seus consumidores mais valiosos em comparação com os mais fugidios.* Como observou Jim Stengel, da Procter & Gamble: "Nenhuma marca da P&G é realmente de massa, nem mesmo o Tide, caso em que 18% dos consumidores respondem por 80% das vendas".

Que perguntas devíamos fazer sobre a gestão de marcas?

- Como definimos a gestão de marcas? Como nossos consumidores se relacionam com nossas marcas? E com as marcas de nossos concorrentes?
- De que maneiras únicas o novo marketing pode aproximar os consumidores de nossa marca? Quanto disso é arte e quanto é ciência?
- Como mensurar a gestão de marcas? Vitaliciamente ou pelo valor da vida dos consumidores?
- A gestão de marcas pode ser otimizada? E quanto à gestão de marcas em fluxo?
- O que determina o sucesso? Quando registramos a venda?

---

3. Os *stakeholders* são pessoas que têm algum tipo de envolvimento profissional ou pessoal com uma empresa: administradores, funcionários, acionistas, parceiros, clientes, usuários etc. (N. do T.)

9

Re:pensar a Publicidade

Torne a Publicidade uma Vez Mais Relevante

Se David Ogilvy, Jay Chiat e Bill Bernbach estivessem vivos hoje, o que diriam da situação da publicidade? O que diriam do comercial de 30 segundos? O que diriam de novas formas de marketing como a Internet? Será que as abraçariam ou descartariam em prol das mídias tradicionais?

Considerando que trabalhei tanto na Ogilvy como na TBWA\Chiat\Day, a pergunta me toca diretamente, mas ninguém precisa ter sido filiado a nenhuma dessas agências para saber o que Ogilvy, Chiat e Bernbach trouxeram a nosso ramo. Parte meu coração saber que a publicidade perdeu seus líderes do passado — literalmente. No lugar deles, temos Sir Martin, John, David e um certo Maurice, além de uma safra de contadores de feijão que, se tivessem rédea solta, trocariam a expressão *executivo de contas* por *executivo contábil.*

Nesse ramo, não tardei a perceber que a chave para nosso futuro podia ser encontrada no passado. Sempre consulto *A publicidade segundo Ogilvy,* livro que devia estar na gaveta superior de todo executivo da publicidade, como a *Bíblia Sagrada* fica em todo criado-mudo de hotel. Muitos dos lendários ogilvismos, proferidos há cerca de quarenta anos, continuarão relevantes ainda por outros tantos:

- "Não se pode chatear o cliente a comprar um produto."
- "A menos que sua propaganda contenha uma boa idéia, ela vai passar feito um navio à noite."
- "Tenha em mente que o consumidor não é otário. Ele é a sua esposa. Não insulte a inteligência dela." (E todavia nós a insultamos com a hipérbole dos chavões de 30 segundos.)

Chiat foi um visionário e um revolucionário. *Status quo* para ele era palavrão. De que outro modo ele teria sido capaz de criar um comercial sem paralelos (*1984*) para um Davi praticamente desconhecido contra o proverbial Golias, usando um evento esportivo — método que jamais tinha sido testado assim? Ele também revelou seu pragmatismo ao observar: *"Vamos ver a que tamanho chegamos antes de murchar!"* — outra declaração profética que podia se aplicar aos dias em que um punhado de empresas controlaria o mundo da publicidade.

Bill Bernbach será lembrado como um dos pioneiros e um dos líderes mais destacados da indústria, cujas sábias palavras incluem:

- "A publicidade segura é a mais arriscada publicidade que se pode fazer."
- "Regras são o que o artista viola; o memorável jamais brotou de uma fórmula."
- "Não me venham com essa de que a publicidade é uma ciência."
- "A lógica e o excesso de análise podem imobilizar e esterilizar uma idéia. É como o amor — quanto mais você o analisa, mais rápido ele some."

Pelas minhas contas, estamos perdendo de quatro a zero.

Do ponto de vista do novo marketing, alguns dos comentários de Bernbach servem como um forte argumento em prol de se adotar um novo jogo de ferramentas em vez de continuar usando as de sempre. Note, contudo, que ele também alertou contra os perigos de converter a arte numa ciência e complicar demais o assunto.

E justo quando se pensava que era seguro voltar às águas da publicidade tradicional, aparece Hal Riney (que não estava morto na época da impressão deste livro) com o mais forte dos endossos a uma nova maneira de trabalhar. Já em 2002, Riney declarou morto o comercial televisivo de 30 segundos, mencionando a apatia do consumidor e o excesso de mensagens como razões para a rejeição da publicidade na TV pelos consumidores e sua relativa ineficácia em comparação com a Internet.

Em minha última checagem, o comercial de 30 segundos ainda tiquetaqueava, mas o clamor por seu enterro era mais alto do que nunca. Será que o tique-taque é o de uma bomba-relógio prestes a explodir?

Os grandes líderes e os verdadeiros visionários das gerações passadas e presente foram todos corredores de riscos. Eles ousaram sonhar; riram às barbas do pensamento tradicional e desdenharam a conformidade. Eles residiam em algum ponto do território entre a loucura e o gênio — "pois as pessoas loucas o bastante pra achar que podem mudar o mundo são as que o mudam" (a campanha Think Different, da Apple).

A publicidade, contudo, não mudou. Pior, ela perdeu sua relevância. Hoje, mais do que nunca, é hora de adotar o novo grito de guerra da P&G, exigindo quarenta novas experiências para restituir algum sentido e propósito ao ofício.

A PUBLICIDADE DEFINIDA

Talvez o ponto de partida seja definir a própria publicidade. O que, exatamente, constitui a *publicidade*?

Veja, por exemplo, a TV interativa. O investimento de um cliente em TV interativa deve ser um trabalho para o rapaz da mídia digital na agência ou para a mocinha tradicional? Talvez "iTV" deva ser tatuado na testa de todo planejador tradicional de mídia. A introdução de novas tecnologias na sala de estar constitui tanto a maior das ameaças como uma oportunidade para aquele meio que leva a parte do leão em todo orçamento da mídia. Por que, então, não deveríamos tirar a verba do orçamento da TV? O comercial de 30 segundos está vivo e bem — causando estragos nos meios online neste exato momento. Como moeda corrente básica do negócio televisivo, o acionamento desse formato criativo deveria provir do mesmo *portfolio* que sua versão para a TV?

E há também o marketing de busca. Não estou convencido de que a busca deva ser *jamais* uma parte do plano de mídia online. Não se engane, a busca deve ser uma parte integral da *estratégia central de todo cliente* (seja ela digital ou não). Mas desde quando a busca paga se tornou uma responsabilidade da *mídia*?

Talvez a origem do termo *media*[1], como definido pelo sempre confiável dicionário, possa decifrar o enigma. Descobri três definições um tanto intrigantes de *media*, usando o Dictionary.com.

> *Definição 1:* algo, como um curso intermediário de *ação*, que ocupa uma posição ou representa uma condição *a meio caminho* entre dois *extremos*.

Eu adoro essa aí. A referência a "ação" introduz um argumento em favor de um mecanismo de desvio de tráfego, o que, se pararmos para pensar, é a meta de toda comunicação midiática. A distinção é que, com a busca, a ação é imediata. E o resultado dessa ação é uma potencial melhoria na experiência geral com a marca.

Essa definição também menciona "extremos". É uma ótima maneira de enquadrar as pontas opostas do espectro da adoção: da consciência à ação. Claramente, ela nos lembra que é prematuro esperar que um *curso intermediário de ação* seja o único responsável pelo movimento de um extremo a outro — daí a expressão *a meio caminho*.

> *Definição 2:* uma *substância interventora* pela qual *algo mais* é transmitido ou veiculado.

---

1. O termo português *mídia* derivou do inglês *media*, originário por sua vez do latim *media* (nominativo plural de *medium*, "meio"). (N. do T.)

Agora estamos chegando a algum lugar! Uma "substância interventora" está meio certo: a mídia é intrusiva por natureza, mas chamá-la de substancial é um tanto presunçoso. Vem em seguida a idéia do "algo mais", que, a meu ver, representa a natureza distrativa ou supérflua da mídia quando não há direcionamento e/ou relevância contextual.

> *Definição 3 (a mais chata):* meio de comunicação em massa, como jornais impressos, revistas, rádio ou televisão.

Pessoalmente, prefiro uma combinação entre a primeira e a segunda definições, que reconheça a mídia como um mal necessário que intervém para levar uma bolha inerte da posição extrema A (a ausência de vendas) à posição extrema B (a venda). A terceira definição não infere nenhum papel ou propósito real, salvo o de comunicadora de massa.

O rótulo "mídia" pode muito bem ser uma desvantagem insuperável nos dias de hoje — como um balde que, embora receba água aos borbotões, tem um buraco no fundo.

O Marketing do Desespero

Um homem sai à rua num dia chuvoso. Ele não tem guarda-chuva. Não leva chapéu, jornal, nem meio algum para se proteger dos céus, e todavia não fica com um fio de cabelo molhado. Por quê?

O pioneiro estudo de Edward de Bono sobre o pensamento lateral originou-se com a analogia de cavar um buraco. O pensamento lógico ou vertical é definido como a resolução de problemas pelo uso de tecnologias similares aos próprios problemas, sobretudo se a abordagem se basear em alguma história pregressa de sucesso. Se cavarmos mais fundo — vertical e logicamente —, é provável que encontremos a solução para o problema. A racionalização é que, se continuarmos cavando, podemos acabar descobrindo a solução almejada. A motivação é aquela vozinha de arrependimento que diz: "Você já veio tão longe, não pode voltar agora".

A verdade é que, quanto mais fundo for o buraco, menores serão as chances de tirarmos algo dele. Talvez seja essa a origem daquele dito: "Você se aprofundou demais".

O pensamento *lateral*, em contraste, nos faz sair da caixa em busca de uma solução. Pode-se buscar a solução em qualquer ponto de um espectro que se estende desde cavar em outro lugar ou contratar outra pessoa para o serviço até lançar dinamite no buraco.

Daí a resposta para a charada: "O homem é careca". Isso pode soar elementar para você, meu caro Watson, mas em meio aos esbanjadores que apóiam a publicidade como solução primária, o pensamento lateral é uma técnica que não vem sendo praticada nem pregada.

Inúmeros executivos de marketing e agências justificam seu investimento no Super Bowl de 2005 com base na crença inabalável de que essa é a melhor (e a única) maneira de atingir um público de massa. Embora a Anheuser-Busch tenha sido a grande vencedora em termos de desviar tráfego rumo a seu site (de acordo com o comScore), com um aumento de 600% nas visitas, foram necessários oito comerciais para isso, e não se consumiu muita cerveja no processo. No pior dos casos, o aumento de 30% no tráfego do Napster, partindo de uma base menor, foi uma desgraça em comparação com o aumento de 170% da iTunes.

Tal é o desespero de Madison Avenue. Tal é o desespero do marketing.

Talvez seja por isso que, apesar do atulhado ambiente da comunicação, um sem-número de marqueteiros movidos pelo desespero vêm apostando tudo (o pôquer das celebridades deixou em mim uma marca indelével) nesse dia do filão.

Quando a IBM criou a primeira inserção de oito páginas no *Wall Street Journal* para o lançamento de seu *e-business*, ela chamou atenção e causou mais do que uma mera impressão — como tinha de ser. A vantagem de sair à frente sempre terá peso e sempre deverá colher as recompensas associadas à inovação, à originalidade e à criatividade. Com o correr dos anos, esta se tornou a opção segura e preguiçosa, imitada viciosamente por todos, talvez com base no critério único de que "se temos dinheiro, vamos torrar".

A campanha "HP + You", da Hewlett-Packard, levou esse recurso desesperado a uma nova baixa, com inserções de 24 páginas (*24,* vejam bem!) em jornais e revistas para anunciar que a empresa estava fazendo o que já se sabia que ela fazia — promovendo ofertas em fotografia digital, sistemas de impressão pela Web e impressoras. O comercial de 60 segundos na TV era igualmente espalhafatoso. Eu só podia ficar imaginando quem tinha rido mais alto a caminho do banco — a(s) agência(s) responsável(eis) pela produção excessiva e o exorbitante posicionamento na mídia, ou os editores que aceitaram as dissertações. Com certeza não foi a Carly[2]!

A HP não está sozinha. A Nissan ofereceu recentemente como brinde, em revistas de veículos 4×4, um corte transversal em escala natural de uma camioneta Titan de verdade. Por toda parte ergueram-se notas máximas para esse feito — embora eu não tenha a menor idéia do que foi que ele fez. Será que eu deveria juntar as peças restantes do quebra-cabeça para montar o carro inteiro sozinho?

2. Carly Fiorina, ex-CEO da HP. (N. do T.)

(Aviso para a Nissan: só há espaço para um Titan em meu quarto.) Ou será que eu deveria simplesmente ficar estupefato a ponto de sair correndo até a concessionária Nissan mais próxima e pedir que me trocassem esse titilante brinde pelo artigo de fato?

Se a publicidade perdeu o sentido e tornou-se apenas um meio de amenizar a dor e prolongar a agonia, como torná-la relevante de novo?

Torne a Publicidade "Real"

A realidade da publicidade é que ela é tão *irreal* quanto possível — desde os dias em que os anúncios de cigarro sempre pareciam retratar gente esbelta, rica e opulenta cruzando a Riviera Francesa até as tristonhas representações de automóveis hoje em dia, com corridas em alta velocidade ou estradas no deserto, acompanhados pela ressalva insultuosa que adverte: "*Não* tente isso nos subúrbios".

Vá falar de propaganda enganosa!

Será que doses adicionais de faz-de-conta oriundas da Madison Avenue serão acolhidas ou rejeitadas? No último caso, nosso menino prodígio da criação pode querer dar uma olhada na fonte mais improvável — a TV-realidade — em busca de algo entre inspiração e salvação.

A Pepsi deu uma cartada popular ao convidar os espectadores a votar em seu comercial favorito da Pepsi na TV, que seria veiculado no Super Bowl. A Coca também fez testes com diferentes doses de realidade. Na TV, a marca saiu dos trilhos para convencê-lo de que era... bem, real.

E há também a história da vida depois de Wylie, o tenorino que processou o Yahoo! depois de ganhar apenas 560 dólares pelo uso de sua voz. A todo CDF que já levou uns tapas por berrar demais, o Yahoo! oferecia a possibilidade de ser um herdeiro de Wylie.

Na Web, a realidade morde de muitas maneiras diferentes. Talvez o melhor exemplo seja a campanha "Ideas Happen" da Visa (que será tratada em mais detalhes no capítulo 17, na discussão sobre o conteúdo gerado pelo cliente). Nessa campanha, 13 mil empreendedores e visionários apresentaram as próprias idéias a uma comunidade de mentalidades afins composta por mais de 1,7 milhão de membros, na esperança de serem eleitos os melhores em várias categorias. Os vencedores do passado incluíram escovas de dentes com pasta embutida (categoria empreendedores), a provisão de transporte escolar adequado para crianças com retardo no desenvolvimento (categoria comunidade) e "câmeras infantis" no caso de crianças marginalizadas (categoria auto-expressão).

Desenvolva um Novo Modelo de Negócios

Em última instância, o problema da publicidade pode estar no fato de que ela perdeu o contexto que antigamente a fazia aceitável. Mesmo com a proposta de valor implícita ou explícita do conteúdo endossado ou subsidiado, os consumidores não lhe dão a mínima.

Howard Dean Foi Roubado

Lembra-se de Howard Dean? Ele praticamente nocauteou o velho clubinho político com um buldôzer. Acompanhei sua ascensão e subseqüente queda esperando secretamente que sua possível escolha como presidente dos Estados Unidos serviria como o endosso decisivo do poder do novo marketing. Não era para ser assim, e eu ainda me pergunto se sua queda não foi uma armação calculada para derrubar o arrivista, o opositor que seguia a contrapelo, que nadava contra a corrente, que se serviu de uma dose extra de *mudança* (deter o conformismo).

A história de Dean espelhou a da ascensão e queda do ponto-com: uma curva meteórica que deixou a todos mais perguntas do que respostas. Como sugerem alguns entendidos, talvez sua estratégia na Internet fosse transparente demais (ver a discussão sobre os blogs mais adiante), com sua "informação perfeita" acessível a qualquer um, o que denunciava todos os seus movimentos.

Talvez tenha havido um erro na estratégia de mídia. Nem todos os consumidores estão online e nem todos os que o estão são tão ativamente engajados quanto os que usavam o Meetup.org para se congregarem, distribuir adesivos e doar dinheiro. Ou talvez os que constituíam esse subconjunto proativo já estivessem propensos a ser partidários de Dean desde o início (do mesmo modo que o público de *Fahrenheit 911* já era adepto da causa).

E talvez, mas apenas talvez, o produto em si não estivesse à altura. Como versa o ditado, não há maneira mais rápida de matar um produto ruim do que a boa publicidade — ou, no caso de Dean, o bom novo marketing. Independentemente de alguém ter votado vermelho, azul, verde, branco ou amarelado (não votou), ou de nem ter o direito ao voto, incentivo o estudo dessa que foi uma das mais analisadas campanhas de nosso tempo. Havia múltiplas maneiras de um adepto de Dean se envolver, o que ilustra um dos usos mais amplos do pleno jogo de possibilidades disponíveis na Web, incluindo:

- a assinatura (o registro);
- o Meetup.org;
- a tomada de ação;
- a contribuição;

- o blog oficial;
- a comunicação sem fio;
- o time do Dean;
- grupos de coalizão;
- pôsteres e folhetos.

Praticamente a única coisa que não entrou na lista (e que hoje em dia todo marqueteiro se sente compelido a oferecer em seu site) foram jogos de videogame.

Os esforços de Dean passavam longe da "publicidade", e cada medida, individualmente ou em conjunto, gerava uma camada sempre expansiva e aprofundada de envolvimento, compromisso e lealdade. As implicações para as marcas são óbvias.

Sempre me perguntarei por que John Kerry não seguiu na trilha dos esforços de Dean. Dean abrira o caminho, mas a soma dos esforços de Kerry foi uma profusão de anúncios e a menção obrigatória do johnkerry.com. Também aqui os marqueteiros das marcas de hoje devem tomar nota.

Apesar do fracasso em conseguir a nomeação à candidatura, a campanha de Dean deixou sua marca. Uma palavra de quatro letras, que representou a diferença entre a velha e a nova mídia durante a campanha presidencial de 2004, tornou-se a número 1 na lista do Merriam-Webster das 10 mais do ano: *blog*.

A Volta do Modelo de Negócios

Em vários sentidos sofremos uma grande necessidade de re:pensar os modelos de negócios que governam o acesso e o consumo de conteúdo por parte dos consumidores e, finalmente, o papel que aí desempenham as comunicações de marketing. E isso numa época em que os profissionais de marketing são exortados a produzir mais por menos, num mundo em que os consumidores afirmam que menos é mais.

Como alguém que já trabalhou nos chamados lado tradicional e digital do negócio publicitário, estou certo de que no futuro apenas um desses dois cenários se concretizará:

1. O mundo offline ficará mais parecido com o mundo online.
2. O mundo online ficará mais parecido com o mundo offline.

Qual dos dois você acha que advirá?

É um tanto perturbador ver os mundos paralelos da televisão e da mídia online lutando para se replicarem um ao outro, quando a real meta devia ser buscar um modelo de negócios viável, de vencer ou vencer, e um conseqüente fluxo de receita para editores e profissionais de marketing. A televisão, em vez disso, está cada vez mais infestada de anúncios deslizantes, banners e logotipos sobrepostos que aparecem sem aviso prévio (até a TiVo recentemente aderiu — um sacrilégio!), e a mídia online está fazendo o máximo para rodar adaptações de comerciais de TV, apreçadas segundo um glorioso CPM (custo por mil espectadores) que considera como fatores as variáveis simplificadas de alcance e freqüência.

A solução otimizada é quase tão óbvia quanto a próxima combinação de números na loteria do Powerball. Entretanto, certas idéias sobre o futuro começam a ficar visíveis.

1. *Os consumidores pagarão por algo de valor.*

Basta ver a HBO, que talvez represente o estilo de toda TV a cabo num futuro não muito distante. Um recente burburinho do mercado indica que podemos acabar num modelo em que os consumidores só pagarão pelos canais que desejarem. Com esse modelo, a sorte pode favorecer a Bravo, conforme o modelo do vídeo sob demanda (VOD) convergir com a programação específica de canais específicos. Nesse cenário, o abastecimento de mídia por micropagamentos, associado a uma receptora de DVR, pode facilmente vincular a mensagem relevante a um conteúdo igualmente relevante.

A mesma abordagem funcionaria (e já funciona) no caso de sites específicos que oferecem conteúdo especial na base de artigo a artigo ou de um passe diário.

2. *O meio termo deve bastar.*

Uma combinação de assinaturas e propaganda, como no mundo impresso (por incômoda que seja), ajuda a reduzir o estresse nos dois extremos.

Possibilitar o pagamento de uma taxa nominal por algum tipo de assinatura constitui uma segmentação instantânea daqueles opinadores mais propensos a se tornar clientes online freqüentes (ver idéia número 1).

A AOL é uma empresa que vale a pena observar (e sobretudo criticar) nesse sentido, conforme ela se arrasta em busca de um meio termo (se é que existe algum) entre a assinatura (o provedor) e o endosso subsidiado (a publicidade). Por um lado ela tem seu conteúdo exclusivo da Time Warner, mas por outro, existe a tendência de abrir seu portal exclusivo às massas.

Uma de minhas principais convicções é que *os consumidores não distinguem, diferenciam nem discriminam formas diversas de conteúdo; por que o marketing deveria?* Deve-se investir agressivamente numa variedade de pontos de contato — desde um site até aparelhos móveis — para liberar conteúdo ou cobrar por ele.

Dito isso, os consumidores querem o bolo, desejam comê-lo e não darão a ninguém nem um pedaço (quando muito umas migalhas). Se for para disponibilizar um conteúdo online (seria desejável) ou melhorá-lo (também seria), independentemente do que for feito, não se deve cobrar demais por ele.

3. *Se não cheira a publicidade, talvez não seja publicidade.*

Há um odor um tanto pútrido emanando do mundo da publicidade neste exato momento. E se ninguém conseguir senti-lo, já se está habituado a ele ou se perdeu totalmente o olfato (em ambos os casos, é hora de pensar em outra carreira).

A publicidade reagiu integrando-se ao tecido mesmo do conteúdo, numa curiosa versão do ditado "Se não pode vencê-los, junte-se a eles". O Commercial Alert, grupo associado a Ralph Nader, peticionou a FCC a examinar se as grandes redes estão deixando devidamente claro quando um produto é anunciado.

No outro extremo do espectro, Jerry Seinfeld e seu colega Superman vêm rendendo manchetes ao estilo da BMW na parceria que firmaram com apoio da American Express — assumindo a identidade de propaganda comportada durante o dia, mas virando um conteúdo superenvolvente à noite.

Isso é publicidade ou não? A resposta depende da idéia em si e de sua execução. Ken Jennings (e se alguém precisar perguntar "quem é Ken Jennings?", ainda bem que já formulou a resposta em forma de pergunta) foi destronado como campeão do *Jeopardy!* após 73 dias gloriosos e 2,5 milhões de dólares (um preço baixo pelo pico de audiência). Eis a charada em que ele perdeu: *A maioria dos 70 mil funcionários sazonais de colarinho branco desta firma só trabalha quatro meses por ano.*[3]

Mais notáveis do que o fato de que eu adivinhei (a pergunta era: "Quem é a H&R Block?") e Jennings não, foram alguns dos chamados comentários da mídia que se seguiram, e que apostavam que Jennings sem dúvida apareceria futuramente em vários comerciais tanto da H&R Block como da FedEx. "FedEx" foi a resposta incorreta de Jennings (ambas as empresas perderam essa oportunidade de ouro, e Jennings está vendendo a Cingular Wireless). Os entendidos também observaram que tinha sido uma sorte a King World Productions não ter vendido comerciais à H&R ou à FedEx para coincidir com aquele episódio em particular. Eu não respondi certo porque sabia demais. Acho que quando a publicidade consegue integrar-se com suavidade e sem rupturas ao conteúdo, e fazê-lo de maneira única, original e nada gratuita, o resultado não tem como ser ruim.

Uma outra idéia: e se (sei que isso é forçar a barra) a última pergunta do *Jeopardy!* sobre a H&R fosse um anúncio pago? Quando se mensura as impressões

---

3. No *Jeopardy!*, os participantes recebem uma dica a partir da qual devem descobrir a pergunta secreta. (N. do T.)

da marca, esta pode ter sido uma das mais argutas compras de mídia do século (embora de um século jovem).

4. *Se houver uma mensagem na parede, leia-a.*

Continuando do ponto anterior: em vez de mandar brasa na linha de produção, por que não apertamos o Botão de Emergência e concentramos nossos esforços em produzir coisas novas que não pareçam, não cheirem e não soem como publicidade?

Em outras palavras, eis nossa oportunidade de parar as rotativas — de reavivar um modelo de negócios moribundo e transformá-lo num mecanismo viável e significativo para transmitir relevância, utilidade e entretenimento (RUE) (ver próximo ponto) ao consumidor, e ROI ao marketing e à publicidade.

A parte 1 desse processo é concentrar-se na *mídia*, voltar ao círculo vicioso e tratar clinicamente de cada ponto:

- dólares de produção e qualidade do conteúdo decadentes;
- espectadores volúveis;
- dólares publicitários volúveis.

A parte 2 é melhorar a *mensagem*, aprimorar a qualidade do direcionamento, o trabalho de criação e a utilidade.

O resto deste livro destina-se em grande medida a ajudar nas duas partes desse processo.

5. *Passe do ROI ao RUE.*

O mundo online está a tal ponto concentrado no ROI que o sucesso é mensurado freqüentemente pela conversão a curto prazo, com um ocasional estudo de rastreamento de marca destinado a apaziguar a turma da gestão de marcas. O mundo offline continua existindo no extremo oposto do espectro. Nenhuma das abordagens deve continuar funcionando bem.

Conforme avançamos do mundo exclusivo do "ou" para o mundo inclusivo do "e", sugiro que acolhamos o princípio que chamo de *RUE*: relevância, utilidade e entretenimento. A idéia aqui é adotar uma mescla saudável de pelo menos dois dos três ingredientes, para chegar a um equilíbrio funcional razoável.

A matriz mostrada na Figura 9.1 se baseia em dois elementos simples: relevância e entretenimento (o terceiro seria *utilidade*, mas eu não desenho tão bem assim). Ambos são bons para os negócios; entretanto, nem sempre os dois são necessários para fazer negócios. O Quadrante 1 é claramente o menos desejável, e corresponde a uma mensagem não direcionada nem particularmente criativa.

Nenhuma mídia está isenta dessa classificação, mas algumas a merecem mais que outras. Talvez seja justo enfiar a mídia de massa nessa caixa. O Quadrante 4 é, naturalmente, o mais desejável e, embora todas as mídias sejam capazes de atuar nesse campo, nenhuma ainda conseguiu se destacar.

Os Quadrantes 2 e 3 são reveladores e surpreendentemente valiosos. O Quadrante 2, que inclui meios muito relevantes mas infelizmente com pouco valor de entretenimento, está mais propenso a representar a mídia segmentada ou de público local ou diminuto. Ele também pode representar a publicidade interativa, que tem se superado em relevância e utilidade mas se esbatido com o quociente do entretenimento. O Quadrante 3 é menos direcionado, mas palavra que é divertido! A TV, em sua melhor forma, se encaixa nessa categoria, como programas do novo marketing, por exemplo os BMW Films. Essas mídias não primam exatamente pelo enfoque, mas compensam isso com o poder de atração e a probabilidade de que os produtos e serviços apresentados serão vistos como "coisas que eu gostaria de comprar um dia".

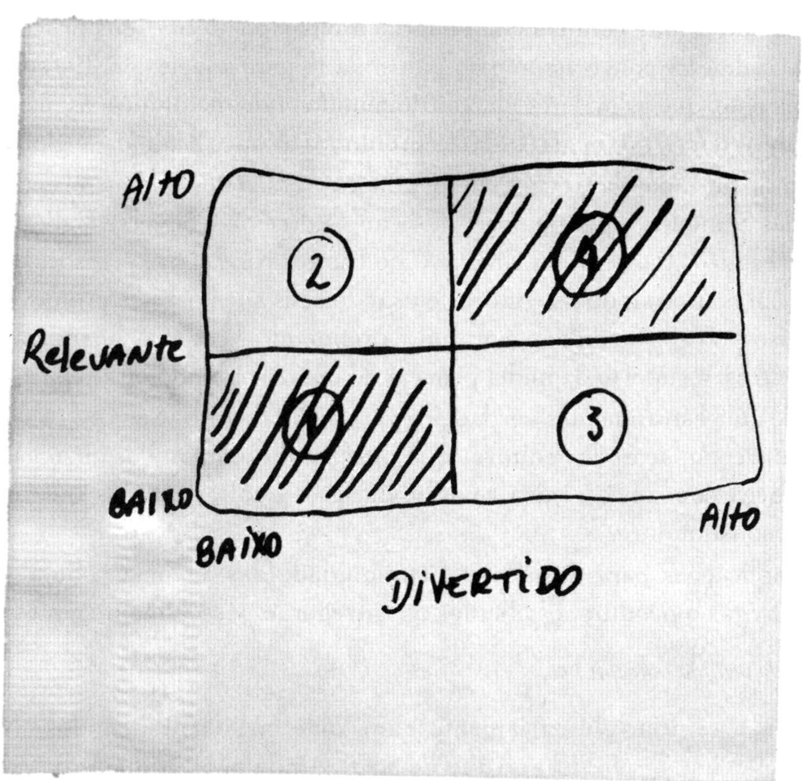

Figura 9.1 Relevância, utilidade, entretenimento (RUE).
Fonte: Jaffe, LLC.

Os Quadrantes 2 e 3 se reunirão harmoniosamente graças à convergência promovida pelos protocolos da Internet entre a TV e os monitores, que oferecerá, de modo offline, a possibilidade de injetar utilidade e relevância num *portfolio* complacente, descontraído e agitado. Similarmente, a crescente oferta de banda larga descarnará o esqueleto racional, funcional e estreitamente direcionado da mídia online. Seus HDTV, DVR, DVD-RW, PSP ajudarão, sem dúvida.

Num mundo perfeito, eu poderia sobrepor uma terceira dimensão à grade e representar a *utilidade* — que é levar à mesa algo de real valor (ver o exemplo do cartão Discover no capítulo 19) —, mas devido a minha falta de estro artístico, limito-me a sugerir que alguém tente levar em conta os três aspectos (relevância, utilidade e entretenimento) para aproximar-se do elusivo Quadrante 4. Se os BMW Films tivessem incluído um pouco mais do fator utilidade, por exemplo, talvez eles conseguissem vender uns carros a mais.

6. *Cuidado com as Marcas.*

Há uns poucos anos, Steven Heyer (então COO da Coca-Cola) aconselhou a pretensamente arrogante comunidade editorial a olhar por sobre seus proverbiais ombros, especialmente com o assomo do *upfront* da TV para aquele ano. Ele sugeriu, algo profeticamente, que as maiores marcas do mundo eram, na prática, as maiores redes do mundo — donas dos maiores e mais profundos alcance e afinidade globais.

A alusão ao canal da Coca-Cola foi uma expressão dessa idéia, mas certamente as crônicas Seinfeld-Superman da American Express, a Converse Gallery, o "Tiger Trap" e mesmo o "Subservient Chicken" do Burger King são expressões de como as marcas vêm contornando os editores e usando seus sites para se promoverem. Em alguns casos, o valor midiático é gratuito, originando-se da propaganda boca-a-boca. Em outros, o suporte da mídia provém do familiar mundo offline.

Essa é uma estranha mas verdadeira versão 2.0 do dito "Se você construir, eles virão". A preocupação dos editores que buscam diretamente os clientes acaba de ponta-cabeça com essa irônica reviravolta, pela qual as marcas buscam diretamente os consumidores.

As implicações para a mídia e a comunidade das agências? Se alguém não puder entregar o produto, os clientes os entregarão pessoalmente em butiques.

7. *Todo mundo tem um preço.*

Alguém assistiria voluntariamente a um comercial de 30 segundos? Não? E se eu oferecesse um download gratuito de MP3? Ainda não? E quanto a dois downloads? Em algum momento, acho que alguém acabará aceitando.

O ponto é que todos têm um preço — e que por esse preço ou nível de valor, os consumidores aceitarão praticamente qualquer coisa, não é?

Talvez tenhamos sido simplesmente inflexíveis e tacanhos demais no modo como percebemos e definimos os constructos que compõem o negócio da mídia.

8. *Kevorkeie seus velhos indicadores.*

Não sei se *Kevorkian*[4] já foi usado alguma vez como verbo, mas se *Google* pode, a opção também tem que ser válida para esse despachador em massa!

O IRP (*interactive rating point*, ou pontos de audiência interativa) foi minha primeira tentativa de sugerir uma versão evoluída do GRP (*gross rating point*, ou pontos brutos de audiência), ou mesmo do TRP (*target rating point*, ou pontos de audiência por público-alvo) — um sistema de pontuação que não somente se baseie no público-alvo, como mensure a transmissão *real versus* a potencial e acrescente indicadores avançados (e significativos) como o *tempo despendido*, a *atenção* e o *engajamento*. Esse tipo revelador de ponto de dados está rapidamente se tornando realidade.

E por falar nos antigos indicadores... quando os profissionais de marketing forem capazes de determinar se seus anúncios televisivos são realmente servidos (ou seja, que um espectador está vendo o canal exato quando o primeiro segundo do comercial aparece) e completados (ou seja, que o espectador não muda de canal nem acelera a TiVo no decorrer dos 30 segundos), será mesmo que eles não mudarão totalmente o modo como compram, baseando-se a partir daí no real, e não no potencial?

9. *Puxou para quem?*

A mudança de empurrar para puxar está em pleno efeito. Eu já não preciso mencionar a ninguém que estiver lendo isso o papel que os buscadores desempenham, mas e quanto ao quadro maior — o poder do puxão? Lembro-me de minhas ilusões de grandeza quando registrei o advertisingondemand.com na primavera de 1999. Como não surpreende, ninguém se achegou a mim com uma proposta de sete dígitos para comprar o domínio (deixei o acordo do título vencer quando chegou a primeira renovação, juntamente com o de outros cinqüenta domínios que eu possuía); entretanto, isso não muda a realidade de um mundo em que a publicidade auto-escolhida já não é um sonho irreal.

Imagino e prevejo em sua totalidade — e antes do que poderíamos esperar — um ambiente em que quase todas as formas de mídia oferecerão publicidade customizada e personalizada a consumidores individuais. A *publicidade sob demanda* (AOD) é o futuro do ramo. É a habilidade dos consumidores de puxar publicidade

---

4. Referência ao Dr. Jack Kevorkian, famoso pela defesa da eutanásia. (N. do T.)

com base em suas necessidades específicas, em sua condição de usuários ou em sua mentalidade. Se eu quiser comprar um carro, estarei interessado na maior parte da publicidade sobre automóveis. Entretanto, no momento em que comprei o carro, a mesma publicidade se torna irrelevante. Com efeito, a utilidade associada a ela cai potencialmente abaixo de zero, atingindo um valor negativo, o que assume muitas vezes a forma de dissonância cognitiva.

A AOD é uma forma de os consumidores terem poder de voz no processo publicitário. Eles se registrariam, optariam por conceder algumas informações demográficas e/ou se incluiriam numa variedade de condições de usuário, ocasiões de uso ou categorias, com base em suas necessidades contextuais, sua mentalidade e suas prioridades. Eles poderiam ativar ou desativar as categorias, atribuir pesos a diferentes eixos e até organizar as marcas dentro da categoria de acordo com algum tipo de priorização. Como resultado, uma porcentagem fixa de todos os anúncios disponíveis seria direcionada a um espectador específico. Ela seria uma cota, e não todo o conjunto de comerciais, já que o sistema ainda deve aceitar o truísmo fundamental de que *por vezes não sabemos o que queremos*. Em outras palavras, o estado de falta de consciência ainda deve ser levado em conta.

Por exemplo, se uma pessoa estiver em busca de um novo carro, uma proporção mais acentuada de anúncios de automóveis chegará até ela. Se ela acabou de ter um filho, poderá ver muitos anúncios sobre perda de peso e fraldas. Se isso significa que posso deixar de ver comerciais de dentadura ou higiene feminina se eu for um rapagão de 18 anos, estou pronto para cair na farra — e suspeito que não estaria sozinho.

10. *O consumidor sempre terá o voto final.*

Isso pode soar como uma evasiva ou, certamente, como um anticlímax na lista de idéias sobre o futuro, mas ela não poderia terminar de modo mais relevante e apropriado.

Os consumidores são mais espertos do que costumamos supor. O consumidor emancipado de hoje detecta e, ao mesmo tempo, oblitera os invasores de atenção — os transmissores de publicidade irrelevante. Não somente eles exigem que as propostas sejam mutuamente benéficas, como esperam que a balança se incline a seu favor. As implicações para o marketing são simples e diretas:

- dê opções ao consumidor — quanto mais, melhor;
- não tenha medo de tentar novas abordagens;
- ouça;
- administre as expectativas;
- pratique a consistência com obstinação.

Mas você já sabia disso tudo, não sabia?

A Súmula Criativa: Descobrindo um Novo Propósito para a Publicidade

Manuais de marketing e publicidade costumam propor três papéis primários para a publicidade:

1. Informar.
2. Persuadir.
3. Relembrar.

Combinados, eles constituem a razão de ser do comercial de 30 segundos, ou seja, perpetuar um objetivo de conscientização caracterizado pelo alcance maciço e a freqüência incessante. Já dediquei bastante tempo a discutir o alcance, por isso vai uma breve nota sobre a freqüência.

Se alguém parar para pensar (eu já parei), a freqüência é o barômetro decisivo da eficiência. A maioria dos profissionais de marketing, contudo, presume que o consumidor é tão imbecil que se eles lhe martelarem na cabeça a mensagem "Compre meu treco" suficientes vezes, o consumidor acabará sucumbindo à bateria da repetição e dará as caras para fazer a compra.

Com a gestão de marcas, as impressões da marca provavelmente se estenderão por um período maior; com a resposta direta, no entanto, elas tendem a se comprimir num lapso de tempo muito menor. Além disso, o número total de impressões pela gestão de marcas fica tipicamente abaixo do número total pelo marketing direto. Isso se deve em parte aos custos midiáticos maiores associados à exposição *premium* das marcas e, em parte, ao fato de que a DRTV e os infomerciais são embaraçosamente mal produzidos.

O que a maioria das pessoas deixa de fora da conversa é o fato de que a maior parte da teoria publicitária fraqueja por se basear nos bens de consumo, pressupondo essencialmente uma categoria madura (ou mesmo declinante) de baixo envolvimento, constituída por produtos comprados *com freqüência*. Quanto maior o envolvimento do consumidor, menor a freqüência dos anúncios; quanto mais baixo o envolvimento, maior a freqüência. Para dizer de outro modo, quanto menos os consumidores ligarem, mais tentamos molestá-los para que liguem. Do ponto de vista da criação, a necessidade de empregar emoção na publicidade segue a mesma lógica: baixo envolvimento = bebês, flores e cãezinhos; alto envolvimento = anúncios mais factuais, utilitários e funcionais.

Num terceiro plano, pode-se inferir que quanto mais *eficaz* for uma mensagem, menos necessário será repeti-la, razão pela qual o "1984" da Apple continua sendo um cinco estrelas, apesar da freqüência total de *um*. Em outro nível, o Pinho-Sol continuará me atormentando com uma bateria de mensagens até o dia em que eu realmente precise passá-lo no assoalho.

Isso tudo não explica por que o comercial de 30 segundos da Apple para o iPod/iTune, com a música "Vertigo" do U2, foi repetido tantas vezes que eu chegava a me perguntar por que usuários de iPod por todo o país não atiravam o aparelho contra a TV para parar com a loucura. No mínimo dos mínimos, "Vertigo" me dava vertigem.

Que papel, exatamente, vem desempenhando o super-saturado e superado comercial? Acredita-se que o número ideal de impressões esteja entre 3 (teoria de Krugman, entre 1972 e 1979) e 12 (de acordo com Jack Myers)[5]. O consumidor de hoje é muito menos clemente, e embora a recordação a curto prazo possa favorecer a repetição, a abordagem "se não puder vencê-los, vença-os e vença-os e vença-os" pode requerer um alerta do cirurgião geral quanto a possíveis danos duradouros.

Suspeito que qualquer consumidor que se importe com a Apple, seu Pod ou suas Tunes pode ter visto esse comercial umas 12 vezes a mais do que o devido. Sabemos, portanto, que ele já não estava "informando"; o elemento "persuasão" fora tão simplificado que se tornara condescendente, e o elemento "lembrete", acredito, referia-se apenas a baixar roboticamente mais iTunes.

A conclusão é que criamos todo um reino sobre dados antigos, teorias irretocadas e metodologias falidas. Perdemos de vista o sentido e o propósito original da publicidade.

O que traz à mente a história a seguir.[6]

> Quatro macacos foram postos numa sala. No centro da sala havia um poste alto com um cacho de bananas no topo. Um a um, os macacos subiam ao topo do poste e, assim que estivessem prestes a alcançar as bananas, eram encharcados por uma ducha, que os fazia desistir da comida e disparar poste abaixo. Depois que isso ocorreu a todos os macacos várias vezes, todos desistiram da idéia.
>
> Os macacos originais foram substituídos um a um por macacos diferentes. Como seria de esperar, o novo macaco disparava poste acima pelo prêmio das bananas. Mas era arrancado do poste pelos macacos restantes, que haviam recebido a ducha em primeira mão. Logo, todos os macacos entenderam a mensagem: não suba no poste.
>
> No fim, havia quatro macacos numa sala com medo de subir no poste, embora nenhum deles tivesse recebido a ducha fria. Esse bando de macacos tinha medo de agir (de correr um risco), mas nenhum deles sabia por quê.

5. *Journal of Advertising Research*, nov./dez. de 2002. "Beyond Effective Frequency: Evaluating Media Schedules Using Frequency Value Planning" [Além da freqüência eficaz: avaliando a programação da mídia com o planejamento de valor da freqüência].

6. Estudo realizado por Gary Hamel e C. K. Prahalad, relatado na *Failing Forward* por John Maxwell.

Se não ficou óbvio, os macacos representam uma empresa de mídia que se baseia em premissas e hipóteses estagnadas da época da arca de Noé (ou por aí). A unidade de medida primária é defectiva e ultrapassada, mas continua sendo aceita porque todos a usam — o que faz dela um padrão, embora defectivo. No fim das contas, os macacos vão passar fome. Eis uma maneira de evitar a fome e ajudar a tornar a publicidade relevante uma vez mais.

Adote Três Papéis para a Publicidade

Permita-me apresentar-lhe três novos papéis para a publicidade. Em sua forma atual, devo dizer que não acredito que a publicidade na TV esteja plenamente equipada para cumprir esses papéis, mas com alguma ajuda ela pode chegar lá antes do que pensamos. Os três novos papéis são:

- emancipar;
- demonstrar;
- envolver.

Esses papéis não se baseiam na conscientização, mas em propósitos, pressupondo um estado de interesse e, em última instância, de envolvimento, e não um tiro no escuro.

Emancipar

A iniciativa do Voto Colorido Global da M&M's foi uma das melhores expressões de envolvimento, mas, neste caso, eu preferiria chamá-la de um ato de emancipação, embora promovido pelo envolvimento. Os consumidores foram convidados a votar na nova cor dos M&M's, o que alterou o curso da história do marketing ao congregar a comunidade global para influenciar e finalmente determinar a característica de um produto.

Cada meio publicitário fez sua parte de maneira ligeiramente diversa para suscitar o mesmo resultado final: levar os consumidores a registrar seus votos na Web. Uma vez na Web — depósito central da experiência com M&M's —, os consumidores eram saudados por uma horda de experiências interativas que incluíam jogar games, desafiar amigos a registrar seus votos (ver discussões sobre o marketing comunal) e fazer-se ouvir.

Os resultados refletiram a paixão da comunidade pela marca e a tática, com picos incomuns de vendas e volume. Alto envolvimento numa categoria de baixo envolvimento — nada menos que um milagre.

A propaganda emancipadora serve a um propósito mais elevado, uma vez que ela existe efetivamente por um motivo que não a necessidade interesseira do marketing de atender às metas de vendas trimestrais. A Target lançou recentemente uma campanha que se concentrava no dia mais movimentado de vendas em todo o calendário — o dia depois da Ação de Graças. O "Wake-up call" ("Toque de despertar") foi uma tentativa até que generosa de pôr fogo sob o traseiro dos consumidores e levá-los à loja para comprar. Prometendo um telefonema de despertar na sexta-feira negra, feito por alguém como uma diva das crianças ou um operário de construção, ou ainda de uma celebridade de categoria B ou C, como Ice-T ou Darth Vader, a campanha pedia aos consumidores que se registrassem no target.com/wakeupcall, onde poderiam customizar suas preferências. Neste caso, o ato emancipador de receber um empurrãozinho para as compras do feriado foi uma nova maneira de comunicar uma promoção de vendas (está ouvindo, Kmart?).

Demonstrar

A mistificação é há muito tempo a cortina que oculta o comercial de 30 segundos, como se fosse o Mágico de Oz. Num mundo onde os consumidores podem levantar proativamente as mãos num ato explícito de aceitação e num gesto de interesse, a desmistificação é igualmente poderosa. O mundo da TV, liderado pelos bens de consumo, está cheio de demonstrações de produtos, mas estes carregam nas ressalvas para forçar um argumento. Sempre farejo um rato quanto vejo a demonstração de uma impressora colorida ou um telefone-câmera acompanhado pelo aviso "imagem simulada; não tente em casa". Como alguém que já foi induzido a comprar um telefone-câmera Sony Ericsson da AT&T, posso garantir o desapontamento, embora as imagens que consegui lembrassem vagamente uma época em que eu apreciava, talvez demais, o estímulo de substâncias externas...

Até hoje, não houve nada igual à demonstração interativa em vídeo da camioneta Ford F150, com Rick Titus (ver Figura 9.2). Contemplando essa obra-prima, eu só pude supor que a proporção entre visualização e procura da Ford (o nível de sucesso baseado no número de pessoas que viram a experiência inteira e fizeram o *test drive* do veículo) deve ter sido de quase 100%. Que melhor medidor da intenção de compra pode haver do que uma imersão voluntária de 10 minutos numa demonstração detalhada e abrangente?

O papel da publicidade que emprega a demonstração é apresentar não somente um retrato literal de como o produto funciona, mas uma oportunidade de articular os valores, a promessa e o contexto da marca, coisas que tantas vezes ficam faltando. A campanha da Snickers que alertava os consumidores contra os peri-

Figura 9.2 Demonstrando: um passeio como nenhum outro pela Ford F-150.
Cortesia: Ford Motor Company e Rick Titus, apresentador do *Drivers Talk Radio*, divisão da Jackson-Dawson Communications.

gos da fome ("Não deixe que a fome aconteça a você"), com uma série retratando os "infelizes efeitos colaterais da fome", incluindo Richard Hatch correndo pelado (efeito colateral: "esquecer de pôr as calças"), foi bacana, mas o que me intrigou foi uma série de execuções interativas como a de uma serra fendendo uma página para deixar cair uma barra de doces (efeito colateral: "recorrendo a medidas desesperadas"). Uma execução ainda mais elaborada provocava os consumidores a clicar para ter a chance de ganhar acesso aos bastidores e conhecer sua banda favorita — salvo que, por mais que tentassem, eles jamais conseguiam clicar no botão de ação suficientemente rápido, pois ele os despistava o tempo todo saltitando pela unidade. A linha reveladora neste caso era "Reflexos lentos: mais um infeliz efeito colateral da fome" — ótima mensagem às 4 da tarde, quando a máquina de venda está bem ali no corredor.

A publicidade como veículo de informação, persuasão e recordação já faz promessas vazias há tempo demais. A demonstração — ou seja, a habilidade de comunicar um "fazer" que corresponda ao "falar" — é a plataforma perfeita para tirar proveito da hipérbole, da insinuação e do eufemismo.

Envolver

A M&M's envolveu os consumidores convidando-os a participar de um programa de proporções globais. A Absolut conseguiu transplantar seus icônicos anúncios de capa de revista para uma seqüência envolvente de execuções online. Cada uma delas fazia uso do envolvimento do cliente para a frase de efeito — a revelação de uma chamada de duas palavras (ver Figura 9.3). Por si só, essas execuções funcionariam como anúncios impressos ou cartazes — ficariam paradas sem fazer nada. Todavia, quando os consumidores interagiam e começavam a explorar a criação, eles eram recompensados por sua atenção e interesse.

Na Figura 9.3, a criação começa como uma simples garrafa de vodka Absolut. Entretanto, assim que os usuários passam o mouse sobre a criação e se aproximam da garrafa, uma série de lasers aparece de imediato para "protegê-la", transmitindo a mensagem de que ela é valiosa e cobiçada. Por mais que tentem, os usuários só conseguem provocar o indicador de alerta, até que portões de aço se fecham e a mensagem "ABSOLUT PROTECTION" é ativada.

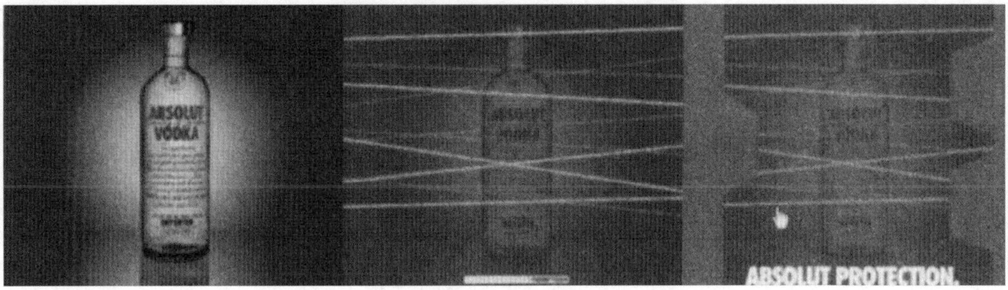

Figura 9.3 Para envolver: envolvimento Absoluto.
Cortesia: TBWA\Chiat\Day e V&S Absolut Spirits.

Assim, da próxima vez que alguém passar pela rotineira formulação de mais uma súmula criativa, considere estas possibilidades para quebrar a monotonia da mentalidade massificada:[7]

1. O papel da publicidade é demonstrar a promessa de dois ambientes da Embassy Suites, permitindo aos consumidores percorrer ou explorar o layout ou um mapa da típica suíte de dois ambientes.
2. O papel da publicidade é permitir que professores potenciais considerem uma carreira no ensino público de Nova York, revelando as características

[7] Todos os três exemplos se referem a projetos de clientes nos quais tive o privilégio de trabalhar quando na TBWA\Chiat\Day. Os papéis descritos não são realmente os que geraram a súmula criativa, mas poderiam ter sido.

únicas da cidade como um lugar para viver, trabalhar e se divertir, e enfatizando as qualidades especiais das crianças nova-iorquinas.

3. O papel da publicidade é envolver os consumidores na própria execução da propaganda icônica da Absolut, mediante uma série de interações inteligentes, sutis e surpreendentes — todas consistentes com as qualidades essenciais da marca Absolut.

10

Re:pensar a Agência

Consertando a Bagunça das Agências

O mundo das agências encontra-se atualmente num grande tumulto. Se a eficiência da publicidade está sendo questionada, o mesmo ocorre com a própria agência publicitária. Do mesmo modo que uma empresa problemática contrataria um especialista em investimentos para vender seus ativos a quem fizesse o maior lance, a mídia se desengatou da nave-mãe. Os clientes estão menos do que satisfeitos. Na verdade, o relacionamento entre clientes e agências está numa baixa precária, com uma duração média de envolvimento diminuente — o que corresponde, sem surpresa alguma, aos 18 meses que dura em média o CMO [diretor de marketing]. O processo de seleção nas agências está sendo ditado por contadores de feijão, e a fugidia grande idéia que os clientes cobiçam foi convertida em mercadoria e plausivelmente reduzida a um valor negligível — uma cortesia inicial que constitui o preço padrão para a entrada no ramo.

De quem é a culpa? E, mais especificamente, como o problema pode ser resolvido? Eu aponto o dedo para os dois lados.

Claro que a culpa é do cliente.

Claro que é do cliente. Os clientes são reservados, conservadores e avessos a riscos. Não dão às agências tempo suficiente para que elas se estabeleçam e demonstrem seu valor. Esperam que elas se dêem bem com um bando de bufões de outras empresas, exigem total responsabilidade e "mais por menos", e querem grandes idéias de graça — ou pelo menos a preço de saldão.

Marqueteiros: queiram considerar o exposto acima como uma lista de checagem para a inevitabilidade de um mercado de compradores. Isso, porém, não conserta a situação; tampouco lhes atribui totalmente a culpa. A realidade é que muito do que há de errado no atual relacionamento entre clientes e agências é produto de uma herança e de uma hierarquia de ofensas autoperpetuantes, e uma responsabilidade a ser compartilhada pelas agências, que sem dúvida alguma tiveram um papel significativo ao se sujeitarem à queda livre que atualmente vêm sofrendo.

O ônus começa e termina no lado do cliente. E é o cliente que, no fim das contas, deve assumir a responsabilidade por superar a inércia, a procrastinação e a negação que vêm infestando todo um meio de vida.

As agências, por sua vez, devem aceitar o adágio "faça a coisa certa, mesmo que seja a mais difícil". Donny Deutsch mostrou aos boticários da Pfizer a porta de saída ao se negar a abrir os cofres dos salários individuais de seus executivos possível mas merecidamente superpagos. A Pfizer levou seu show de analgésicos a quem pediu menos.

Claro que a culpa é da agência.

O mundo das agências mudou dramaticamente desde os loucos anos 1980. As agências de hoje já não são dirigidas por profissionais servis imaculadamente vestidos, nem por diretores de criação visionários. Na realidade, quem dita as regras são os CFOs [diretores financeiros] e, embora isso não constitua uma diferença em relação a outras grandes indústrias, há uma importante distinção quando o campo são as comunicações com marca: as agências vivem e morrem de acordo com sua habilidade de gerar idéias inovadoras e pioneiras para a clientela. O processo de oferecer soluções a problemas de negócios e marketing pode estar alicerçado na estratégia, mas é a criatividade que acaba incentivando os clientes a investir seus dólares de marketing numa parceira externa.

Quando a criatividade pode florescer, idéias inovadoras fluem rápida e furiosamente; quando ela é sufocada, a mediocridade e o *status quo* são a ordem do dia.

Incrustados nas margens dos anos pregressos estavam o valor e as recompensas associados com a geração prolífica de idéias e o pensamento criativo superior. Entretanto, conforme as margens foram espremidas, a criatividade mirrou. Se alguém não acredita, é só ver a qualidade do trabalho sendo feito por aí.

A criatividade e as finanças são como óleo e água, e se alguém precisa de mais provas do que acontece quando os CFOs se incumbem da criação, deve dar uma olhada ocasional na primeira página de qualquer diário importante de negócios!

A única solução trazida à mesa para dar conta dos problemas muito reais dos novos negócios dormentes, das margens negligíveis e do clima geral de aversão a riscos foi cortar custos. Esse reparo de curto prazo, por sua conta, levou ao retesamento da forca que orna o pescoço das agências. Congelamentos de salários, cortes e, claro, dispensas sem fim resultaram em empresas subguarnecidas e com funcionários desmotivados, mais preocupados com a segurança de seus empregos do que em criar a próxima grande idéia.

Em algum momento, as agências precisam lutar por seu valor — ou pelo menos mostrar que valem a luta.

Claro, as coisas piorarão antes de melhorar, mas, em meio ao desalento, há umas poucas migalhas para conduzi-lo de volta ao caminho:

- faça parcerias para vencer;
- acabe com os leilões;
- dê um fim no cultivo de idéias;
- avalie a remuneração e a responsabilidade: um ROI para o ROI;
- invista em talentos como se não houvesse amanhã;
- pratique a real integração;
- acolha uma nova definição de criatividade.

FAÇA PARCERIAS PARA VENCER

O marketing — e sobretudo a publicidade — permanece como um dos artigos mais onerosos em termos de gastos corporativos. Confiar um investimento tão grande — e tão importante — a um fornecedor que não merece (ou não deseja) confiança é simplesmente insano. Fazer parceria com uma agência sem plena franqueza, acesso aberto e confiança implícita é uma receita para o desastre e uma imediata bandeira vermelha anunciando que o divórcio não é uma questão de "se", mas de "quando".

Nestes dias e nesta era em que os dados são o DNA do sucesso, o sucesso se torna uma função da facilidade e alcance com que dados são cultivados, colhidos, partilhados e convertidos no tipo de idéias e ações capazes de alterar conceitos e comportamentos arraigados e de criar negócios. Para que isso ocorra, os marqueteiros devem abrir mão de seu controle sobre dados exclusivos, superar sua paranóia e, talvez o mais importante, assumir um compromisso de longo prazo com suas agências de parceria. Por seu turno, as agências devem mostrar-se dignas de ganhar a senha do banco de dados e plenamente capazes de usar os dados em benefício de seus clientes.

Um novo negócio conquistado por uma agência deve vir sempre com uma extensão mínima de tempo (leia-se: um contrato), durante o qual trabalhe juntamente com o cliente para criar benchmarks, indicadores de sucesso e marcos de curto, médio e longo prazos originais e significativos. Tudo o mais é pura perda de tempo.

Consultores são garimpeiros vazios que tiram vantagem das oportunidades e não servem a outro propósito que o seu próprio. Empregá-los é possivelmente um modismo passageiro que será visto no futuro como um sinal de nosso tempo —

um tempo em que a aguda perda de liderança resultou numa camada extra e desnecessária de intermediação. Para encerrar o uso gratuito de consultores, as agências devem primeiro demonstrar que não precisam de babás. Parte dessa prova será a demonstração de que voltaram a ter fome e paixão pelos negócios, e uma atitude proativa para reclamar a posição de liderança de que abriram mão sem o menor murmúrio de resistência. Os consultores estão em cena *porque você não está.*

Superar a preguiça é o primeiro passo na recuperação. Eis um caso pertinente: eu integro o banco de dados de consultores da Associação Americana de Agências Publicitárias (AAAA); afinal de contas, eu sou consultor. Isso parece ter enviado um claro sinal às agências de que sou um consultor leiloeiro. Em parte alguma meu site menciona que estou no negócio de dificultar a vida das agências, e todavia recebo um sortimento sem fim de cartas e mensagens eletrônicas pedindo-me que "as tenha [às agências] em mente da próxima vez que estiver ajudando meus clientes a escolher uma agência". Seria tão fácil para o pessoal de marketing ou desenvolvimento de negócios tirar cinco minutos em seus dias robóticos para investigar-me no Google ou fazer uma visita a meu site corporativo e descobrir o que realmente faço. Esta é só uma anedota, mas revela uma das piores verdades do negócio das agências: o fato de que elas são sofríveis em fazer o próprio marketing e publicidade (o que inclui a diligência necessária).

Para firmarem uma parceria vencedora, o marketing e as agências devem assumir conjuntamente atribuições e responsabilidades (mais a respeito em breve) pelo relacionamento. Parte dessas atribuições é a maturidade de eliminar os egos e superar o absurdo instinto primário de marcar território com o próprio cheiro (ou fedor). Quando um novo CMO sobe a bordo, ele se sente compelido a reavaliar os negócios e reintroduzir aquelas agências com as quais tem mais contato (ou mais amizade). Não se passou uma semana da saída de Ian Beavis (um dos homens mais perspicazes que já tive o prazer de conhecer) da Mitsubishi, e a agência foi posta em reavaliação. Isso é tão previsível!

O contrário é também verdadeiro. Ao ganhar o negócio, a agência se sente obrigada a rever toda a estratégia, da identidade ao slogan, para se impor. A razão é que ninguém quer herdar um tema central de criação, uma estratégia ou uma agência perdedores.

Talvez seja por isso que, numa pesquisa realizada pela consultora Emergence, um grande total de 0% (isto é, zero, ninguém, nada, necas, lhufas!) dos entrevistados conseguiu identificar corretamente o slogan da Circuit City, da Staples ou do Kmart (e desde então todos voltaram a mudar seus slogans). Na verdade, somente

6 dos 22 slogans dos maiores anunciantes do país, que gastam por ano 100 milhões de dólares ou mais, foram reconhecidos por mais de 10% dos entrevistados.[1]

É por isso que o pessoal da Crispin Porter + Bogusky granjeia aplausos por negar-se a romper ainda mais o molde do Burger King e retornar na prática a uma antiga e clássica força gravitacional: *Have it your way* [Siga a sua moda] — a precursora do "Frango Submisso" e de outras iniciativas não convencionais.

Fazer parcerias para vencer inibe atitudes derrotistas que possam existir atualmente e, com isso, assegura que relacionamentos sejam restabelecidos em pé de igualdade.

ACABE COM OS LEILÕES

O leilão é a raiz de todo mal. Se a fonte da putrefação na indústria pudesse ser rastreada, ela nos conduziria ao supérfluo e perdulário processo leiloeiro, comandado por consultores monomaníacos e compradores sem noção. Os clientes abusaram desse processo a tal ponto que ele se tornou o equivalente do estupro para as agências. Elas se tornaram campos complementares para o cultivo de idéias — e isso simplesmente tem de parar.

As agências perpetuam essa espiral decadente ao continuar participando. Elas desperdiçam seus dólares de marketing ao manter o pessoal de impressão, montagem, dublagem e expedição no calabouço (digo, subsolo) até o nascer do sol, e ao explorar até as raias da estafa e do esgotamento seus alegres e dispostos executivos de assistência ao cliente (e depois se perguntam por que ninguém mais quer trabalhar em publicidade). Tudo isso por uma chance mínima de comandar uma estrutura de honorários esquelética que, na prática, minimiza as possibilidades de que surjam pensadores e departamentos de novo marketing não convencionais.

O pessoal da BBDO Worldwide fez algo de muito interessante durante o *boom* ponto-com. Pararam de fazer lances por negócios de empresas ponto-com. Sua posição era algo nessa linha (e estou enfeitando): "Olha, vocês sabem quem nós somos — ou pelo menos deviam saber. E se não sabem, por que estão nos procurando, afinal? Nosso histórico fala por si mesmo. Estamos na área há muito tempo, e nosso rol de clientes, criadores, prêmios, realizações e experiência deveria ser o bastante. Se não for, nós alegremente o poremos em contato com algum de nossos concorrentes". Deu muito certo.

---

[1] De acordo com o *USA Today*, em 30 de setembro de 2004, num artigo chamado "Who Said That? Buyers Don't Recognize Some Slogans" [Quem dizia isso? Consumidores não reconhecem certos slogans].

Voltemos ao leilão por um momento. A mesa do conselho está atulhada com a nata da nata da agência, salvo que, assim que o negócio for conquistado, essa nata se mostrará tão enganosa quanto um rapagão dos 18 aos 34 — ou seja, até que o CMO do cliente seja demitido e o CEO da agência eleve o estado de alerta para vermelho.

Na cabeceira da mesa está o consultor, que, até há pouco, colhia a glória inconteste. E então os marqueteiros começaram a obrigar os consultores a fazer lances pela oportunidade de ajudar seus possíveis clientes a fazer lances. Ótimo, era tudo de que precisávamos — mais burocracia, despesas desnecessárias e perda de tempo.

Do outro lado da mesa, os clientes ouvem atentamente todas as idéias oferecidas, mas acabam tomando sua decisão com base em quem cobrou menos e tem mais experiência em sua categoria particular, o que em si já se sabe ser absurdo. Por que raios alguém desejaria confiar os negócios a uma empresa que representou seus concorrentes e que, tudo o mais constante, fez um trabalho tão bom que perdeu o contrato?

Em vez de darem uma chance à agência que chegou em branco — sem bagagem, sem preconceitos e sem modelos verticais formulares —, elas preferem a segurança e escolhem a loja que conhece o maior número de abreviaturas do ramo e de piadas para iniciados.

Existe um velho ditado nesse negócio: não se trata de ciência de foguetes, mas somente de publicidade. Concordo e discordo dessa afirmação, mas para os propósitos deste argumento, afirmo que os fundamentos da publicidade, da comunicação e da criação de marca são suficientemente universais para abarcar todo o contínuo horizontal de diferenças específicas e nuanças da indústria.

Um fator central nas falhas do processo leiloeiro é o cultivo de idéias como mercadorias a serem computadas e comparadas pelos departamentos de compra. É aí que o suplício do comercial de 30 segundos se mostra mais flagrantemente conspícuo; é aí que o assim chamado padrão de ouro se torna comum como o sal, e sua posição é posta insensivelmente numa balança para determinar o "melhor valor". Se transferirem as expectativas do cliente da abordagem "testado-e-comprovado" e "um-tamanho-para-todos" para a mais amorfa de todas — o processo pelo qual as idéias são formadas, concebidas e dispostas em planos de ação —, os esforços das agências podem ser vistos e reavaliados sob uma nova luz.

Dê um Fim no Cultivo de Idéias

Impressionou-me muito o artigo "Sell Your Marketing Idea for $1 Million" [Venda sua idéia de marketing por um milhão], de Joey Reiman, fundador e CEO da consultoria BrightHouse, de Atlanta. Reiman declara que "as grandes idéias são hoje a mais valiosa das mercadorias". Ele menciona a "Noção da Ideação" de Albert Einstein — segundo a qual "a imaginação é mais importante que o conhecimento".

Onde está então o problema? O problema é que as agências de publicidade se tornaram "ricas em anúncios e pobres em idéias", segundo Reiman. Elas se tornaram um "antiquado negócio de corretagem, vendendo espaço aos clientes, com a criatividade entrando de graça". Com isso em mente, ele sugere que as agências devem se tornar "parceiras de idéias, e não fornecedoras de execuções".

Há essencialmente dois campos (não é sempre assim?) no assunto das idéias. O primeiro diz que as idéias custam um tostão a dúzia e que a execução é, no fim das contas, o elemento mais valioso. A racionalização desse ponto de vista ecoa a sabedoria popular de que sempre que uma idéia em particular é concebida, outras dez pessoas a estão tendo simultaneamente. A velocidade de execução torna-se assim primordial.

O outro campo aposta a maioria de seus ovos na cesta das grandes idéias e no processo de desenvolver o tipo de solução que move montanhas e faz milagres.

O recente debate com respeito à reavaliação do contrato da Hilton Hotels (a cujo respeito bloguei minhas idéias no Jaffe Juice — www.jaffejuice.com) demonstrou os problemas tanto do tópico anterior (acabar com os leilões) como do atual (dar um fim no cultivo de idéias).

A maioria das pessoas afirmaria que as agências publicitárias estão tanto histórica como categoricamente no negócio das idéias. A geração de idéias é sem dúvida o ponto singular de diferenciação que *deveria* ajudar os clientes a escolher entre uma loja e outra. Em vez disso, variáveis como os relacionamentos anteriores, a perícia vertical (particularmente na turminha competitiva) e, acima de tudo, o preço ditam a seleção de agências — de tal maneira que as idéias são negligenciadas ao ponto da marginalização, sendo vistas meramente como um valor agregado.

Chega, por favor.

A única maneira de mudar esse estado de coisas é começar pelo processo leiloeiro. A geração robusta de idéias, com base no que se pode quando muito chamar de informações limitadas, é um conceito descabido. Grandes idéias podem levar meses, anos ou até mesmo décadas para serem geradas, dependendo do conhecimento íntimo dos pontos fracos, nuanças e peculiaridades da marca.

Mas não é assim que funciona hoje em dia.

Em vez disso, as idéias são o macarrão instantâneo do negócio publicitário — acrescente o salário baixo e *voilà!*, a campanha está produzida.

O *conceito* de gerar "grandes idéias" pode andar batido, mas na prática ele é tão obscuro quanto o verde na escala de segurança patrimonial (o que sugeriria que as agências estão atuando no lado errado do arco-íris).

Quanto vale uma idéia hoje em dia? O preço por idéia pode ser uma maneira tangível de mercadizar o processo de pensamento e atribuir-lhe algum significado. Isso não deixa de apresentar desafios.

Afirmo que, no mínimo dos mínimos, uma vez que uma idéia ganhou existência, ela deve ser uma propriedade em opção, proporcional ao tempo investido. Se o cliente optar por exercê-la, junto com a idéia deve vir seu criador. A valoração do processo de geração de idéias, porém, não deve parar por aí. As idéias devem ser apreçadas de acordo com seu *valor presente líquido*, e posteriormente revisadas de acordo com sua produtividade real. Se as boas idéias devem ser recompensadas, as más idéias devem ser penalizadas, não é mesmo? Que o debate comece.

Nesses tempos inauditos de confusão, desordem, apatia e controle da indústria, talvez devamos concentrar nossa atenção num outro tipo de responsabilidade. Pense nisso como uma abordagem do lado direito do cérebro ao ROI — salvo que neste caso as letras significam *retorno sobre idéias* (ou *imaginação*).

Avalie a Remuneração e a Responsabilidade: um Roi para o Roi

Parcerias vitoriosas dependem de uma posição em que tanto a agência como o anunciante (ou, como se queira, o editor) compartilhem em certa medida os riscos e recompensas coletivos. O mundo online passou a aceitar — voluntariamente ou não — a realidade de uma publicidade baseada no desempenho. Ela é uma das primeiras minhocas a sair do madeiramento quando o uso de indicadores obriga a uma atitude transparente e aberta quanto à natureza binária (investimento-retorno) das séries de mensagens concebidas para fazer o dinheiro trocar de mãos. Os participantes no arriscado jogo das comunicações — ou seja, compradores e vendedores — devem se prostrar (mas não se prostituir) diante do deus da responsabilidade.

A proposta de valor simplificada determina que um pagamento básico por serviços prestados deve ser feito para cobrir os salários mais um grau razoável de custos indiretos como margem de segurança. Depois disso, os editores e/ou agências serão recompensados por camadas, de acordo com os níveis de desempenho. Quanto mais a registradora tinir, maior a renda. Com isso, emerge um ciclo diferente, uma proposta de vencer ou vencer por cujos termos são: quanto maior a remuneração prometida, maior a motivação e o desejo de sucesso.

De acordo com esse modelo, os funcionários devem ser remunerados segundo uma escala que premie o desempenho, com os níveis de desempenho correspondendo a ganhos compatíveis. Não sei quanto a você, mas eu tenho uma certeza razoável de que a maioria dos funcionários de agências aceitaria um corte imediato de 10% no salário em troca da promessa de um bônus de 20 a 25%, baseado no desempenho superior. Salvo pelos gatos gordos nas torres de marfim das holdings, as agências ultimamente estão vivendo das sobras — os bônus não existem, os salários foram congelados e houve de sobejo as obrigatórias demissões.

Esse cenário idílico tem um lado negro: as conseqüências do desempenho deslustroso. O mau desempenho seria penalizado pelo custo de oportunidade da renda perdida. Em minha opinião, essa é uma maneira bem mais pragmática de aplacar uma situação ainda pior, em que o contrato seria perdido e demissões sobreviriam como resultado direto.

É hora de abolir a afirmação volúvel e insensata de que as idéias podem provir de qualquer lugar e qualquer pessoa, desde que seja no departamento de criação. Grandes idéias que vendam, a despeito de quem as gerou, devem ser recompensadas num grau compatível com seu valor.

Ninguém diz que essa filosofia é fácil de implementar — mas *é* a correta. Há sem dúvida alguns desafios envolvidos no processo — por exemplo, alcançar a aceitação mútua de padrões e indicadores de desempenho. Eis aí um serviço para um terceirizado objetivo (leia-se: consultor). Mas os resultados de implementar-se um sistema baseado no desempenho falarão por si mesmos. A disposição dos clientes e mesmo de algumas agências de adotar algum tipo de regime de melhoria do desempenho foi um tanto surpreendente. E sabemos que o pessoal no departamento de compras ficará simplesmente atônito com esse tipo de condição de venda.

INVISTA EM TALENTOS COMO SE NÃO HOUVESSE AMANHÃ

É um fenômeno curioso o de que, quando os tempos ficam bons de fato, é difícil achar boa ajuda. Quando a economia inflou nos dias do ponto-com, e em seguida se desinflou mais rápido do que um balão de aniversário sob um CEO de uma ponto-bum, para em seguida voltar a crescer lentamente, a oferta de funcionários talentosos não cresceu em conformidade. Uma coisa permanece a mesma durante tempos bons e ruins: o talento é um diferencial. Do cliente à agência e ao editor, os departamentos estão mal guarnecidos de gente que trabalhe além das horas para manter em giro as rodas acelerantes. Ed Meyer — presidente e CEO da Gray Global — levou um pacote de benefícios de 87 milhões de dólares como parte da aquisição da WPP. Se houvesse transferido meros 10% aos empregados, poderia ter dado um incentivo de 10 mil dólares a 870 de seus explorados e subpagos funcionários.

Essa condição insatisfatória se reflete no casamento entre cliente e agência. A atual duração dos contratos abeira-se da maior baixa de todos os tempos. Talvez isso seja, em parte, uma vingança pela década de 1980, quando o negócio das agências estava no auge.

Onde estão hoje as pessoas de talento? Muitos dos que foram descartados ou deixados de lado por suas agências se tornaram cínicos e empedernidos. Outros se extenuaram, extinguindo de vez as chamas do entusiasmo e da paixão pelo negócio. A relação inversa entre o estado da economia e a disponibilidade de funcionários talentosos pode ser um círculo vicioso, mas sempre esperamos que, quando a economia melhorar, as pessoas serão recompensadas de acordo com suas contribuições (e ainda mais).

Como mostrado na Figura 10.1, 43% dos membros da indústria acreditam que a publicidade esteja em baixa, e 13% acham até mesmo que o pano está caindo.

Não é por coincidência que a indústria do marketing vem lutando para atrair os melhores e mais brilhantes, numa época em que seus lances são algo nestas linhas: "Se trabalhar muito e ganhar pouco é sua vocação; se você quer ser parte de algo que não muda há décadas; se uma indústria cambaleante é o que faz você se levantar de manhã — então a publicidade é para você!"

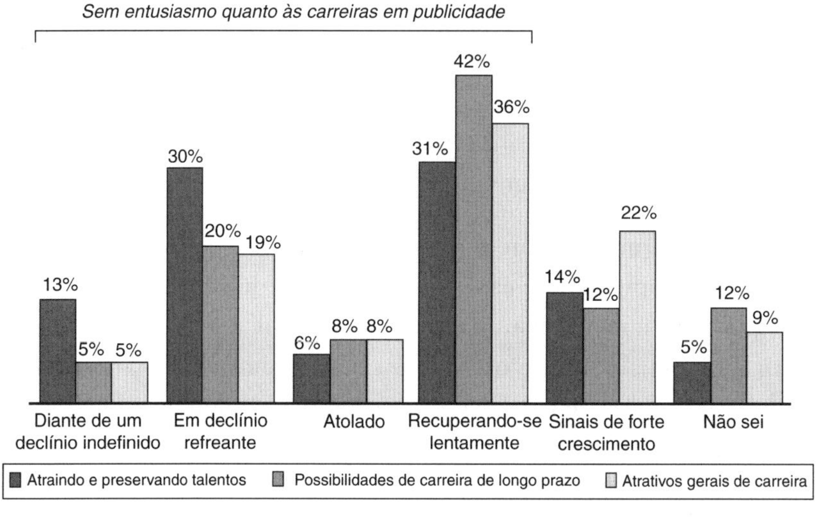

Figura 10.1 Perspectiva quanto às Carreiras em Publicidade.

Numa pesquisa feita pela Gallup em dezembro de 2004, classificando as profissões com base na honestidade e nos padrões éticos, os "praticantes da publicidade" aparecem num vergonhoso penúltimo lugar, empatados com os congressistas, oito pontos atrás dos advogados e (por sorte) um ponto à frente dos vendedores de automóveis.

Plantão de notícias: se quisermos pôr nossa indústria de volta nos trilhos, teremos de fazer o seguinte:

- *recompensar* as pessoas pelo desempenho superior;
- *emancipar* as pessoas a assumir riscos e "pensar diferente";
- *democratizar* a produção de idéias;
- *inspirar* as pessoas instilando uma cultura e uma filosofia de *inovação* prolífica;
- *eliminar* os pesos mortos, extirpando as rinhas políticas e a paranóia;
- *investir* agressivamente em educação, treinamento e diversidade contínuos.

Não acho que alguma dessas medidas constitua necessariamente uma epifania, mas quero enfatizar alguns pontos. Primeiro, o ônus começa e termina com o cliente, e o marketing terá de afrouxar um pouco a bolsa e abrir os cofres de dados para aumentar o fluxo de moeda financeira e intelectual para seus parceiros nas agências. Também terá de considerar refletidamente um compromisso de longo prazo com as agências — dando-lhes tempo, meios e incentivos para ter sucesso.

O Paradoxo do Treinamento

Ouço com freqüência duas afirmações muito interessantes, uma de cada lado da boca das pessoas incumbidas do marketing:

1. A educação é uma de minhas maiores prioridades.
2. Não tenho tempo nem gente para educar.

Uma terceira afirmação (que deveria acender uma fogueira debaixo da maioria das agências) é tipicamente esta: "Não sinto que minha agência esteja fazendo tudo o que pode para me educar, nem a meu pessoal".

A história nos ensinou que quando insistimos em fazer marketing (e mesmo publicidade) em tempos de carestia, quase sempre colhemos a devida recompensa. Por que, então, não deveria ser assim quando o assunto é o fluido vital de nosso negócio — nós mesmos? Em vez de aumentos de salário, temos congelamentos; em vez de promoções, facões. É certo que pagaremos um preço considerável por esses erros.

Pratique a Real Integração

A integração é como o sexo: todos falam a respeito, mas não muitos a praticam. E os que a praticam não a praticam direito.[2]

É de dar nós na mente o modo como tantos marqueteiros e agências se gabam de serem integrados, de praticarem há muito a real integração e de trabalharem bem com suas empresas irmãs e/ou parceiros para implementar programas integrados e esforços cooperativos. Basta dizer que a integração é tão mal compreendida, mal praticada e mal avaliada que isso seria quase risível, salvo pelo pequeno detalhe de que há muito dinheiro em jogo e muita coisa em risco.

Essas agências e seus irmãos maiores nas holdings tentaram convencer seus clientes de que são integrados — de que estes deviam dedicar seus orçamentos a uma coleção de empresas da melhor safra, todas sob seu toldo particular. Lembro-me dos figurões da Diversified Agency Services (DAS), da Omni-Com, fazendo-nos visitas obrigatórias na TBWA\Chiat\Day. Não sei qual dos lados estava menos ansioso pelos encontros — a agência ou os palestrantes relutantes de suas respectivas empresas irmãs. Acho que a mensagem corporativa era algo nesta linha: "Preste atenção. Você *vai* fazer negócios com estas empresas. Vai recomendá-las, porque estamos mandando". Ou pelo menos tentavam.

No cerne do caos da integração está um amigo familiar: o comercial de 30 segundos, que está para a integração como Eminem para uma escola dominical. Enquanto o comercial de 30 segundos continuar a flexionar seus músculos, a integração permanecerá um termo em código para "adornamento", nada mais do que uma maneira superficial de deixar mais sexy um espaço comprado nas grandes emissoras.

Para que a integração funcione devidamente, os processos de geração de idéias e alocação na mídia devem ser objetivos e separados.

Quantas vezes você se sentou na Távola Redonda (de Conferências) com Sir Marketing Direto, Sir Tradicional, Sir Interativo, Sir RP, Sir Marketing de Eventos, Sir Ponto-de-Venda e Sir Marketing de Guerrilha, só para descobrir que Merlim não estava presente? A direção e a liderança são usurpadas pelo pessoal da publicidade geral, que sabem como integrar design, visual e atmosfera, mas quando o negócio é fazer uso das forças de cada um ou passar a Excalibur a um novo campeão... bem, digamos desta forma: não há mais dragões que cospem fogo derrubando a porta. Quantas vezes você viu os valentões das marcas definindo a

2. A verdadeira integração é o processo de combinar muitos pontos de contato com a mídia, de modo a criar um resultado de 1+1 = 3.

ata, comandando os temas e monopolizando a conversa? Quantas vezes você viu uma grande sessão de brainstorming sendo feita com o pessoal de RP?

Fazendo a Integração Funcionar

A arte da integração requer uma objetividade total e abrangente. Ela começa com um problema e oferece como solução uma seqüência de pontos de contato interligados, amarrados por idéias e visões.

Uma boa idéia para uma campanha não se limita a uma única forma ou formato de mídia; não requer uma voz nas grandes emissoras para concretizar seu potencial; não precisa ser massa para ter classe. Devo fazer a pergunta: de quantas campanhas integradas de sucesso você se lembra em que a mídia de massa foi a periferia, e não o núcleo?

A bem dizer, os participantes de um esforço integrado assemelham-se mais à Liga da Justiça da América do que aos Cavaleiros da Távola Redonda. Cada super-herói tem sua especialidade, seus poderes especiais e, claro, suas fraquezas. Operando individualmente, sua efetividade é limitada, mas juntos eles são duros na queda. Isso vale especialmente para o atual mix de mídia, em que cada mídia representa um instrumento na sinfonia das comunicações.

Como meio de defesa, muitas agências estão tentando genuinamente destravar o segredo do planejamento intercanais e usá-lo como diferencial, sobretudo na concorrência por novos negócios. Infelizmente, elas têm contra si quatro coisas. Primeiro, são subjetivas demais e suas propostas são portanto vazias. Segundo, todo mundo está fazendo a mesma coisa. Terceiro, o histórico das agências nesse departamento fala por si mesmo (apesar de contratarem analistas de negócios para averiguar as vendas diárias, no fim do dia elas só produzem anúncios). E quarto, um fato simples da vida é que a remuneração sempre se intrometerá no caminho, apesar da estrutura tarifária destinada a aplanar os campos de atuação (dica: algumas opções de mídia requerem mais trabalho e sua implementação custa mais dinheiro. Quais você acha que ainda serão recomendadas?).

A Agência do Futuro

No início de 2005, a J. Walter Thompson mudou seu logo e sua identidade, renomeando-se JWT... o que parece o Kentucky Fried Chicken mudando seu nome para KFC. Vejamos agora se eles fazem tanto como falam.

O palco está montado para uma nova safra de agências que emergirá e assumirá o lugar das gigantes trôpegas da Madison Avenue. A agência do futuro se tornará conhecida por uma de duas competências centrais: a *geração* (idéias) ou a *integração* (execução).

A agência do futuro assumirá o manto de guardiã das marcas, responsável pelo processo de gerar idéias e soluções que satisfaçam os corações e as mentes dos consumidores. Essas *geradoras* não terão de se preocupar com o modo como as idéias funcionam num comercial de 30 segundos em vez de 15 segundos, em página dupla em vez de página simples, ou num banner em vez de numa mensagem introdutória. Elas não se limitarão a nenhuma forma de mídia, e tampouco serão remuneradas de acordo com a quantidade de dinheiro que acabarem investindo. Seu sucesso não será julgado com base num carretel criativo ou em Cannes, mas sim em termos de sua habilidade de traduzir suas idéias em programas e peças de comunicação que construam o negócio e a marca.

As *integradoras*, contudo, serão implementadoras, responsáveis por democratizar o processo das descobertas por brainstorming. Serão também responsáveis por democratizar a comunicação de marketing, tomando os tipos de decisões que as agências de publicidade simplesmente não conseguem recomendar. Será que a publicidade é a resposta? Será que o orçamento não deve ser investido em treinar o pessoal de vendas para que se concentre melhor nos consumidores, ou em trabalhos de criação dignos de prêmios?

A agência do futuro cumprirá sua promessa como uma coleção de verdadeiros pensadores e implementadores intercanais, mantendo um enfoque constante nos consumidores e nos meios necessários para fazer contato com eles no atual engarrafamento de marcas.

Isso pode soar a conto de fadas, mas asseguro-lhe que não é. De fato, muitos agentes desse novo espaço sugerem que há grandes coisas ocorrendo (ou prestes a ocorrer). Agora mesmo as independentes das mídias têm as mãos firmes na Excalibur. Elas lhe dirão o que a maioria dos clientes está passando a exigir de suas agências parceiras: soluções, não anúncios. Elas têm o ouvido dos clientes e, do modo como as coisas andam, prometem levar o prêmio.

Foi previsto — e dou a isso meu sincero apoio — que testemunharemos o vicejar de todo um exército de butiques para a geração de idéias e obras de criação (pode-se dizer que há consultoras fazendo coisas similares, mas não de uma perspectiva realmente generalista) com vistas a unir as integradoras (um grupo que cuidará para que todos joguem limpo, façam o que lhes cabe e produzam os bens).

O balanço de poder está mudando, e quanto mais rápido isso ocorrer, mais saudável será nosso negócio.

A Internet como Integradora

A integração não é uma mera questão de atirar um monte de bolas para o alto e esperar que pelo menos uma delas atinja o alvo ao cair. Veja a Figura 10.2. A *integração vertical* (esboço 1) é o processo de dar retoques em coluna (representados pelo fluxograma). Ela serve para *amplificar* a mensagem, e isso, até o presente momento, tem sido visto incorretamente como o objetivo desejado. Na verdade ela se situa bem abaixo no totem da integração — logo depois dos slogans unificados, das folhas de estilo, do tamanho das fontes e do tratamento das janelas.

A *integração horizontal* (esboço 2 na Figura 10.2) é uma progressão linear de pontos de contato com a mídia numa seqüência lógica e interativa que serve para *estender* a mensagem, para contar histórias aos consumidores ou levá-los a uma viagem de descoberta. "Rumo à Web" é uma boa expressão da integração horizontal, pela qual a televisão serve para passar o bastão à Web.

Tem de haver algo que ligue os pontos entre a integração vertical e a horizontal. Chamo a isso *integração de idéias*, o processo pelo qual uma idéia ordena e conecta pontos de contato. Uma extensão dela é a *integração holística*, o processo pelo

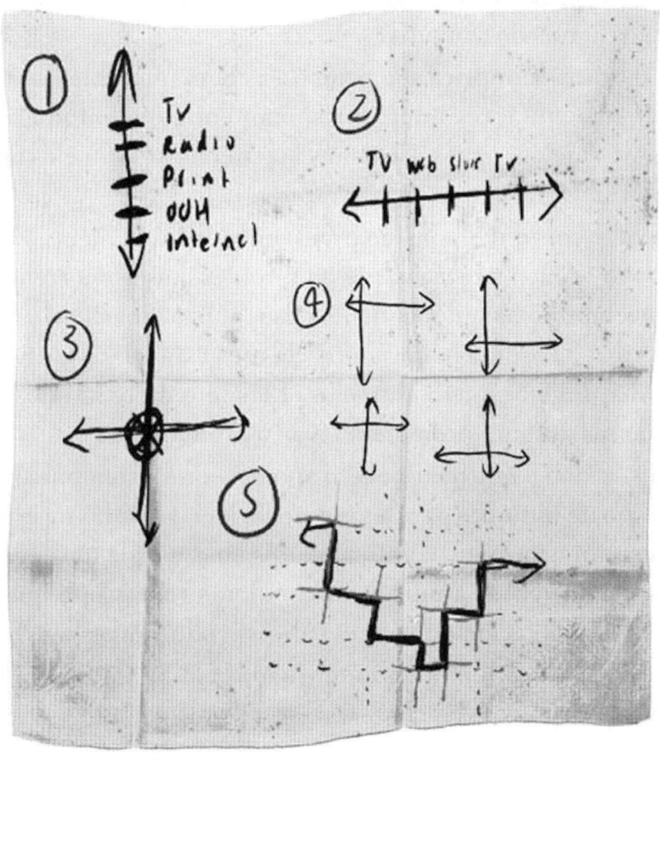

Figura 10.2

qual se unificam não somente as idéias e os pontos de contato, mas também a mensuração e a responsabilidade.

É no ponto em que a integração vertical e horizontal se reúnem (esboço 3) que a amplificação encontra a extensão, e 1+1 = 3. É aí que a coisa se complica. Se Larry Light, do McDonald's, afirma que o posicionamento hoje é diversificado e proliferado, e não singular e uniforme, o mesmo vale para o momento integrado da verdade, que variará de consumidor para consumidor (esboço 4), dependendo da distância a que eles se situam da "história" da marca e da mídia responsável por agir como o portal que primeiro lhes comunicou essa história.

Um resultado provável se assemelharia ao esboço 5. Se quiser saber mais, terá de ler meu segundo livro, que sairá tão logo meu editor se convença de que este aqui foi lido por bastante gente.

É esse o esquema conceitual da integração; na prática, contudo, deve haver algo um pouco mais tangível para ligar os consumidores (e não os pontos). Acredito que a Internet seja a verdadeira integradora, pois ela liga todos os pontos de contato entre marcas e mensagens. Usando a analogia do átomo, a Internet é tanto o núcleo (o cerne) dos programas de marketing integrado como um elétron em órbita. Para empregar uma imagem diferente, ela é a Estação Central, onde os consumidores desembarcam, partem e se afunilam em cada um dos cruzamentos na curva de adoção de consumo, e é simultaneamente uma das muitas mídias que controlam o tráfego rumo ao destino desejado.

Como o camaleão do marketing moderno, servindo de vitrine, canal de distribuição, mídia, meio de comunicação, interface de entretenimento, centro de realização, mecanismo de atendimento ao cliente, fonte de informações e ferramenta de produtividade, a Internet é a chave para converter em realidade as falhas promessas da integração.

De Tático a Prático

Embora os publicitários talvez não estejam acolhendo totalmente a solução da mídia online paga, eles certamente estão aplicando (saibam disso ou não) os princípios subjacentes que a governam.

Os clientes devem cobrar responsabilidade dos publicitários? Claro. Hoje, mais que nunca, eles devem ganhar 3 dólares para cada dólar que gastam. O resultado desejado tem sentido, mas os meios usados para alcançá-lo são um tanto deficientes.

O mix da mídia não é um jogo de BattleBots. Não se trata de uma situação em que o vencedor leva tudo. Cada mídia tem um conjunto único de atributos e um papel específico a desempenhar. O todo é maior que a soma de suas partes, e cada mídia no mix é interdependente. Um cenário de integração horizontal poderia ser o seguinte: a imprensa abre o diálogo. A televisão deita os alicerces. O rádio bombeia. A mídia interativa fecha o acordo.

Até que possamos avaliar de modo conclusivo a eficiência de cada mídia, a eficiência geral deve ser julgada no nível global: a proporção entre gastos publicitários e vendas. É simples assim.

Pesque onde Há Peixes

P.: Em que veículo ou propriedade de mídia a NBC mais anuncia?

R.: Na NBC.

Estranho que alguns clientes gastem dinheiro montando sites mas não façam o menor esforço por promovê-los. Outros, que investem dólares atraindo tráfego para seus sites (geralmente por meio da exposição silenciosa de uma URL no fim de um comercial) preferem fazer isso predominantemente pelo uso da mídia tradicional.

A idéia de alcançar as pessoas via online com a intenção de levá-las a fazer uma outra coisa online é sensata. Nessas situações, o clique do mouse se torna a ponte. No entanto, levar as pessoas ao site antes de mais nada é um problema. Esperamos que os motoristas se lembrem de URLs que ouvem no rádio, que os passageiros do metrô se lembrem de endereços que lêem em anúncios e que os jogados no sofá superem sua inércia e corram até o computador (por sorte, a incidência de salas com duas telas está aumentando).

Mais que isso, embora esperemos que as pessoas "vejam, cliquem e comprem" online, a verdade é que sabemos que elas não o farão. Por vezes elas precisam ver uma peça publicitária online muitas vezes antes de clicarem — e mesmo então a compra não é de modo algum garantida. De sobra, muitas compras ocorrem com os consumidores indo sozinhos ao site (*viewthroughs*[3]), sem estímulo do marketing.

Mais importante ainda: e quanto àquelas pessoas que acabam comprando offline? Há um número suficiente delas para que saibamos que, até que sejamos capazes de rastrear com precisão os gastos offline motivados pela Web, só estaremos arranhando a superfície.

Afinal de contas, quem é que vê um anúncio na TV, larga tudo, pula no carro e vai a milhão até a loja para comprar o objeto em questão? Por que a Web devia ser diferente?

[3] O *viewthrough* caracteriza-se pelo ato de ver um anúncio e só reagir muito mais tarde para efetuar a compra. (N. do T.)

A análise supersimplificada do comportamento do consumidor só nos tem prejudicado. Quanto mais consumidores migrarem para a Web, mais marcas procurarão atendê-los na Web, e mais publicitários usarão o comercial de 30 segundos para atraí-los para a Web.

Uma vez mais, a resposta parece ser um mix de mídia unificado que revele uma visão holística da eficiência do processo geral de comunicação. Quando fizer isso, você perceberá que o todo é realmente maior que a soma de suas partes.

Acolha uma Nova Definição de Criatividade

Alexander Calder deixou sua marca sobre grande parte do século XX. Filho de uma família de artistas, ele começou a criar brinquedos em tenra idade. Depois de se graduar em engenharia mecânica e decidir seguir carreira como artista, ele lançou mão de seu conhecimento para mudar definitivamente a arte abstrata e contemporânea.

Calder via a arte convencional como estática e unidimensional, e procurou converter a pintura numa experiência de multimídia tridimensional, empregando tanto o movimento como o som.

Foi um artista de grande originalidade, que trabalhou com o conceito de volume sem massa e incorporou o movimento e o tempo em sua arte. Suas invenções redefiniram certos princípios básicos da escultura e fizeram dele um dos mais inovadores escultores do século XX. Suas esculturas tardias consistiram de linhas recurvas e graciosas formas abstratas, e hoje elas ocupam praças públicas em todo o mundo.

A obra de Calder constitui um momento definidor na linha do tempo da evolução artística e da inovação pela quebra das convenções. Com isso, ele também nos deixou a planta das mudanças na criatividade publicitária.

A Arte da Publicidade

A indústria publicitária tem muito em comum com as belas artes, como a pintura e a escultura (que me desculpem os puristas). Para começar, há o uso comum do termo *arte*. Embora o atual ímpeto da publicidade esteja decididamente enviesado na direção da ciência, afirmo com segurança que nosso negócio é pura e simplesmente arte — a habilidade de seduzir e envolver nosso público numa submissão voluntária, graças ao processo de entreter ou informar por um método similar ao de contar histórias.

Além disso, considero a publicidade uma arte em virtude do uso que ela faz da inovação numa arena em tudo o mais convencional. *A criatividade prospera como forma de arte; ela naufraga quando é reduzida a uma equação ou fórmula.* Se tiver espaço para explorar e experimentar, a criatividade pode descobrir possibilidades sem conta. A imaginação é um componente-chave da criatividade.

No mínimo, a inovação é a única constante num mundo governado pela tecnologia e por um livro de regras ainda por ser escrito. Vi páginas de revistas impressa em papel transparente, holográfico e espelhado, mas tais casos são meros chamarizes, e constituem a exceção, e não a regra, neste mundo convencional. Nossa missão como artistas publicitários é simplesmente sair inventando, romper as regras antigas e criar outras novas.

O elo primário entre os dois mundos, a arte e a publicidade, é que ambas insuflam vida numa abordagem estática. A obra de Calder deu vida à arte ao apelar para nossos cinco sentidos. A interatividade, sobretudo na forma da publicidade online (mas sem se limitar a ela), procura fazer o mesmo, transformando com isso o monólogo empurrado num diálogo puxado.

Calder ofereceu uma perspectiva inteiramente nova quanto ao modo como a arte é criada, interpretada e absorvida. Em função do ângulo de visão ou da iluminação, ou mesmo de algo tão efêmero como uma brisa, cada pessoa que contempla suas obras chega a conclusões únicas sobre elas. Embora as belas artes hoje em dia ainda sejam reconhecidas em grande parte na tela unidimensional (cujo equivalente publicitário é o comercial de 30 segundos), a abordagem de Calder mudou para sempre as possibilidades da arte, bem como o modo como se expressam os artistas contemporâneos — ou até mesmo os escritores e filósofos.

Há duas lições primárias nesta análise (e várias secundárias, como se verá em breve):

1. Há um novo ingrediente na receita da criatividade.

E o resultado é que:

2. Precisamos de uma nova definição de criatividade.

A velha receita combinava três ingredientes — visão + som + movimento — no vídeo, o principal veículo de transmissão do comercial de 30 segundos. O novo ingrediente é a interatividade, que tem a capacidade de transformar uma mensagem numa experiência.

Se aqueles dentre nós que pertencem à indústria publicitária perderem a oportunidade de empregar a interatividade como o *ingrediente ativo* (créditos para o Interactive Advertising Bureau, ou IAB), ficaremos numa posição difícil para sustentar qualquer ponto de vantagem competitiva e diferenciada. Ainda nos falta (e precisamos criar) um novo conjunto de regras para o modo como *desenvolvemos* publicidade de estilo televisivo no espaço digital. Lembra-se dos primeiros anúncios de TV? Eram por natureza similares aos de rádio. Eles evoluíram muito desde então...

Isso aponta para uma falha sistêmica de todo o ecossistema publicitário: a definição de *criatividade*. Precisamos renovar e revisar a maneira como definimos e avaliamos a criatividade. Nosso erro está em avaliar a mensagem publicitária com o jargão dos incrementos de 30 segundos. Embora isso talvez funcione até certo ponto para comerciais de TV com versão online, dá muito errado em todos os demais casos.

- Como levar em conta o que vem se constituindo como a nova linguagem da criatividade, empregando interatividade, engajamento, atenção e envolvimento?
- Como ir além da pura transmissão de mensagens e avaliarmos a criatividade na estratégia midiática e na seleção de mídias?
- Como aprimorar nossa predisposição a criticar o nível de criatividade de uma peça publicitária com base em sua habilidade de levar um consumidor desinteressado a responder, agir e transacionar?

Pergunto-me se um link textual chegará a receber o Grande Prêmio no ilustre Festival de Publicidade de Cannes. As chances de que isso ocorra são tão boas quanto as de que eu vença Smart Jones numa corrida (embora ele tenha finalmente perdido).

Na primeira vez que ouvi alguém se referir aos textos de busca como obras de criação, quis inicialmente cair na gargalhada, em seguida quis chorar, em seguida quis ficar doente, e em seguida quis infligir dor aos outros (que tal isso como resposta emocional?). A mera idéia de que um cabeçalho de 25 caracteres seguido por duas linhas descritivas de 35 caracteres cada pudessem ser comparados a "I'd Like to Teach the World to Sing"[4] (com uma boa quantidade de latitude editorial para ligar os pontos) foi um choque para o sistema.

E todavia passei a acalentar a idéia de que a criatividade é menos um fim (o anúncio) do que um meio (o processo) de chegar a um outro fim (a ação). Quando falamos de ser criativo, aludimos freqüentemente a um tipo diverso de abordagem ou aplicação de pensamentos e idéias, destinado a gerar um resultado comumente aceito. Quando surge um problema, nós nos empenhamos em pensar lateralmente, e não verticalmente — ou seja, com criatividade —, para chegar a

4. Canção que teve origem em um jingle de um comercial da Coca-cola em 1971. (N. do T.)

uma solução viável. Nesses termos, portanto, o reles link textual serve a um propósito mais elevado: a habilidade de oferecer uma solução ao problema de atravessar o escudo impenetrável do ceticismo e da apatia dos consumidores.

Eis aqui mais oito pontos a serem gravados no coração ou no lado direito de seu cérebro (o que vier primeiro).

3. Não fale da boca para fora.

Não diga que a criatividade é uma prioridade para você se ela não for. Se você, como figura de proa sendo entrevistada pela mídia, quiser ser visto como atualizado e progressista, não faça uma corte tão promíscua à criatividade — especialmente se na prática isso não tiver seguimento.

Em outras palavras, você faz o que diz?

- Como, de fato, você se sai na habilidade de criar o tipo de ambiente vencer-ou-vencer que agrada tanto consumidores como publicitários?
- Como você define sua experiência de usuário?
- Em que medida essa definição é uma desculpa para evitar ou resistir à inovação?
- Como você classificaria a diversidade das idéias que põe em prática? Como você fica diante da concorrência nesse quesito?
- Você geme a cada vez que lhe pedem que produza uma grande idéia? Qual foi a última grande idéia que teve?

4. A criatividade está em falta?

Talvez seja só impressão, mas me parece que a indústria publicitária vem seguindo um padrão dominante nos últimos trimestres. Espero estar errado, mas acho muito sugestivo que, por cerca de duas décadas, a única obra de criação digna de menção tenha sido o "1984" da Apple — ou seja, até que a Nike apareceu com sua notável "Ode à Perseverança" para os Red Sox (com a maldição e tudo). E mesmo assim, dois acertos num zilhão de rebatidas não vão nos levar à Calçada da Fama tão cedo — talvez nos levem à Calçada da Infâmia. Será que estamos ficando sem rebatidas para o consumidor? Será que erramos a bola tantas vezes que somos os lanterninhas na Corrida da Atenção?

- Talvez o pensamento com o lado esquerdo do cérebro tenha passado a dominar um mundo outrora regido pelo lado direito;
- talvez o lado esquerdo coletivo tenha sido separado cirurgicamente do lado direito (o equivalente à segmentação da mídia);
- talvez o que fora antes uma arte tenha virado ciência;

- talvez o enfoque no ROI a curto prazo tenha convertido a arte de contar histórias numa Central de Forminhas para Biscoitos da Sorte.

5. Não precisa haver uma batalha entre a criatividade e a eficiência.

Este negócio começa e termina em vendas. Acho irônico que as únicas pessoas numa agência publicitária que chegam a usar as palavras *vender*, *vendendo* e *vendido* são as mesmas que sofrem freqüentes acusações de se esquivar do negócio da eficácia — ou seja, os profissionais de criação. (Até hoje não vi o pessoal de mídia trocando congratulações pelas vendas do novo fluxograma.)

Desde o início da era da publicidade, os profissionais de criação reconheceram que *nada acontece até que alguém venda algo* — e isso se aplica não apenas a sua habilidade de vender trabalho para o cliente, mas também à habilidade desse trabalho de vender produtos para o público-alvo.

Agora existe todo um novo conjunto de desafios, que vai desde o modo como as mensagens são construídas e distribuídas até o modo como são mensuradas e avaliadas. No passado, as agências não tinham de trabalhar tão duro para alcançar resultados razoavelmente uniformes e previsíveis. Hoje, contudo, acredito que os profissionais de criação devem começar o processo de ideação pela conceitualização e pelo desenvolvimento, com um fim muito definido em mente: os indicadores de sucesso que avaliarão à medida que eles atingiram as metas de seu projeto e de sua campanha.

Para minha surpresa, descobri que os profissionais de criação ficam muitas vezes ávidos por medidas de desempenho e adoram se envolver em outras facetas do negócio publicitário. Como grupo, eles trazem uma eclética gama de currículos, e por isso são hábeis em sintetizar toda uma variedade de informações numa mensagem coesa e persuasiva.

Dou aqui à comunidade criativa muito crédito, em parte porque tenho simpatia por ela, em parte porque, no fundo do coração, sei que se espremermos a única parcela do jogo publicitário que significa alguma coisa, a indústria estará perdida. E então, não venderemos lhufas.

6. Precisamos de um novo conjunto de indicadores.

Se tivermos de acolher uma nova definição de criatividade (e enfim de publicidade), precisaremos de um novo conjunto de indicadores para mensurar, avaliar e interpretar a eficácia de nossos empenhos. Esses indicadores podem incluir o tempo gasto, os níveis de envolvimento e atenção dos consumidores, o quociente emocional, a reincidência do público, impressões puxadas *versus* impressões empurradas, mensagens virais (indicações para amigos) e vendas integradas.

7. Livre-se do Kleenex[5]. A emoção vem sendo superestimada.

A emoção é vista há muito como a essência dos comerciais, em virtude de sua habilidade de persuadir os consumidores a comprar um produto mediante o uso freqüente e consistente de estímulos como ursinhos de pelúcia, cãezinhos e prodígios banguelos (também conhecidos como bebês).

O uso da emoção tornou-se um barômetro publicitário de melhores práticas para indústrias caracterizadas por bens embalados de baixo envolvimento e uso freqüente, em mercados maduros ou decadentes. A emoção é, em muitos casos, a opção predefinida quando os benefícios racionais ou funcionais do produto não bastam para vendê-lo (ou quando o produto não traz nenhum benefício — ou nenhum de que possa se gabar). Em outras palavras, a menos que estejamos tentando criar uma proposta de valor derrotista numa época em que os consumidores estão emancipados, mostram-se céticos e vêm sofrendo do que eu chamo de DDM (distúrbio do déficit de mídia), provavelmente não devemos pôr todos os nossos ovos nessa cesta.

A emoção como espinha dorsal de uma peça de criação eficaz sustenta minha observação anterior de que precisamos de uma nova definição de *criativo*. O meio online sempre foi criticado por sua incapacidade de cumprir a proposta da emoção. Agora já não tenho tanta certeza de que isso tem importância...

8. A banda larga é a salvadora da TV.

Como seqüência da minha observação de que a interatividade é o novo ingrediente na receita da criatividade, *a TV nunca foi o aplicativo de criação que foi o vídeo* — e com isso refiro-me à transmissão impecável de imagem + som + movimento.

A habilidade de contar uma história, de encantar, de envolver (e até de comover!) nunca foi de fato uma função do tamanho da tela (se fosse, o cinema seria considerado o campeão reinante). Contar histórias com sucesso significa ser capaz de transmitir o tipo de mensagem que mexe com os sentidos — sem restrições de largura de banda ou outras.

A banda larga muda tudo. Você provavelmente já está cansado de ouvir isso. Mas para se convencer, é preciso experimentar em primeira mão o vídeo na Web (e acho que todos precisamos). Só temos de voltar à conexão discada como um experimento em masoquismo mórbido para nos lembrarmos de que a injeção da largura de banda constitui um progresso mais revolucionário que evolucionário. A analogia da migração da televisão de preto-e-branco para em cores não faz jus-

[5] Marca de lenços. (N. do T.)

tiça à revolução da conexão discada para a banda larga. Isso se assemelha mais ao surgimento de uma nova dimensão, que também começa a aparecer em telas até menores — ou seja, nos telefones móveis (liderados pelo Vcast da Verizon).

9. A criatividade é responsabilidade de quem?

Não existe hoje uma requisição de proposta que não exija uma grande idéia. Pensar fora da caixa pode ser um clichê, mas é também o atual osso da discórdia que serve como preço de entrada no mundo publicitário.

Na época em que residia no lado das agências, eu desafiava constantemente os editores a me ajudarem a entender seu público. "Ninguém conhece seu público melhor do que vocês", eu diria. Pressionava o setor de vendas a produzir o tipo de idéias praticáveis que eu poderia, em seguida, levar a meus colegas de criação.

Pessoalmente, não esperava que os editores apresentassem idéias (especialmente criativas). Quando o faziam, elas costumavam ser o fim. Preferia fazer um brainstorming com eles, explorando novas maneiras de atravessar a confusão e produzir o tipo de idéia que pudesse torná-los famosos.

A padronização é comparável aos materiais usados no exterior de uma casa, que em última instância determinam sua capacidade de resistir aos elementos. O projeto e a construção da casa apresentam uma combinação sem fim de opções e resultados criativos, dependendo da fundação dos padrões.

No entanto, embora a padronização possa ser uma precursora da inovação a curto prazo, a longo prazo ela a inibe. Poderia afirmar (e, aliás, afirmo) que o padrão de ouro da televisão — o comercial de 30 segundos — acabou culminando em seu próprio óbito — e levou cerca de cinqüenta anos para isso. E embora você talvez aceite de bom grado cinqüenta anos de um formato garantido — ou até mesmo 25 —, acho que esse tipo de luxo infelizmente se foi para sempre.

O comercial de 30 segundos é a vítima do pensar dentro da caixa. Agora mesmo a responsabilidade por irromper da caixa é grande demais para ser deixada a pessoas cujos cargos incluem a palavra *criação*.

10. Alerta: Vocês estão sendo contornados!

Talvez seja apropriado encerrar a seção sobre re:pensar o consumidor, a gestão de marcas, a publicidade e a agência com um alerta. Esse alerta pode constituir um *boom* para os criadores, mas é um fardo para suas contrapartes na mídia.

Muitas empresas na Fortune 500 gastam dinheiro demais na criação de sites ponto-com ou de agregadores de estilo meloso para ajudá-las a vender produtos como absorventes e papel higiênico.

Hoje, a bunda de Mickey Rooney é incentivo suficiente para que façamos uma visita a um site, com um custo zero em mídia paga. O mesmo se pode dizer do comercial "Cog" ["Engrenagem"] da Honda (tirando os fundilhos).

Uma dose saudável de propaganda boca-a-boca parece servir muito bem para induzir os consumidores à ação, e não gastos excessivos em mídia.

PARTE III

Dez Abordagens que Vêm Transformando os Jogos do Marketing e da Publicidade

Descrevi um problema que vem se agravando e ofereci algumas idéias concentuais e conhecidas sobre o rumo que estamos seguindo e algumas das forças que vêm redirecionando a indústria publicitária.

Dou agora um trato na criança apresentando 10 abordagens únicas que estão inequivocamente insuflando vida nova no vazio deixado pelo moribundo comercial de 30 segundos.

A maioria dessas abordagens (embora nem todas) envolve uma dose saudável de tecnologia. Não tema a tecnologia — ela é sua amiga. Mas também pode ser sua inimiga se você preferir ignorá-la por tempo demais.

Dito isso, admita que a tecnologia é um meio para um fim; ela não é mais que uma catalisadora. Costumo usar a analogia de um show de rock: qual é o único momento em que você percebe o trabalho do técnico de som num show desses? Quando ele faz bobagem. O mesmo se pode dizer da tecnologia.

A In-Stat/MDR perguntou a seu conselho de profissionais publicitários quais eles consideravam as maiores ameaças à publicidade televisiva. Em ordem de freqüência, as respostas citadas incluíram o conteúdo sob demanda, a proliferação da TV a cabo, o DVD, a Web, uma incerta categoria "outros" e os games (ver Figura III.1).

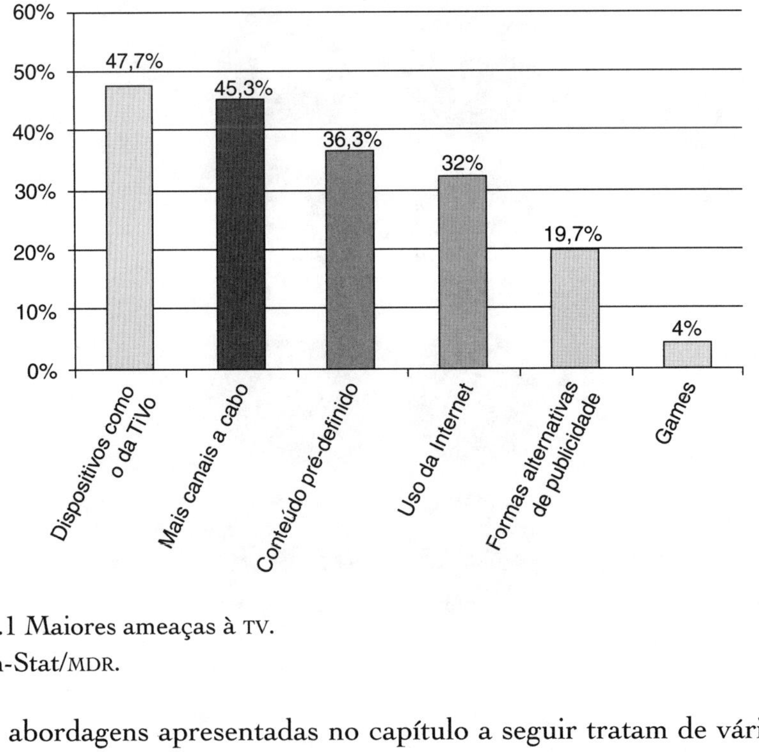

Figura III.1 Maiores ameaças à TV.
Cortesia: In-Stat/MDR.

As 10 abordagens apresentadas no capítulo a seguir tratam de várias dessas grandes ameaças aparentes, no intuito de desenterrar as oportunidades e os benefícios associados com sua incorporação ao complexo existente de comunicações. A única ameaça de que não trato diretamente é o aumento nos canais a cabo, pois não é o aumento em si que constitui a ameaça — ele só torna o processo publicitário mais demorado e obriga as agências a trabalhar um pouco mais. Não há desculpa para a preguiça.

Designo afetuosamente essas 10 abordagens como salva-vidas. Se alguém estiver no ramo publicitário, pode usá-los quando necessário, mas ao contrário do que ocorre naqueles programas populares em que também se empregam salva-vidas, estes podem ser usados repetidamente e em várias combinações. Eles não envelhecem, só ficam melhores com o uso. Quanto mais forem usados, mais rápido eles crescerão e evoluirão.

Algumas dessas abordagens substituirá completamente o comercial de 30 segundos como novo padrão de ouro do marketing? Isso vai depender das pessoas, do que funcionar para elas e sua marca e de como os consumidores vão reagir. Alguns jamais conseguirão substituir totalmente o comercial de 30 segundos, ao passo que outros já o fizeram.

Aqui e ali eu mostrarei estatísticas, mas em geral oferecerei exemplos práticos para ilustrar e destacar os principais pontos de cada abordagem, juntamente com uma coleção de idéias, sugestões práticas e conselhos prescritivos. Cada capítulo se encerra com um ensaio de um de meus convidados da Liga da Justiça da América: Chuck Porter, Ian Beavis, Bob Greenberg, Jon Raj, David Apicella, Rishad Tobaccowala, Karen Schulman, Jason Devitt, Chris Aldhous e Kevin Ryan.

11

A Internet

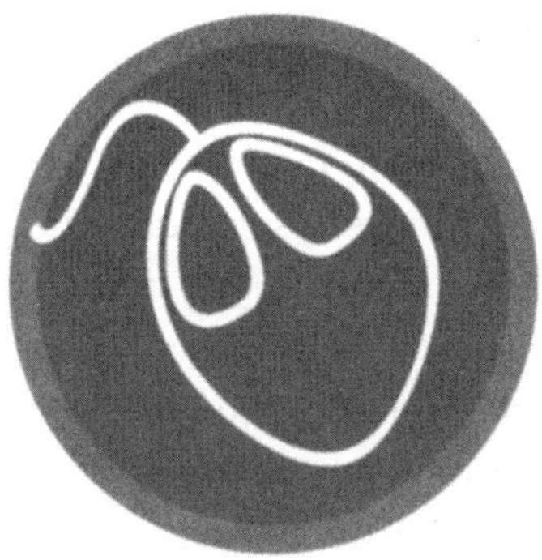

Vamos começar com o "meio" de crescimento mais rápido dentre todos: a Internet.

A Internet talvez seja ainda o segredo mais bem guardado no atual mundo da publicidade. Há entre nós aqueles — e dá para imaginar quem são — que entesouram para si mesmos os frutos aparentemente ilimitados da Net. É hora de levar essa teoria da conspiração para as massas.

Por que parte da turma do marketing continuar a negar o impacto da Internet? Não tem sentido permanecer cético quanto ao potencial que a Web traz à mesa integrada, especialmente considerando-se as evidências de que ela oferece uma vantagem competitiva sem par. Hoje há simplesmente um excesso de evidências irrefutáveis, desde estudos de caso até testemunhos casuísticos e dados, que situam a Web seguramente entre as três mídias de topo, com...

- mais gente;
- fazendo mais;
- conectando-se mais;
- buscando mais;
- consumindo mais;
- compartilhando mais;
- pesquisando mais;
- comprando mais.

Três quartos dos americanos estão conectados, o que sugere que há gente ocultando a verdade — declarando que a Web não passa de uma mídia terciária ou periférica.[1]

O livro *Love is the Killer App* [O amor é o aplicativo assassino], de Tim Sander, sugere a difusão do "*bizlove*" (o "amor ao trabalho") compartilhando-se a tríade conhecimento, redes e compaixão. O sucesso, nessa nova economia da informação movida pela tecnologia, se define pela extensão em que os profissionais compartilham seu conhecimento acumulado, utilizam sua rede de contatos e demonstram sua compaixão sincera.

É isso com certeza o que eu tento fazer neste livro, mas, e quanto àqueles que mantêm a mais rígida das carrancas e seguram as cartas de encontro ao peito? Deveriam ser obrigados a compartilhar seu amor com os colegas? Sei de uma porção de histórias de sucesso que simplesmente detonaram as metas e os objetivos dos promotores do marketing. Por que então eu não as compartilho agora mesmo? Infelizmente não posso. Não tenho autorização. E, se eu fosse um cliente, provavelmente faria o mesmo. Por que, afinal, eu entregaria a única idéia nova a surgir no porão do marketing em muitos anos? Quem pode dizer que o marketing deve abrir mão de sua vantagem competitiva? Eu direi.

Muitos profissionais de marketing exibem tendências parasitárias. Gostam de receber, mas não de dar, usufruindo um suprimento infindável de informações especiais, pesquisas customizadas e conhecimento exclusivo provindos predominantemente da comunidade editorial, mas sem oferecer nada em troca. Numa época em que se pode afirmar persuasivamente que o futuro da publicidade está em jogo, todos no ramo deveriam tomar uma atitude e fazer algum tipo de contribuição. A política de portas fechadas a que anunciantes como a Coca-Cola aderem é desproporcional à quantidade de informações que consomem. Departamentos de RP se tornaram leões-de-chácara corporativos, e compromissos discursivos são agendados de maneira elitista e interesseira.

Esse tipo de manobra às ocultas não os protegerá por muito tempo. A transparência da Internet propelirá os filantropos do conhecimento a níveis ainda maiores de partilha em rede, condenando ao esquecimento os sovinas dos dados.

Os serviços de rastreamento e monitoramento competitivo estão ficando mais agudos a cada dia. As reuniões da indústria vêm promovendo uma atmosfera de

---

1. Estatísticas de *The Digital Future Report: Surveying the Digital Future — Year Four* (Relatório do futuro digital: sondando o futuro digital — ano quatro), Annenberg School Center for the Digital Future, da Universidade do Sul da Califórnia.

colaboração, sua ala profissional vem distribuindo livremente idéias criativas, e suas iniciativas estão igualmente fazendo sua parte para compartilhar a riqueza.

Suspeito que uma visão mais acurada da hipótese paranóica de que os marqueteiros vêm mantendo a Internet em segredo é que algumas oportunidades subaproveitadas ainda aguardam a devida exploração, embora haja, ainda assim, aqueles que pretendem guardar a Internet para si mesmos. Só espero levantar dúvidas suficientes para que alguém faça esta pergunta: será possível que seus concorrentes mais acirrados saibam de algo que você não sabe?

Eis como vejo o que se tornou minha filha adotiva, a Web.

A Verdade sobre a Web

A Internet é o camaleão do marketing nos dias modernos. Há cinqüenta anos, a lendária personalidade da TV Ernie Kovacs se referiu à televisão como um "meio", já que ela não estava nem mal nem bem passada. Designar a Internet como um meio é um equívoco, pois ela é muito mais que isso. Na verdade, a Internet ficou *tão* bem passada que todos nós positivamente nos torramos — e isso nublou nosso juízo a respeito dela. A situação não melhora em nada com a proliferação de charlatões picaretas responsáveis por uma enfiada de *pop-ups* e *unders*, lixo eletrônico e outras baboseiras enlatadas. Ainda assim, a Internet permanece uma oportunidade lucrativa tanto para as marcas como para as empresas.

Para ajudá-lo a entender esse lado bom, preciso tratar do alegado lado ruim — as razões aduzidas por marqueteiros, executivos de agência e editores para ignorar o valor potencial da Internet.

A Internet Não É um Meio de Massa

É preciso ligar para Internet pela mera razão de que os consumidores estão nela — às manadas. A Internet entrou no grande circuito; ela atingiu a massa crítica — e, do ponto de vista da mídia, isso é tão massa quanto se pode esperar que seja.

1. O MSN, por exemplo, atinge mais pessoas em sua home page num dia do que os sete maiores jornais dos Estados Unidos juntos.[2]

---

[2] Audit Bureau of Circulation (*USA Today, Wall Street Journal, New York Times, Washington Post, New York Daily News, Chicago Tribune*).

2. O iVillage atinge mais pessoas (14.918.000) do que as publicações impressas *Vogue* e *Vanity Fair* (9.480.000 e 4.757.000 respectivamente) e as redes a cabo WE e Oxygen (11.333.000 e 13.011.000, respectivamente)[3].
3. A Ford atinge mais de 40 milhões de homens de 25 a 54 anos com seus 3 bloqueios online. (Preciso comparar isso às alternativas para essa demografia?)

A Internet Não Transmite Emoção

Essa afirmação é balela. Como a Parte 2 deste livro sugeriu, a emoção é vista como uma espécie de cura-tudo na publicidade, tendo-se como base a premissa de que bebês, cãezinhos e combinações bonitinhas das duas coisas estimularão o mecanismo oh!-ah! do público, fazendo-o dar importância a algo tão reles quanto papel higiênico. Usar a emoção assim na publicidade não é o mesmo que adotar um quociente emocional que influencie decisivamente como e por que compramos praticamente qualquer coisa (exceto, talvez, papel higiênico — gosta-se de folhas simples ou duplas, eis tudo). Levar as pessoas a se importarem com uma marca é muito mais complexo do que lançar mão de uns poucos clichês batidos.

Você sem dúvida já tomou parte no popular jogo publicitário em que recorda a última cerveja que bebeu, o último carro que alugou ou o último relógio que comprou, e enumera as características do produto ou os aspectos da marca que o levaram inicialmente a essa escolha. Reconhece-se que há algo de amorfo em jogo e que a decisão de compra não foi tomada simplesmente com base no número de carboidratos, em *airbags* traseiros ou no movimento perpétuo. Mas por algum motivo não se consegue exprimir de modo adequado o que *realmente* levou à opção por um Corona, um Hertz ou um Rolex. Foi o quociente emocional. E ele não provém de uma frase bonitinha nem da projeção de uma imagem terna.

E de fato, o oposto é verdadeiro. Há um descompasso emocional entre as superpromessas pomposas da publicidade e a dura realidade. A C2 da Coca ainda faz engordar (embora nem tanto); hoje todos os carros são razoavelmente seguros; os caixas do McDonald's nunca sorriem.

A emoção é o que a gente saca da caixa de mensagens (*entre em ação*!) quando não se consegue pensar em nada melhor. Em outras palavras, quando tudo o mais fracassa, mostre a eles o bebê gorgolejando. E pare de perseguir a Internet.

---

3. Estatísticas das seguintes fontes: Media Metrix, outubro de 2004; outono de 2004, Mediamark Research Inc., pop. pesada (000), base: todos; primavera de 2004, Mediamark Research Inc., pop. pesada (000), base: todos.

A Internet Não É Mensurável

A Internet é, sim, *muito* mensurável. Ela não depende de espectadores potenciais; é um meio concretizado que proporciona atualizações de último segundo para marqueteiros compulsivos, obsessivos e com retenção anal (provavelmente 99% de nós).

A Internet é mensurável em termos de transmissão ao público; é mensurável em termos da interação do público; e é mensurável até mesmo no front transacional/ROI.

Tanto David Ogilvy como Mark Twain (eles que disputem entre si) disseram algo no sentido de que devemos usar pesquisas/indicadores/estatísticas não como um bêbado que usa um poste como encosto, mas para fins de iluminação. Infelizmente, o caçador de recompensas da publicidade online tem recebido apoio, contra todas as espeROInças, de uma comunidade de clientes que vem cobrando suas frustrações por todos os anos em que recebeu dados limitados.

A Internet É Limitada em sua Habilidade de Transmitir uma Mensagem com Impacto

O primeiro anúncio interativo na Internet, contendo animações e a possibilidade de que o consumidor tomasse parte, tinha 12,3 K. Isso pode não ser muito, mas no contexto de 10 anos de progresso, se o que é possível hoje no espaço online é o equivalente ao comercial televisivo de 30 segundos, o primeiro anúncio interativo teria apenas meio segundo. Consegue imaginar o que é tentar comunicar-se em meio segundo? Deveria, pois é esse o tempo que a maioria dos espectadores concede aos anúncios de TV antes de apertar o *fast-forward* ou mudar de canal.

Vivemos hoje num mundo habilitado pela banda larga. Mais de 50% dos consumidores que acessam a Web em casa fazem-no de maneira dedicada, onipresente e sempre ligada, usando uma conexão DSL ou a cabo de alta velocidade. No trabalho, esse número está bem acima de 90%. A possibilidade de baixar álbuns musicais inteiros em segundos ou filmes inteiros em minutos é comparável a ouvir rádio ou ver TV.

A Internet Não Passa de *Pop-ups*

Em muitos sentidos, você (não dê as costas... estou falando com *você*, publicitário — com todos vocês!) é o responsável pelo flagelo repreensível das *pop-ups*, dos elixires universais, das câmeras espiãs e dos anúncios online de cassinos. As *pop-ups* perfazem apenas entre 5% e 7% do volume servido, de acordo com o AdRelevance da Nielsen/NetRatings, e cerca de 2% segundo a DoubleClick, mas você jamais adivinharia.

A indústria online ainda está abarrotada de coisas que só dão as caras à noite, e se você fornece ou promulga baseados, crie vergonha! Crie vergonha também se você for uma das grandes marcas ou grandes agências que na prática criaram esse vazio conspícuo por sua ausência da publicidade na Internet. Os grandalhões das marcas não compareceram, e sua condição de ausentes permitiu que os nanicos da cadeia alimentar tomassem seu lugar. Algo similar aconteceu com a TV a cabo. Quando os grandalhões deram as caras e mostraram seu muque financeiro, eles baniram efetivamente as facas Ginsu, os Clappers e os programas "configure e esqueça!" para as 3 da manhã nos grandes canais a cabo. A única característica remissora da TV aberta e seu horário nobre foi a separação efetiva entre as marcas classe A e as paralelas.

Para o alívio geral, a Internet também já começou a progredir nesse tipo de separação.

A Internet Abriga as Ponto-Com

As *pop-ups* também são declaradas culpadas por sua associação com o lixo eletrônico — tramóias para roubar as economias de toda a vida de senhoras idosas e ingênuas, esquemas de pirâmide, a realeza nigeriana tentando desesperadamente tirar milhões de dólares do país (e escolheram *você!*), e por aí vai.

Certa vez dei uma palestra para uma sala atulhada de gerentes de finanças e fundos multimercado durante uma conferência de investidores num importante banco de investimentos, dizendo algo assim: "Se for para vocês se lembrarem de alguma coisa — e de uma única coisa — do que eu disse hoje, que seja isto: a ascensão e queda do ponto-com e a indústria da publicidade online e do marketing interativo não têm nada a ver entre si. Simplesmente aconteceu de surgirem ao mesmo tempo".

Naquela época reinavam a ganância e a desinformação, e mesmo hoje parte da terrível ressaca persiste. Os assim chamados profissionais de marketing acreditavam então que tinha sentido gastar mais de 50% de seu orçamento num anúncio do Super Bowl, a exemplo do que fez a Computers.com, que, por alguma razão imperscrutável, não está mais entre nós. Na época, os capitalistas de risco ditavam o show, e não o marketing.

Do lado da publicidade, uma nascente indústria da Internet dava os primeiros passos como um meio em treinamento. Ao longo da história da mídia, houve uma progressão lógica subindo a cadeia alimentar da publicidade. A primeira categoria a descobrir e empregar uma nova forma de comunicação têm sido tipicamente os raivosos marqueteiros diretos dos ramos da jogatina e da pornografia. A Internet se tornou uma Bahamas virtual para essas indústrias. É de impressionar que a publicidade interativa tenha tido um mau começo?

Aliás, podemos aprender alguma coisa com a indústria da jogatina e da pornografia. Por mais que desdenhemos esses charlatões, eles são os menos resistentes à mudança e os mais abertos a experimentar não somente coisas novas, mas coisas boas. Claro, por sua própria natureza eles tipicamente azedam a experiência da santarrona Fortune 500, mas ainda assim cimentam o caminho. Inevitavelmente, as grandalhonas usarão seu muque coletivo — recursos financeiros, talento, perspicácia comercial e patrimônio de marca — para expelir os pequenos que, a essa altura, já não podem concorrer financeiramente.

A Internet ainda é associada com demasiada freqüência a câmeras espiãs e esquemas de enriquecimento rápido que tapeiam os tolos com sinetas, assobios e promessas vazias. As coisas, porém, estão lentamente mudando. A Web está ficando como a Times Square — limpinha e ideal para a família. Também está se tornando rapidamente um lugar em que marcas como a Nike, a IBM, a Starbucks, a AT&T e mesmo o Wal-Mart preferem aplicar seus dólares restantes (que são de qualquer modo vultosos).

A Internet Carece de Horário Nobre

Uma das realidades com que os profissionais de marketing terão de se avir é que a Internet, como um meio de conhecimento obrigatório, sempre será um caldeirão de mistura. Numa época em que a página do Zé do Blog pode concorrer com uma extravagância corporativa multimilionária, podemos esperar alguns encontrões tumultuados pelos corredores. Com um conteúdo disponível no regime 24/7/365, é precário aplicar *benchmarks* tradicionais como o horário nobre ou o compromisso com certos programas para categorizar o livre acesso à Web.

Há experiências atualmente em curso para testar essa hipótese, inclusive a veiculação pelo Yahoo! do episódio-piloto do *Fat Actress*, da Showtime, ou a oferta, pela AOL, de recapitulações exclusivas de *Desperate Housewives*, da ABC, nenhuma das quais definiu ainda um horário preciso (com um incentivo considerável para que o espectador se antene naquele momento), mas isso é decerto inevitável.

Não há solução (nem acho que haverá) para o problema de separar firmemente as modestas operações do homem comum das várias camadas de sites e comunicações online oriundas de fontes corporativas. Do ponto de vista da mídia, a inevitável consolidação no ciberespaço significará que umas poucas propriedades seletas da Web emergirão como líderes em suas respectivas classes. Isso não difere muito da evolução da televisão. Uma grande diferença, contudo, é que a Web não é consumida de forma linear, como uma revista ou um filme. Ela é antes como um jogo de *pinball*, em que o olho e a bola saltam a cada obstáculo. Numa única sessão, um consumidor pode passar um tempo considerável num site respeitado e estabelecido como o WebMD, mas daí saltar diretamente para um blog em que alguém registra alguma experiência pessoal e contextualmente relevante.

A Internet Está Consumindo Dólares Publicitários

Lamento, mas neste caso não posso fazer muito. A Internet não é apenas o camaleão do marketing atual; é também o canibal.

A multitarefa midiática é um fenômeno comportamental significativo, e o simultâneo consumo de várias mídias é uma oferta de paz ao estilo "por que não andamos todos juntos?", feita a todos aqueles que concorrem pela atenção; isso tudo, porém, não é mais do que um remendo para estancar a hemorragia. O consumo de múltiplas mídias será, no fim das contas, uma proposta diluída de valor, a menos que haja algum tipo de idéia integradora para reunir as partes de maneira significativa.

A natureza canibalesca da Internet não é diferente da natureza canibalesca dos DVRs ou dos games, se for esse o problema. Ela é menos uma variável de consumo midiático do que uma função da atenção — e portanto a maior concorrente pelo que é talvez o bem mais precioso do mundo (a atenção).

O consumo midiático (e em última instância a alocação de dólares para combatê-lo) não é apenas propriedade dos compradores e vendedores de mídias: ninguém possui a atenção do consumidor, nem tem direito algum sobre ela. Essa é uma guerra desabrida, e os concorrentes incluem praticamente todo mundo — todos os profissionais de marketing, marcas, mídias e até mesmo os consumidores (há, por acaso, pessoas que gostam de conversar umas com as outras).

A primeira parte deste capítulo admitiu que a Internet é mais do que um mero meio. Ela é inerentemente imparcial e apresenta um conjunto neutro de ofertas que os consumidores podem selecionar ou ignorar como preferirem. O imperativo do marketing é, com isso, descobrir quando fazer uma grande aparição e aproveitar ao máximo o momento.

Acredito que já me fiz entender suficientemente quanto às alegadas deficiências da Internet como veículo de gestão de marcas, na integração e como força criativa.

Você Devia Pensar em Como Usar a Web

Qualquer argumento contra a Internet é na realidade um mero ardil momentâneo para afastar o inevitável. A Web é uma idéia cuja hora chegou, e constitui uma mudança de maré em termos de como as marcas são criadas, fortificadas e preservadas. Há vários fatores contribuindo para fazer da Internet uma proposta de valor muito forte.

Interatividade

A indústria da publicidade na Internet é designada como "interativa" em razão de sua habilidade de promover diálogos nos dois sentidos, o que leva a conversa a um outro patamar.

O capítulo 10 discutiu a necessidade de re:pensarmos a criatividade com base em quatro variáveis que apresentavam uma poderosa proposta de valor quando combinadas: Som + Imagem + Movimento + Interatividade = Pleno Engajamento (ver Figura 11.1).

O rádio só tem o som a seu favor, e talvez seja por isso que seus adeptos voltam os olhos para o céu (na forma de um satélite) esperando ajuda.

A imprensa só tem a imagem a seu favor, e talvez seja por isso que ela vem se autodevorando em frenesis paranóicos (justificados), neuroses (justificadas) e lutas internas (nem tanto).

A televisão pôde se valer de três variáveis, e talvez seja por isso que ela também conseguiu comandar uma parcela maior dos investimentos em gestão de marcas.

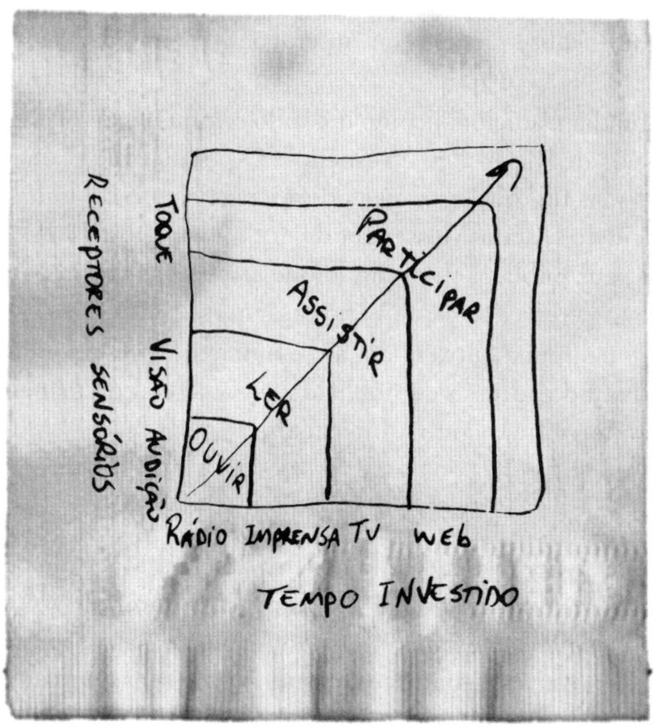

Figura 11.1 Um retrato da evolução dos pontos de contato com a mídia, pela ótica do consumidor.

Fonte: Jaffe, LLC.

A quarta variável — uma nova dimensão que transforma totalmente a proposta de imagem, som e movimento num intercâmbio mutuamente benéfico — é a interatividade. A Internet é a única mídia que se mostrou capaz de empregar as quatro variáveis, e talvez por isso ela tenha sido tão combatida pelos que se sentem ameaçados e tão acolhida pelos que se sentem liberados por ela.

Todas as mídias anteriores à Internet poderiam proclamar que incluíram de certo modo elementos interativos. Alguns podem dizer que a interatividade surgiu no momento em que os seres humanos foram dotados dos meios de mudar de canal usando um controle remoto. (Isso se parece demais com o argumento do "eu nunca inalei". Nem vou entrar por essa trilha...) Quaisquer que sejam suas origens, a capacidade de participação do público ajudou a tornar a publicidade uma vez mais relevante. Ela trouxe a publicidade de volta à terra e estreitou com isso a distância entre o marketing e o consumidor.

Votar em seu anúncio favorito da Pepsi ou até mesmo optar por ver outros anúncios da Pepsi depois de ver qualquer um deles em particular é um modo sem frescura mas significativo de proporcionar algum controle ao consumidor. O processo de clicar tem implicações profundas como indicador de engajamento e, combinado com cliques subseqüentes (ou "interações"), como expressão de interesse crescente.

A chamada mídia tradicional como um todo seguiu o exemplo da interatividade lançando meios de "fazer algo a respeito". O popular programa *Who Wants to be a Millionaire?* permite que os espectadores participem da linha "pergunte ao público" por meio do Instant Messenger da AOL (ver Figura 11.2). A televisão e o rádio envolvem seus públicos permitindo que as pessoas façam perguntas ou votos por e-mail ou telefone acerca de vários assuntos.

Ainda assim, nenhuma outra mídia até o momento conseguiu injetar uma linguagem interativa no processo de publicidade comercial de maneira tão efetiva, abrangente e ininterrupta quanto a Internet.

Mentalidade

Três vaias para os generalistas (não me refiro aos não especialistas, mas apenas aos que generalizam) que acreditam que os consumidores da Web são de algum modo diferente dos que não usam a Web. Na realidade, são os mesmos — conclusão sustentada por resmas de dados e sobretudo pelo senso comum. Os consumidores online não são estranhos para vocês, eles *são* vocês.

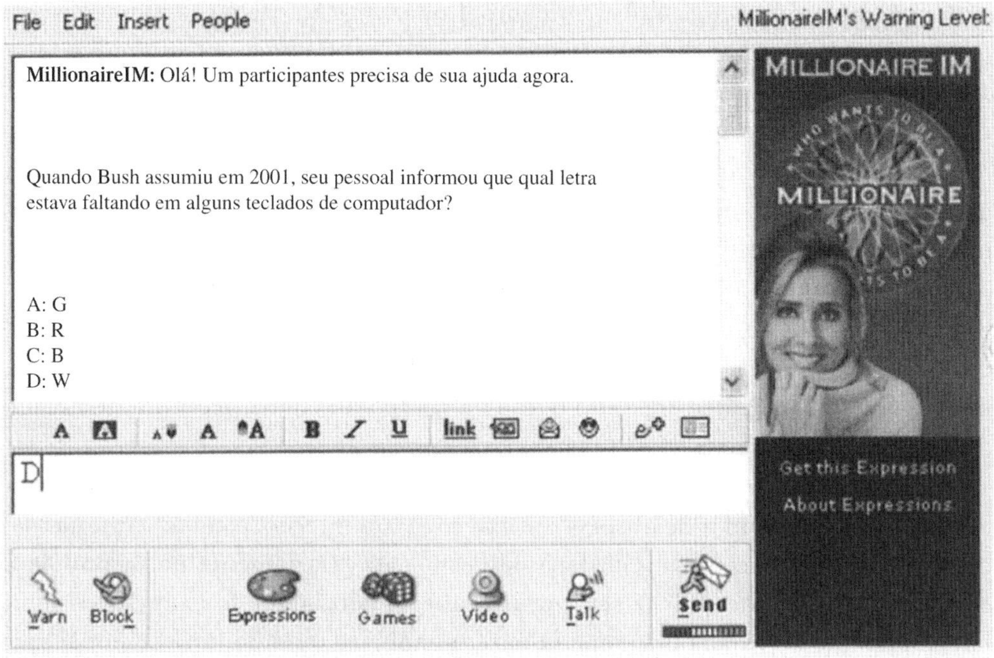

Figura 11.2 Pergunte ao público... ou o envolva: A AOL e *Who Wants to be a Millionaire* unem forças.
Cortesia: America Online (AOL) Media Networks.

Os generalistas aderiram a seu próprio estereótipo — o de que os consumidores usam a Web apenas como mecanismo de flutuação, um meio de realizar transações robóticas funcionais como pesquisas, checagens rápidas, compras e outras ações pragmáticas destituídas de emoção. Essa, porém, é apenas parte da proposta. A Web também se tornou rapidamente um meio de entretenimento — por exemplo, o melhor da ESPN a cabo no ESPN Motion, conteúdos de longa forma feitos para a Web em sites como a Amazon.com, e certos conteúdos apresentados em associação com marcas como a Reebok e o Lincoln Mercury da Ford.

Se eu pareço me contradizer ao falar, de um lado do teclado, de gratificação instantânea (ver capítulo 7, princípio 6) e, do outro lado, de entretenimento, tenha em mente que os consumidores podem determinar por si mesmos se querem se recostar e usufruir o suprimento interminável de conteúdo ou participar dos pedidos de 1 clique da Amazon.com. A mentalidade do consumidor muda constantemente e de improviso, e a linha tênue entre recostar-se e inclinar-se para a frente já se borrou.

A notória "hora do almoço" (que está na calçada da fama dos clichês de escritório da mídia logo depois de "bebedouro" e "horário de pico") está sendo freqüentemente usada para o entretenimento. Por exemplo, o debatidíssimo episódio de *Crossfire* em que Jon Stewart espetou Tucker Carlson pode ser visto na íntegra *sem comerciais* (pelo menos sem os que foram originalmente ao ar). Um comercial como "prólogo" ao conteúdo parece mais que razoável.

Por falar nisso, mais gente viu o confronto Stewart-Carlson na Web (bem mais de 2,3 milhões de espectadores) do que na TV (*Crossfire* teve em média 550 mil espectadores segundo as classificações da Nielsen para o terceiro trimestre) — algo inédito para um programa de uma grande emissora de TV a cabo.

Se a Web oferece ao marketing um contexto perfeito ao direcionar as mensagens a consumidores com a mentalidade ideal, a contrapartida pode ser ainda mais perturbadora, intensificando o que há de errado com a proposta do comercial de 30 segundos.

Consumidores que tentam escapar da monotonia da rotina diária (que inclui compras na Gap, mudar de absorvente externo para interno, refinanciar uma casa ou levar a família ao Olive Garden) não estão necessariamente na mentalidade certa às 9h30 da noite. Talvez seja por isso que a maioria dos consumidores muda imediatamente de canal ou se manda para o banheiro quando um comercial aparece — é mais do que falta de relevância ou erro de direcionamento: trata-se do lugar errado na hora errada para esse tipo de comercial, mesmo que ele tenha a mensagem *correta*.

Por outro lado, no caso da Internet a mentalidade do consumidor está sempre sintonizada, já que ele concede permissão expressa para participar do processo publicitário.

Permissão

O *marketing sob permissão* (expressão cunhada por Seth Godin) foi um conceito que infelizmente acabou estocado no arquivo com a plaqueta "E-mail", com um lembrete dizendo "Pedir ao pessoal de TI que garanta que nossa política de cadastramento esteja em ordem". O marketing sob permissão é importante demais para ser compartimentado. É para ele, essencialmente, que a publicidade está convergindo.

A Internet é a mídia decisiva do marketing sob permissão, desde o momento em que os consumidores se conectam até o ponto em que solicitam mais informações. A Internet é jovem e crua o bastante para ser capaz de reescrever a proposta e a troca de valor dos comerciais. Embora você jamais diga isso se julgar pela proliferação do conteúdo livre de comerciais, alguns consumidores ainda lembram que os anúncios, antes de mais nada, existem. A Web oferece a oportunidade de reinventar esse processo, recompensando instantaneamente a atenção e tornando a publicidade novamente bem-vinda.

Ou ela poderia seguir a trilha fatídica da turma dos pods, que enfia o máximo de anúncios possível no cinto apertado de um intervalo comercial.

Tempo investido

O tempo investido é sem dúvida a nova moeda corrente da publicidade, e a unidade básica é um índice de 100, que é o equivalente de 30 segundos. A medida em que o marketing conseguir romper os limites do comercial de 30 segundos determinará a medida em que ele poderá aproximar os consumidores de suas marcas.

Tente ser objetivo enquanto realiza este exercício (eu sei que você não será). Lance ao papel o que você julga serem os tempos *mínimo*, *médio* e *máximo* (mensurados em segundos) que um consumidor *médio* passa com a unidade publicitária *média* em várias mídias.

A coluna "mínimo" parece demonstrar apenas que não há mídia totalmente a salvo da apatia do consumidor. Sinta-se livre para ser cruel ou gentil, dependendo de suas lealdades: por exemplo, se for um simpatizante da imprensa, pode dar a ela o crédito de que uma página precisa ser virada e, portanto, existe um breve momento de oportunidade. Cada meio tem uma maneira própria de explorar esses momentos únicos de verdade. Os anunciantes da TV têm a vantagem de serem os primeiros ou os últimos numa seqüência de anúncios; a imprensa pode usar as contracapas e a quarta capa; os cartazes externos têm os congestionamentos de tráfego; o rádio tem... essa eu deixo para você; a Web tem um número surpreendentemente grande de táticas para atrair um nível mínimo de atenção e depois esperar.

A coluna "médio" neste exercício representa a *realidade*, e a coluna "máximo" representa o *potencial*.

Por estar ainda na infância, a Web freme com possibilidades. Não existe limite real para a quantidade de tempo que um consumidor pode investir numa peça de comunicação. A propaganda está a um mero hyperlink da experiência na Web (se ninguém checou ultimamente, elas estão ficando muito boas), e o tempo investido fica a critério do consumidor — diversamente do cartaz nas vias de 100 por hora e os comerciais de TV nos "programas obrigatórios". A inovação é parte integral da Web, e a oportunidade de reinventar um negócio publicitário viável jamais foi maior.

Eis aqui uns poucos exemplos disso na prática:

1. O *ultramercial* é uma proposta de *upfront* que permite aos consumidores acessar um conteúdo de primeira "pagando" com seu tempo ou seu dinheiro (neste caso, vamos marcar a opção "tempo"). Essa mensagem de endosso

funciona muito bem porque atribui explicitamente um valor monetário ao conteúdo de primeira. Ela respeita os consumidores dando-lhes uma escolha e reconhecendo que são inteligentes o bastante para compreender a troca de valores. O WeatherBug tem um modelo similar de endosso que combina marcas e consumidores — pelos termos dos últimos.

2. Uma *mensagem introdutória* (lançada pela MarketWatch, da Dow Jones) é uma mensagem em tela cheia, veiculada uma vez ao dia, que se resolve em 10 segundos na home page de costume. Para ser mais claro, a mensagem introdutória é possivelmente o melhor formato na Web, pois ocorre antes (e não no decorrer) da experiência de consumo. Ela faz uso da dimensão total da tela e, como não é clicável (embora os consumidores possam desautorizar a mensagem a qualquer momento), ela reconhece a mentalidade do consumidor de estar na Web para consumir conteúdo, e não para ser distraído num harém de marqueteiros.

3. A *intrusão autorizada* pode parecer um paradoxo, mas não é. Ela pode ser ilustrada pela anedota do homem que se dirige a uma mulher num bar (pode inverter os sexos como quiser). Se ele chegar de cara com propostas, poderá acordar no dia seguinte com dores em certas extremidades. Claro, ele pode dar sorte, mas as chances são pequenas. Chamemos a isso *resposta direta*.

   Entretanto, se ele preferir se apresentar educadamente, evitar frases feitas e batidas e em seguida recolher-se a um canto tranqüilo com a deixa de que, se ela quiser continuar a conversa, saberá onde encontrá-lo, é possível que acabe igualmente na cama, salvo que por um tempo mais longo e com uma chance muito maior de um relacionamento significativo. Chamemos a isso *gestão de marcas*.

   Este segundo cenário retrata uma variação que a Web oferece: a capacidade de atrair a atenção do consumidor num breve período e então recolher-se e aguardar a subseqüente iniciativa do consumidor. Esse é outro exemplo de marketing sob permissão, mas também constitui o marketing inteligente, pelo qual toda interação do consumidor é de qualidade e, por definição, implica certo grau de interesse. De modo algum, pode-se dizer o mesmo de algum tipo de comunicação "empurrada".

   Esses cliques podem disponibilizar músicas ou outras ações "intrusivas", como aumentar uma unidade ao tamanho da tela inteira.

A Tv na Web

Numa bizarra virada do destino, a Internet salvou o comercial de 30 segundos do esquecimento fatal, permitindo que os marqueteiros simplesmente transportassem para a Web seus anúncios enfeitados. Isso sem dúvida suscitou a ira dos puristas, que se expressam com frases como "eles se venderam" — e outras que jamais passariam pelo crivo da editora.

A capacidade sempre ativa e a velocidade sempre crescente do mundo da banda larga fez disso uma realidade. Quando filmes inteiros podem ser baixados durante o café na Starbucks mais próxima e todo um álbum de músicas pode ser comprado (ou não) e transmitido pela Web, um reles comercial de 30 segundos pode, com igual facilidade, encontrar seu espaço na supervia da informação. Pode ficar tranqüilo, jamais chegaremos ao ponto em que uma hora de programa será interrompida por uns 23 minutos de comerciais (como nas redes de TV), mas é concebível e, como se vê, até aceitável oferecer um comercial a cada experiência do espectador.

Vale repetir, os consumidores estão armados com um dispositivo muito mais poderoso que um controle remoto — um mouse —, e sua proximidade com a tela lhes dá o "fora" definitivo — o botão "fechar". Mais importante, o tempo transcorrido antes que este botão seja ativado pode ser e é mensurado, e com certeza será uma mera questão de tempo até que os anunciantes paguem somente pela execução completa. (Não me odeie, mundo da mídia. Isso tem de ser dito. Podem cobrar mais por execuções completas se preferirem. Eles comprarão assim mesmo.)

Mais de 90% do público em horário de serviço acessa a Internet por conexões de banda larga; em casa, essa cifra rompeu recentemente a barreira dos 50%, que é chamada amiúde de "massa crítica". Esses números são uma declaração poderosa, especialmente quando combinados com o conceito de downloads polidos que fazem uso do tempo ocioso para baixar arquivos maiores de alta qualidade (em outras palavras, quando os consumidores não estão usando seus computadores, o comercial está se carregando silenciosamente no plano de fundo).

A banda larga deflagrou a epifania de que a televisão não é o aplicativo assassino. O vídeo é que é, especialmente agora que pode ser transmitido de modo tão ininterrupto.

Vamos comparar os detalhes. Se o mesmo conteúdo de vídeo puder ser transmitido por um dispositivo sem fio ou pela Web, por que (ou como) a televisão seria vista como preferível aos olhos dos consumidores e dos orçamentos de marketing? (Esta é uma pergunta retórica. Não responda. Ou, se precisar, mande um e-mail para jaffe@lifeafter30.com, ou visite meu blog em jaffejuice.com. Este livro, afinal de contas, é interativo.) Claro, há diferenças — o tamanho da tela, a distância da tela e a postura do público — mas elas não são mais que ilusórias. O conteúdo consumido na Web está se tornando mais interessante a cada dia. A tela dos computadores torna-se maior o tempo todo. A Dell está no negócio da TV. A Microsoft está apostando no fato de que uma tela acabará predominando sobre as demais (lamento, Frodo), e que será a tela digital.

De acordo com uma pesquisa feita em 2004 pela AAF sobre os líderes da indústria publicitária, os quatro benefícios primários da Web são os seguintes:

1. A capacidade de gerar ROI.
2. Novos formatos de anúncios que atinjam seu destino e envolvam os consumidores.
3. Melhor direcionamento.
4. A capacidade de complementar e aprimorar o uso das mídias tradicionais.

Meus palpites sobre essas respostas:

1. Preocupa-me que um em cada quatro entrevistados não saiba como a mídia mais mensurável da história possa gerar algum tipo de retorno sobre investimentos. Suspeito que esses profissionais não estejam fazendo nada de substancial, ou não o estejam fazendo direito, ou estejam simplesmente trabalhando com os parceiros errados. A Web, acima de tudo, é confiável isoladamente (ver ponto 4). O marketing também deve assegurar que os indicadores corretos estejam sendo aplicados às estratégias e táticas em questão.
2. A Internet é, em si, um "novo formato de anúncios" e vem empregando toda uma horda de novas abordagens, formatos e mesmo modelos de negócios para ajudar a criar um novo tipo de relacionamento com os consumidores emancipados.
3. O direcionamento preciso — especialmente na forma do marketing comportamental e contextual — vem revolucionando o jogo do público-alvo. Mas não nos enganemos pensando que esse é apenas um jogo fragmentário. Por mais concentrada e diversificada que possa ser a Web, ela é similar a outras mídias no sentido de agregar grandes públicos. A chave para o futuro é a capacidade de direcionar o conteúdo com precisão a públicos com quantidade e qualidade. A tecnologia vem ajudando nisso.
4. Preciso expressar meu desdém pela capacidade da Web de simplesmente melhorar as mídias tradicionais, e nada mais. Acho conveniente demais o

consenso predominante de que a publicidade online constitui a cobertura no topo do bolo tradicional. Este livro como um todo trata das limitações da mídia tradicional e do velho marketing, liderado como é pelo comercial de 30 segundos, e se alguém estiver procurando o meio online como um remendo ou um artigo a ser comprado com as sobras, estará ignorando a realidade. Claro que o meio online complementará e aprimorará as formas existentes, mas também liderará, reviverá, revigorará e transformará as campanhas tradicionais da mídia tradicional.

A Visão do Topo

Sempre acreditei que, para a mudança se tornar parte da cultura corporativa, ela tem de vir do topo. Sem a adesão da cúpula, é muito difícil implementá-la.

Quantos CMOs da Fortune 500 estão em cima do muro com respeito à Web? Quantos líderes de agência estão contra a Internet em razão da aparente desvantagem em lucros em comparação com outras mídias? Como os líderes dos outros conglomerados de mídia se sentem com relação ao papel que a Internet desempenhará como veículo da gestão de marcas?

As coisas estão mudando.

Em média 8,35% dos orçamentos de mídia vêm sendo alocados na publicidade online, de acordo com uma pesquisa da AAF. Esse número subiu para 17% em 2007. Mais alarmante é o fato de que 17,5% da amostra declaram ter investido zero nos meios online em 2004. Mas, cerca de 50% delas aderiram até 2007, ao passo que a outra metade se afundou em outra coisa. Mesmo assim, receio que os 50% que ainda têm de ver a luz chegarão tão tarde no jogo que suas empresas terão de brincar de pega por muito tempo depois de 2007.

Um alto profissional de marketing me disse recentemente que um dos principais executivos de sua empresa foi demitido por fazer comentários depreciativos diante do conselho a respeito da Internet como meio de criar negócios e marcas. Nesse caso, a empresa em questão tinha provas para refutar as afirmações infundadas do executivo. Essa empresa fez duas coisas que eu recomendaria firmemente a todo cliente nesse mundão:

1. Promova uma campanha real para avaliar sua verdadeira eficácia — arrisque seu dinheiro. Uma campanha de teste não lhe dará o impacto e a visibilidade necessários, e portanto não refletirá com precisão o poder da gestão de marcas.

2. Ponha em campo uma pesquisa própria para mensurar os benefícios qualitativos e quantitativos da Web. Fale com consumidores que acabam de sair da concessionária, da loja, do portão de desembarque ou do cinema para avaliar o pleno impacto intermidiático de seus esforços de marketing.

Só existe uma maneira de estimar a plena extensão de seus esforços de marketing: a relação geral entre gastos publicitários e vendas. Os altos e baixos que correspondem a injeções de dólares em comunicação podem ser com isso co-relacionados e avaliados. Estou menos preocupado com o modo como um orçamento é rateado do que com o desempenho bom ou ruim de cada mídia, considerando-se sua alocação.

Pense naquelas poucas empresas que gastam mais do que o resto do bando. O que elas sabem que você não sabe? Será que ainda molham o dedão na água com campanhas de teste, ou terão reassumido o compromisso de fazer plena justiça a essa mídia e pôr dinheiro em jogo?

Alguns afirmam que o problema não está nas fileiras dos profissionais mais jovens (que tendem a ser animados e ter mente aberta), nem provém das suítes executivas, que se encontram agora mesmo pressionadas a mostrar valor, grandes idéias e resultados comprovados. A resistência começa e acaba com os que têm mais a perder com a mudança — os gerentes médios de meia-idade, que estão presos no limbo.

Uma Perspectiva Interativa

Ian Beavis, ex-vice-presidente sênior de marketing, planejamento de produtos e relações públicas da Mitsubishi Motors North America, Inc.

Quando Joseph me pediu que escrevesse um capítulo sobre o assunto da "interatividade", minha reação inicial foi "claro, por que não?". Venho trabalhando com elementos dela há anos, tendo aliás ajudado a levar a Toyota ao Prodigy (e com isso estou denunciando minha idade), se é que alguém se lembra do Prodigy. Em seguida pensei: o que posso dizer que já não tenha sido dito por gente muito mais inteligente do que eu? Todos conhecem o poder da interatividade como ferramenta da gestão de marcas: em sua melhor forma, ela é capaz de capturar os consumidores de maneiras nunca antes vistas. Mas, pensei comigo, há algo faltando no assunto. Eu por acaso teria muito a dizer a esse respeito, mas felizmente serei breve e compartilharei com você algumas opiniões pessoais. Este não será um capítulo técnico e não conterá nenhum acrônimo.

Uma boa dose de atenção tem sido dada, e com justiça, ao ambiente interativo. Ele é nosso presente e nosso futuro. O que acho frustrante são as intermináveis discussões a respeito de tecnologia, plataformas e ferramentas de mensuração travadas por pessoas inteligentes que estão perdendo de vista o foco.

A interatividade não tem a ver com tecnologia. Tem a ver com pessoas e, em grande medida, com a condição humana. Para que o marketing interativo se torne realmente a peça central da indústria, ele deve escapar dessa adolescência feiosa, repulsiva e repleta de jargões, para tornar-se adulto. A conversa precisa sair das rodinhas em prédios modernos e das entranhas dos departamentos de TI; precisa penetrar os maçantes escritórios reais de grandes empresas, em cidades menos transadas. A interatividade tem de se tornar uma parte essencial da discussão entre as mesmas pessoas que superanalisam campanhas em TV, rádio e revistas. Entre as pessoas que trabalham com antropólogos culturais e laboratórios de pesquisa altamente sofisticados. Entre as exatas pessoas que têm os ouvidos do CEO e de todos os outros CS da corporação. A interatividade precisa assumir o centro do palco no nível C das empresas, e não ser confinada ao CRM ou ao gerente de publicidade interativa.

A ascensão desse debate pela organização, rumo ao que eu chamaria de "verdadeiro" departamento de marketing (embora alguns profissionais de hoje o chamem de Parque dos Dinossauros), será assustadora e tirará da zona de conforto gente de ambas as áreas. Ela exigirá colaboração e respeito mútuo. Exigirá a conscientização, por ambas as partes, de que elas, para alcançarem o verdadeiro sucesso, precisarão uma da outra. Mais importante, ela envolverá a discussão dos objetivos, estratégias e táticas de marketing da empresa. Espero que haja um intercâmbio vigoroso das forças relativas das várias mídias, com seu respectivo custo/benefício. Esta deve ser uma abordagem holística para o problema de como concretizar os objetivos de marketing da empresa. A verdade simples é que essa abordagem midiaticamente neutra ao marketing não tem sido adotada com suficiente freqüência por clientes ou agências pelo mundo afora.

Agora que temos todos na sala cantando o mesmo repertório, qual deve ser a canção? Essa é a parte mais importante deste meu palavrório. A discussão sobre a interatividade deve se concentrar nas pessoas. Precisamos compreender realmente as pessoas, e como e por que elas respondem. Precisamos parar de tratá-las como alvos, empilhando-as em grupos demográficos, e de achar que estão no papo. Precisamos descobrir uma maneira de envolvê-las de modo positivo. Precisamos entender que as motivações das pessoas e suas reações a situações mudaram pouco desde que habitávamos as cavernas. Precisamos nos lembrar de que só porque você pode fazer algo a alguém, não significa que deva. Precisamos reconhecer a importância de todo ponto de contato, e quão incomodadas e desconfiadas estão as pessoas. Precisamos prezá-las, e não tê-las como alvos. Precisamos tratá-los como trataríamos uma visita em nossa casa. Pense a respeito disso. Você saltaria de trás de uma moita para surpreender alguém que tocasse sua campainha? Pois é exatamente isso o que muitos marqueteiros fazem com as pop-ups!

Neste admirável mundo novo, onde prezamos e realmente entendemos os consumidores, a interatividade assumirá com justiça o centro do palco. Ela ditará o tom para todas as partes do plano de marketing.

Trate os consumidores como gostaria de ser tratado. Permita que eles se sintam (aprazivelmente) surpresos e encantados. Conceda-lhes a oportunidade de descobrir sua empresa ou produto à sua maneira e nos momentos que preferirem. Este é o futuro do marketing, e a mídia interativa pode nos levar até ele. Até agora só arranhamos a superfície. Interagir com os consumidores de maneira respeitosa resultará em imensos benefícios em termos das atitudes deles com relação à empresa e seu marketing, e, mais importante, com relação à lucratividade. Todo marketing está ligado ao crescimento da receita, e o marketing interativo proporcionará o maior dos crescimentos.

Incentivo todos os que lerem este capítulo a fazer uma pausa, olhar-se no espelho e pensar nas pessoas para as quais fazemos marketing. Se a mantivermos no coração do que fazemos, a mídia interativa crescerá e ajudará nossas empresas a crescer também. E assim termina meu palavrório.

12

Games

"Vamos deixar no chinelo toda e qualquer estréia de cinema já gravada", disse Peter Moore, chefe global de marketing do Xbox, da Microsoft, prevendo maravilhas quando *Halo 2* foi lançado.

Ele estava certo. *Halo 2* alcançou cerca de 125 milhões de dólares em vendas no primeiro dia, de acordo com as estimativas pós-lançamento do próprio Moore. Isso tornou o lançamento maior do que o fim de semana de estréia de *Os Incríveis*, da Pixar, que, com 70,7 milhões de dólares, teve os melhores três dias de estréia da Disney até hoje (segundo o Reveries.com).

Respire fundo e pense um pouco a respeito. Agora continue a jornada comigo, mantendo os olhos e a mente abertos. Os games são, *sem a menor dúvida,* o gigante adormecido entre as estratégias não tradicionais de marketing.

Hoje o típico DVD ou filme de Hollywood é lançado simultaneamente com a versão para videogame, e por uma razão: as revistas de jogos ajudaram a preservar a vida da agonizante indústria da imprensa (pelo menos em termos de atingir um público leitor masculino mais jovem). Grandes bandas de rock como o Green Day e o Hoobastank emprestam canções ao *Madden 2005*; celebridades do cinema (como Jean Reno[1] em *Onimusha 3: Demon Seige*) recorreram ao poder dos games para ressuscitar, alavancar ou faturar sobre seu prestígio.

---

1. Sua filmografia inclui *O profissional* (lançado em 1994), *O código Da Vinci* (lançamento em 2006) e *A pantera cor-de-rosa* (lançamento em 2005).

Sob muitos aspectos, os games são a utopia convergente de várias das abordagens descritas neste livro: entretenimento com marca + Internet + comunidade + música/telefonia móvel — já está entendendo? E todavia, eles têm sido marginalizados e reduzidos à supersimplificação em matéria de compreensão e prática.

O termo *advergaming* ("publicidade nos games") vem sendo empregado de forma tão equivocada quanto Madison + Vine™ (copyright da *Ad Age*) e tornou-se quase um artigo de praxe a ser ticado em algum *Maquilagem de comerciais para bobocas*, voltado aos marqueteiros inseguros.

Os games são provavelmente a mais canibalesca de todas as formas de mídia atualmente em campo, pois usam a tela da TV — e quanto maior e mais plana, melhor. Há uma certa ironia no fato de que o próprio televisor seja um condutor e receptáculo das experiências com games, mas quando o videogame é ligado, a TV (aberta, a cabo ou outra) sai do ar. De acordo com o IDC, 85,8% dos jogadores indicam que seus videogames ficam permanentemente conectados à TV.

Conforme os videogames vão caindo de preço, a capacidade dos jogos explode em valor e nível de envolvimento. A realidade virtual, os games em rede (com outros jogadores via Internet), os games personalizados e — o maior de todos — os games para múltiplos jogadores em realidade virtual e preço *premium* proporcionam um estonteante conjunto de aplicações, alternativas e derivações. Os consoles móveis são verdadeiros minicomputadores, atulhados de cores, vídeos com movimentação perfeita, um som que é uma paulada e conexões Wi-Fi. O PlayStation Portable (PSP) pode muito bem desferir um golpe fatal na indústria da publicidade por outdoors.

O agonizante comercial de 30 segundos é como um lançador veterano que, francamente, já devia ter pendurado as chuteiras há muito tempo, mas persevera com teimosia, embora seu histórico seja manchado a cada vez que ele põe o pé em campo. Para agravar sua condição física combalida e derrocada, há o triste fato de que sua defesa (leia-se: conteúdo; ver TV realidade) já não é capaz de protegê-lo da *Blitz* incessante das mudanças na forma de consumidores e tecnologia emancipados.

Uma metáfora e meia mais tarde, o fato é que a carestia de bom conteúdo na televisão tem tanta culpa quanto qualquer um dos fatores discutidos mais acima (desordem, criatividade, ingenuidade) pela pressão que vem recaindo sobre o comercial de 30 segundos, e os games se tornaram em pouco tempo uma alternativa digna e temível a qualquer forma de drama, comédia ou suspense, com suas programações originais em DVD/vídeo e seus enredos bem elaborados.

Em muitas exceções, estamos vendo o impacto e a influência comportamentais dos games sendo explorados pelo próprio comercial de 30 segundos. Dois exemplos que vêm à mente são a Volvo e a impressionante Michael Vick Experience. A Volvo ficou tão impressionada com o desempenho de seu modelo S40 no *Ralli-Sport Challenge 2,* da Microsoft, que usou clips do game para criar um comercial de 30 segundos (ver Figura 12.1). A Michael Vick Experience (tão boa que teve de ser ampliada para 60 segundos, embora merecesse 600), levada até vocês pela Nike (e por quem mais?), aposta na premissa dos games de que os fãs fariam praticamente tudo para experimentar vicariamente a emoção e a alegria de "estar no jogo" — sobretudo existencialmente, por meio de seu herói. Nessas linhas, a Disney criou um novo parque temático chamado Michael Vick Experience, que permite aos fãs da National Football League sentir a adrenalina de cruzar 148 jardas e marcar um *touchdown* na pessoa do lançador do Atlanta Falcons. Outro exemplo é o *Tom Clancy's Splinter Cell Pandora Tomorrow* (lançado pela Ubisoft Entertainment), em que os jogadores fazem uso de uma série de telefones móveis da Sony Ericsson para cumprir sua missão. Isso é o que eu chamo de posicionamento de produto!

Figura 12.1 Um casamento cultural entre os games e a publicidade.
Cortesia: Volvo Cars of North America, LLC.

Se antes os game designers tinham de pagar pelos direitos de expor uma marca, hoje a coisa funciona ao contrário. Em *NASCAR 2005: Chase for the Cup,* da Electronic Arts, a P&G teve a oportunidade de lançar uma nova linha de produtos (a Mr. Clean AutoDry) no espaço dos games. A integração, que incluía as placas de sinalização, o patrocínio do cronômetro, uma equipe de boxes destravável do Mr. Clean e o recurso "crie um carro", foi muito bem aceita por todos os jogadores, aumentando o realismo do game e alinhando-se bem com a experiência de jogo (ver Figura 12.2). Todos os principais indicadores, incluindo a consciência e a aprovação da marca, a intenção de compra e a recordação específica do game, tiveram aumentos significativos.

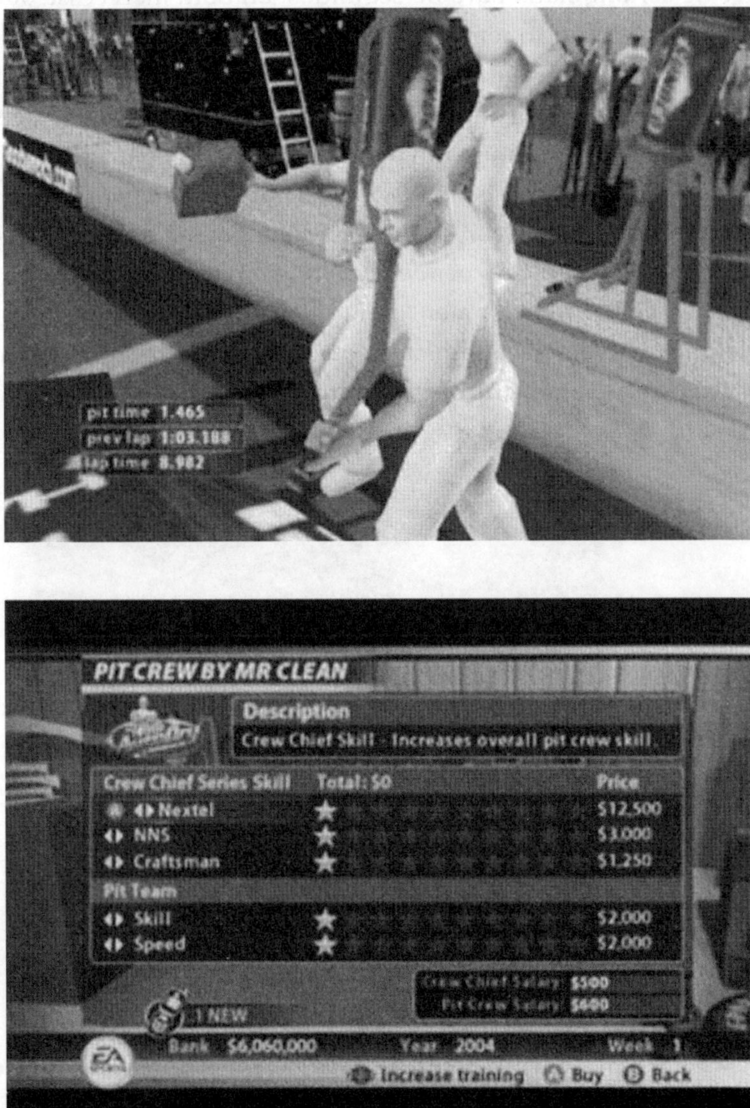

Figura 12.2 A integração NASCAR/Mr. Clean.
Cortesia: Procter & Gamble; NASCAR, Electronic Arts (EA).

É muito possível que você (leitor) não faça idéia do eu estou falando. Você não jogou *Riven, Myst, Doom, EverQuest* ou *The Sims* — online, offline, na estrada ou em seu covil. Você está se prestando um desserviço, e tenho um antídoto: da próxima vez que seu filho ou filha estiver jogando PlayStation ou Xbox, tire um tempo para sentar, observar e aprender:

- você verá uma submissão total, salvo que ela é tudo, menos passiva;
- você verá um tipo de atenção que se afastou, sem licença e por muito tempo, das grandes redes de TV;
- você experimentará, por associação, o tipo de envolvimento e lealdade com que sonha para sua marca, mas que até agora o despistaram.

Os games não são nenhuma novidade. Dos dias do *pinball* ao *Pong*, de *Asteroids* e *Space Invaders* à era do Atari, do surgimento da Nintendo e da Sega aos dias de hoje, em que o PlayStation e Xbox dominam o mundo, os games evoluíram e se tornaram uma alternativa viável a todas as formas de entretenimento.

Como fica óbvio, o ingrediente ativo tem sido a tecnologia, e as capacidades exponencialmente crescentes do catalisador tecnológico criaram experiências cinematográficas, gráficos tridimensionais de tirar o fôlego, som ambiente, vídeos com roteiro e, mais recentemente, cenários em rede.

A tecnologia, porém, não é a única contribuinte.

A ascensão dos jogos deve-se tanto ao consumidor como ao produtor ou engenheiro. A demanda determinou de perto a oferta, e neste caso trata-se da demanda por uma audiência ativa ou uma experiência participativa. Num game de esportes, o consumidor pode virtualmente ser a bola; num novo jogo de *Guerra nas Estrelas*, ele pode representar qualquer um dos lados (o bem ou o mal, Luke ou "Eu sou seu pai"), em qualquer batalha jamais ocorrida na saga de *Guerra nas estrelas*. É essa abrangência de opções que torna a proposta geral tão atraente. É deslumbrante contemplar a atenção aos detalhes — não somente na inclusividade que permite tomar parte em qualquer batalha, mas também na concepção, no *layout* e nas nuanças das cenas de combate. Não se iluda: esses não são os produtos exagerados de programadores entusiastas presos num calabouço ou numa torre de marfim (olha aí uma idéia dos games). Os jogos não estão equipados com acessórios desnecessários ou opcionais. Os consumidores de hoje exigem esse nível de valor na produção. Eles esperam dos produtores dos jogos nada menos do que a escolha total.

Essa atenção aos detalhes também se aplica à publicidade. Numa versão mais antiga de *Triple Play*, o Yankee Stadium não tinha um anúncio da Budweiser brilhando entre os *innings*; não havia anúncios do Fleet (atual Bank of America), nem da Kodak, nem da Utz Potato Chips. A experiência de jogo era pouco convincente, e parecia artificial. Compare isso com o game de futebol *FIFA*, da EA, no qual anúncios da Sharp, da Cannon e da Fly Emirates dão toques vitais de autenticidade à experiência de jogo, pois reproduzem a realidade (ver Figura 12.3).

O problema, evidentemente, é que os profissionais de marketing e seus asseclas na Madison Avenue ainda precisam reconhecer a qualidade e a quantidade das impressões causadas pelos games. E organizações como a Major League Baseball ou a National Football League — que multou Jake Plummer por usar um decalque irregular em homenagem a seu ex-colega de equipe Pat Tillman, morto no Iraque — estão encalhadas no inferno dos direitos (um inferno de sua própria criação), impedindo a veiculação natural da propaganda, que pela primeira vez na história tem seu espaço e é bem-vinda.

Figura 12.3 Propaganda autêntica é bem-vinda nos games.
Cortesia: *FIFA*, Electronic Arts (EA).

Se acha que estou envolvido demais, engana-se. Sou um novato em matéria de games, mas reconheço o impacto e o potencial tremendos que eles podem oferecer a marcas em apuros. Músicos e atores já começaram a se dar conta disso. O mesmo vale para os estúdios que trabalham febrilmente para lançar de forma simultânea (ou com pouco intervalo) filmes, DVDs e games, no intuito de colher os evidentes benefícios de extensão da marca.

Esse estado de coisas é sublime: a propaganda como convidada bem-vinda. A propaganda autêntica.

Misture games e publicidade, e *é muito possível que o patrocínio seja completamente renegociado, redirecionado e reavaliado com base na visibilidade do game*, mais do que nas meras impressões estáticas de uma série de eventos físicos tipo liga-desliga e/ou da audiência de filmes.

Os games já estão muito mais penetrantes na Web; entretanto, eles se tornaram ao mesmo tempo um adorno para marqueteiros — um clássico exemplo de fazer alguma coisa simplesmente porque ela *pode* ser feita. Criam-se "advergames" mancos (para usar o jargão dos jogos) que permitem que os consumidores (muito provavelmente funcionários da própria empresa que os comissiona) façam coisas tais como controlar o dançarino maneiro dos comerciais do Kmart. Uma soneira!

Dito isso, games simples, como o "anúncio" do Orbitz com um minigolfe de três buracos, são viciantes e envolventes. Por alguma razão, eu insisto em comprar minhas passagens aéreas no Orbitz...

Outros marqueteiros criam jogos supersimplificados que causariam desgosto a qualquer um dos irmãos Mario — pôr um cartaz da Coca-cola no segundo plano parece ser a "grande idéia" do momento. Sim, isso é expor o velho marketing no formato do novo — e é como assistir a um episódio de *Leave It to Beaver* numa TV Land de alta definição.

Entretanto, qualquer coisa é melhor do que nada, e o grau de envolvimento e interatividade, bem como os fatores de entretenimento e engajamento que acompanham inerentemente os jogos, são bens valiosos.

Por Que os Games? Por Que Agora?

Isso exige um ponto de prova em cinco partes:

1. Seus consumidores estão lá.
2. Eles estão investindo mais tempo.
3. Eles se envolvem ativamente (e são receptivos à publicidade *autêntica*).
4. Eles são um público de qualidade (dica: pagam pelo conteúdo).
5. Os games estão dando certo.

Os games já não são mais um negócio para fanáticos de cara cheia de espinhas. O viés ainda é masculino, mas não se deixe enganar por estereótipos como este. *Get Up and Go*, um game de perfis de viajantes no site da Chrysler, atraiu 40 mil jogadores na primeira semana, com idade média de 45 anos, sendo que 42% dos usuários eram mulheres. De fato, segundo um relatório feito pela Opinion Place, são as mulheres acima de 40 que passam mais tempo por semana jogando games online — 9,1 horas, em comparação com 6,1 de suas contrapartidas masculinas.

De acordo com uma pesquisa do IDC, o jogador médio joga 3,7 dias por semana e passa em média 2,5 horas por dia com games. São 6,2 horas por semana, comparadas com as 7,9 horas da TV aberta e 8,8 horas da TV a cabo.

O jogo médio para console leva cerca de 40 horas para ser concluído e, como um bom livro, é muito difícil de largar depois de iniciado. Seu nível de envolvimento exclusivo fica prontamente óbvio nos incontáveis painéis, blogs e comunidades da Internet dedicados a dicas, atalhos, códigos e compartilhamento de experiências em geral.

Apesar de sua resposta à velha mídia, os consumidores estão muito dispostos a abrir mão de seus laboriosos dólares para participar em games oferecidos por gente de marketing — e também a comprar os jogos, por cerca de 50 dólares a unidade.

Talvez a última palavra (não confundir com o Ultima) em games online em massa para múltiplos jogadores (MMO) — não estou brincando, isso existe — seja o *EverQuest*, a aventura online que requer, além da compra do jogo, uma assinatura mensal de 14,95 dólares. O *EverQuest* original — juntamente com seus vários pacotes de extensão — vendeu mais de 2 milhões de cópias, e em seu pico teve mais de 118 mil assinantes jogando simultaneamente[2]. O *EverQuest II* chegou às lojas bem a tempo (ufa!) para a temporada de férias de 2004.

Ainda mais incrível foi um fenômeno em que os jogadores criavam personagens nesse mundo virtual e em seguida os trocavam ou vendiam no mundo real. Eis um anúncio que encontrei no eBay:

> Rogue no nível 62 no servidor da BB. Ele tem estilo épico e bacana. Tem 250 técnicas para preparar venenos. Todas as expansões, inclusive LoY. Ele vem marcado para PoV/PoS. Está sem equipe há 8 meses (só à espera de ação). É bem visto e tem boa demanda nos grupos. Você não lamentará o investimento. Vendo por 450 dólares. Obrigado e boa sorte desde já.

Com base num estudo de milhares de leilões realizados com os itens e a moeda corrente do *EverQuest*, Edward Castronova, professor associado de Economia na Universidade do Estado da Califórnia em Fullerton, concluiu que os jogadores

---

2. Fonte: Press Release da Sony Online Entertainment, julho de 2004.

têm um ganho médio de 3,42 dólares para cada hora de jogo, e produzem coletivamente uma "exportação" bruta anual de mais de 5 milhões de dólares[3].

A Intel ganhou entrada no jogo Sims Online (que também funcionava por assinatura). Além de uma abundante cobertura na imprensa, uma pesquisa de satisfação dos clientes em abril de 2003 revelou que 37% dos participantes do *The Sims Online* (TSO) compraram um computador com processador Intel para si mesmos, enquanto que 66% usaram um computador assim enquanto jogavam *Sims*.

A Brecha Crescente — Se Ligue ou Fique de Fora

A Madison Avenue está sozinha no píer, vendo o cruzeiro luxuoso que são os games sumir no horizonte. A discrepância entre o investimento em marcas no mercado e a renda gerada a partir dele (em termos de unidades vendidas ou assinaturas) fica às raias do imperdoável e inaceitável.

Deixe que seus filhos o ajudem a ver a luz. E se você não tiver filhos (ou eles não o deixarem entrar em seu quarto), arrume alguns... ou, como alternativa, desafie sua agência ou seus parceiros de marketing a criar uma demo para você. É esse o tipo de grupo de discussão que você precisa promover, e não aqueles grupos de pesquisa interesseiros, com sua percepção seletiva de xarope contra a tosse, que você tanto adora freqüentar em suas façanhas no Multicity.

Ninguém pode simplesmente se dar ao luxo de ser um retardatário nessa nova e explosiva forma de entretenimento. E, sabendo disso ou não, provavelmente já está voltas atrás. Todas as outras grandes categorias perceberam que os games detêm as chaves da longevidade (ou pelo menos da prosperidade a curto ou médio prazo). Músicos, atores, produtores e diretores estão todos se pendurando para subir nesse barco.

Isso me lembra de um clip do velho programa *Benny Hill*. O painel dizia:

A Longa Jornada
Você já leu o livro
Viu o filme
Comprou a camiseta
Agora... coma a torta!

Neste caso, podíamos mudar a mensagem para: "Agora... jogue o game!".

3. "*EverQuest* spins its own economy", 25 de janeiro de 2002, em www.news.com.

Entretenimento Interativo: O Novo Horário NOBRE

Karen Schulman, vice-presidente de Marketing & Vendas em Lançamentos Globais da Electronic Arts (EA)

Os jogos para videogame transcendem o lazer de seu filho e constituem uma plataforma universal de mídia tão penetrante quanto a televisão, e mais conectada aos consumidores finais; entretanto, eles são relativamente inexplorados pelos profissionais de marketing. Numa era de mídias polivalentes, é hora de acrescentar ao universo do marketing o entretenimento interativo, uma plataforma que vem conquistando o coração e a mente dos consumidores globais.

Se as afirmações acima são ousadas, os números falam por si mesmos, indicando que a indústria do entretenimento interativo (também conhecido como videogame) desempenha um papel significativo na vida das massas hoje em dia. No período até 2009, a indústria crescerá de 23 bilhões de dólares em rendas globais e 108 milhões de jogadores nos Estados Unidos acima dos 13 anos para 32 bilhões de dólares e mais de 126 milhões de jogadores (DFC Intelligence, setembro de 2004, e Yankee Group). Os jogadores em geral jogam em média 75 horas por ano (PricewaterhouseCoopers, maio de 2003). Não somente o tempo e o comprometimento financeiro superam os de outras opções de entretenimento, como os games têm uma vantagem exclusiva que os põe acima de qualquer outra mídia para atingir esse consumidor: a interatividade. Basta entrar na lan house mais próxima e você verá o PC na Web, o MP3 tocando, cinco janelas de bate-papo ativadas no Instant Messenger, o jogo de esportes ligado e um game em ação ao vivo — e a mentalidade dominante é certamente a do jogo!

O que isso significa para o marketing no futuro, e o que tem a ver com você? Primeiro, os jogadores sempre vêm acima de tudo; eles compram o entretenimento, e, se sua experiência for considerada um Santo Graal, o produtor e o publicitário igualmente atingirão suas metas. O bom marketing no espaço dos jogos requer um mergulho no mundo dos jogadores — de maneira relevante e marcante — enquanto eles estão em ação. Estamos testemunhando a exploração dessa experiência de três maneiras principais: integração das marcas, marketing opcional e games online.

Em primeiro lugar, no que diz respeito à atual geração tecnológica (Xbox, PS2 e GameCube), os games oferecem aos profissionais de marketing a chance de imergir sua marca e/ou produto no conteúdo do jogo. Para além do posicionamento de produto no cinema, em que o ator agarra uma garrafa de Coca-cola por poucos segundos e é visto geralmente uma vez só, a integração de marcas nos games permite o envolvimento do consumidor durante todo o período de propriedade do jogo, em geral 12 meses ou, em média, 50 horas ou mais. Tais integrações incluem um misto de elementos que vão desde veículos de grande alcance, como cartazes e anúncios na mídia, até o valor adicional do patrocínio dentro do jogo. Finalmente, recursos sedutores como personagens, faixas e fases destraváveis convertem o profissional de marketing de propagandista em provedor de conteúdo exclusivo, graças à rara, mas poderosa, integração dos produtos. Atualmente, tanto os produtores como os publicitários estão se beneficiando com esse modelo de publicidade, que só tende a crescer conforme a indústria continuar introduzindo métodos melhores de auditoria e a possibilidade de mudar dinamicamente a mensagem dentro do jogo após o lançamento em varejo.

Além disso, conforme os jogos continuarem a crescer nas atuais plataformas e nas da próxima geração, o marketing terá a oportunidade de utilizar métodos de habilitação opcional para satisfazer as exigências de conteúdo dos jogadores. Uma vez que os produtos do entretenimento interativo crescerão em profundidade e alcance, os produtores lançarão jogos para oito ou mais plataformas, inclusive a online e a móvel. Os jogadores terão acesso ao entretenimento mediante várias plataformas, momentos, locais e preços, e o resultado é um modelo de publicidade opcional que proporciona aos profissionais de marketing um canal de marketing direto, graças à oferta gratuita ou módica de ricas experiências de jogo em troca da autorização do consumidor de receber o marketing. Similarmente à campanha Pepsi Stuff, ou mais recentemente ao programa Sony Connect, do McDonald's, os jogadores farão assinaturas para satisfazer sua insaciável fome de conteúdo exclusivo, e se eximirão alegremente de pagar 1, 5 ou 25 dólares pelo conteúdo aprimorado, autorizando as mensagens do marketing. Ao interagir com o anunciante A, o jogador pode baixar o personagem mais recente do jogo, receber um convite para o maior dos torneios online, ou destravar o mais recente toque de telefone no jogo. Os jogadores acabarão se habituando a pagar por essas microtransações, mas procurarão sem dúvida o conteúdo exclusivo dos patrocinadores, além de produtos maiores oferecidos gratuitamente, via assinatura, por sua marca favorita (ou que logo o será).

Por fim, os games online incluem os jogos para consoles com conexão de banda larga, os RPGS em massa para múltiplos jogadores em PC e os jogos rápidos e gratuitos da Web. Embora cada um deles ofereça graus variados de benefício ao anunciante, e os jogos da Web sejam atualmente os mais valiosos graças ao mero tamanho do público e ao tempo gasto com os games, é o console conectado que promete um crescimento explosivo — além de ser um espaço singular no mundo do videogame com grande semelhança com a mídia tradicional. Nas atuais conjunturas, menos de 10% dos jogadores de Xbox e PS2 estão conectados, e nem todos os conectados jogam ativamente online. Isso mudará fundamentalmente com as tecnologias do Xbox 2 e do PS3, que facilitarão o processo, com o crescimento da penetração da banda larga e o avanço dos recursos para o jogo online. Esse espaço, embora seja atualmente pouco definido, constituirá no futuro um ambiente que explorará a progressiva atração dos games, a comunidade e a freqüência do futebol imaginário e os usuais indicadores de mídia na Internet... Fique de olho nas novidades!

Está claro que os games oferecem aos profissionais de marketing um meio que explora imagens, som, movimento e interatividade para cativar as massas, num acréscimo viável ao universo do marketing. Os consumidores polivalentes exigirão que o marketing chegue a eles da maneira que escolherem e represente um valor a mais, e não um estorvo. Se fizermos disso nossa bússola, com certeza teremos sucesso.

13

Conteúdo sob Demanda

Uma das maiores mudanças (conforme descrita no capítulo 18, sobre os buscadores) é a do empurre para o puxe. Parece bastante simples, mas na prática é o equivalente de engatar a marcha ré com o carro em movimento (observação para os marqueteiros: não tentem isso em casa). Os resultados são catastróficos, e o único procedimento viável para mudar de direção é frear totalmente, dar meia-volta (ou fazer três manobras, numa abordagem gradual) e então mudar de marcha.

Num reino diferente mas também relevante, é essa a razão por que empresas como a JetBlue tiveram sucesso, enquanto suas rivais estabelecidas não tiveram. Na verdade, a brecha entre a JetBlue e, digamos, a Continental ou a United já não envolve graus de melhoria; envolve, sim, a franca diferença entre o sucesso e o fracasso. Os marqueteiros, produtores e agências que ainda acham que o mundo em que vivemos é governado por programas de TV obrigatórios são provavelmente passageiros inveterados e orgulhosos da US Airways, e é bom que pensem logo em usar suas milhas de bônus.

Horário Nobre = Meu Horário

O comercial de 30 segundos deve sua existência à infame agregação em massa de globos oculares. Isso talvez soe como um episódio de *Fear Factor*; e a comparação, na verdade, é bastante profética. Como publicitários, devíamos ter percebido que estamos plantando as sementes de nosso próprio fim, ao desumanizar nossa audiência e reduzi-la a nada mais do que pares de olhos — mas essa é uma história para um outro dia...

Há poucos anos, a NBC apareceu com o engenhoso conceito da "Must-See TV" [TV Imperdível]. Com base no sucesso das pesquisas, eles determinaram que a quinta-feira à noite na NBC = "Must-See TV", e em seguida se empenharam em nos doutrinar com essa máxima a todo momento possível. Hoje a NBC já não faz essa afirmação, mas o mais importante é ninguém mais faz (apesar do que a CBS possa dizer).

A proposta de valor ultra-simplória de que a maioria dos lares americanos assiste a até seis emissoras (CBS, NBC, ABC, Fox, UPN, WB) — embora na verdade eles só assistam a 3 e meia — entre as 8h e as 10h da noite, de segunda a quinta, com uma queda na sexta-feira e outra maior nos finais de semana, está em triste necessidade de ser re:pensada. Mesmo as estatísticas demográficas — linguagem universal do negócio das comunicações — não sustentam a fantasia de que domicílios em massa se amontoem ao redor daquele caixote na sala de estar em horários predefinidos.

O subgrupo mais afluente da base de consumo tende antes a possuir múltiplos dispositivos de mídia, de aparelhos de DVD a caixas de DVR, de consoles de videogame a media centers. Eles também tendem a ser assinantes de serviços de VOD (vídeo sob demanda) e/ou de serviços de filmes por subscrição, como a Blockbuster ou o Netflix. Mais que isso, eles tampouco se amarram à TV, dando vazão a seu apetite por entretenimento indo à ópera, ao teatro ou ao cinema.

Se alguém achar que esta gama de opções de mídia se limita à classe superior, muito se engana. O preço de todas essas opções concorrentes, com a possível exceção dos filmes, só está caindo. Um aparelho de DVD custa menos de 40 dólares no Wal-Mart. Um DVR da TiVo pode ser comprado no eBay por menos de 100 dólares. A Blockbuster e o Netflix estão engajados numa guerra mortal que vem causando uma maciça pressão pela redução da diária dos filmes.

E não nos esqueçamos dos verdadeiros Golias lá fora — as companhias a cabo —, que têm linha direta e contas abertas para quase todos os lares dos Estados Unidos que vêm ao caso (pelo menos para a nossa conversa). As mensalidades do cabo tornaram-se pouco a pouco uma despesa alarmante, em resultado dos pacotes com serviços *premium* adicionais como a HBO, o VOD, a funcionalidade em DVR, os modems a cabo e, muito em breve, a pia da cozinha. Todos esses pagamentos e assinaturas adicionais se somam, e, se alguém acha que os americanos não podem pagar por tais serviços, está esquecendo que esta é antes de mais nada uma sociedade de mídia e uma cultura econômica que se erigiu nos alicerces da dívida.

No outro extremo do espectro, há uma população que vem trabalhando mais do que nunca — especialmente nessa época de facões generalizados. Muitos têm dois ou mais empregos só para pagar a dívida do cabo (estou brincando, mas não muito). Para complicar as coisas, há o fato de que os consumidores estão famintos por atenção, sentem-se impacientes e sofrem de DDM (distúrbio do déficit de mídia); por isso, em vez de se concentrarem num único meio num dado horário por um período prolongado, eles ligam o modo multitarefa e se entregam a uma frenética audiência não linear. Por exemplo, podem ver três ou quatro programas ao mesmo tempo no DVR, com o Wi-Fi ligado o tempo todo e o laptop de banda larga ao alcance da mão.

Como quer que se prefira encarar as coisas, os consumidores de hoje têm a motivação e as ferramentas para consumir conteúdo e/ou mídia segundo seus próprios termos, seja chegando em casa às 10h00 da noite depois de um turno dobrado, seja relaxando numa manhã de sábado para tirar o atraso nos episódios semanais de *The Bold and the Beautiful* (que, sem os comerciais, perfazem aproximadamente 60 minutos, e não as duas horas e meia de veiculação no ar).

Discutirei apenas algumas das mais proeminentes alternativas de conteúdo sob demanda hoje existentes, com algumas reflexões sobre sua implicações para o marketing (e não são boas).

O DVR: DONA MORTE VEIO EM BUSCA DOS BOIS GORDOS

Os trekkies que estiverem me lendo, por favor levantem as mãos.

Agora podem abaixá-las.

Cuidado com os Borgs! E deixem-me dizer que, quando o assunto é resumir as mudanças sísmicas que ocorrem no território sob demanda, *a resistência é fútil. Você já não está no comando*. O DVR, liderado pela TiVo, representa um novíssimo paradigma que já transformou o modo como vemos e consumimos a TV.

O mais alarmante é o modo como os marqueteiros zombaram da potencial devastação que essas mudanças comportamentais terão em seus negócios, pois elas não tinham "alcance".

Esse já não é o caso.

Um estudo da Forrester ajudou recentemente a revelar a escrita na parede: quando os DVRs chegarem a 30 milhões de domicílios nos Estados Unidos, os anunciantes responderão cortando os gastos com comerciais de TV... em até 40%. Esta não é uma fábula de Robin Hood em que os ricos (as emissoras em rede) são roubados para favorecer os pobres (a TV a cabo): é algo que está acontecendo por toda parte. Todos — ou quase todos — perdem.

A Figura 13.1 revela a crucial aceitação, por parte da comunidade de anunciantes, de que o agente marginal tornou-se um fenômeno da indústria e vem sendo levado a sério — pela primeira vez.

Feitas todas as contas, 75% dos líderes da indústria publicitária entrevistados acreditam que a tecnologia dos DVRs terá um impacto *significativo* na regra do comercial de 30 segundos. Um em cada cinco acredita hoje que a proposta do DVR culminará na morte expressa do comercial (um aumento em relação aos 13% de 2003). Os outros 55% ainda discutem se o comercial de 30 segundos permanecerá a pedra angular da publicidade na TV, mas eu acredito que isso é esperança vazia no melhor dos casos e gabolice idiota no pior.

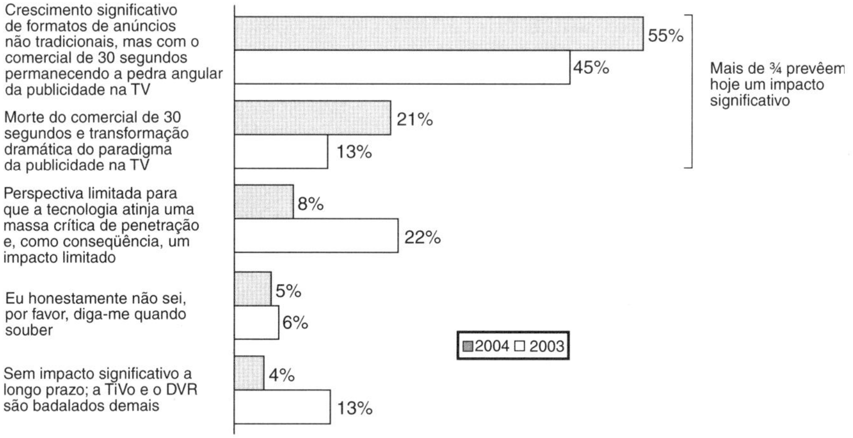

Figura 13.1 Impacto previsto da tecnologia do DVR sobre o comercial de 30 segundos na TV. *Fonte:* Pesquisa da AAF com líderes da indústria na *Advertising Trends 2004*, preparada pela Atlantic Media Company.

Como mostra a Figura 13.2, 54,3% dos entrevistados do In-Stat/MDR que pulam comerciais admitem pular 75% ou mais deles. Em geral, 68,2% da amostra admitiram (a palavra central é "admitiram") pular comerciais, ao passo que 82,8% dos interessados em DVR (aqueles que indicam sua intenção de comprar o sistema) informaram que pular comerciais está em sua lista de coisas a fazer. A implicação é que a intenção de pular comerciais, por parte de adeptos precoces e da maior parte do grande público (segundo a curva de difusão/adoção de Rogers), é hoje uma prioridade maior do que havia sido com os inovadores. Isso é tenebroso para os profissionais de marketing.

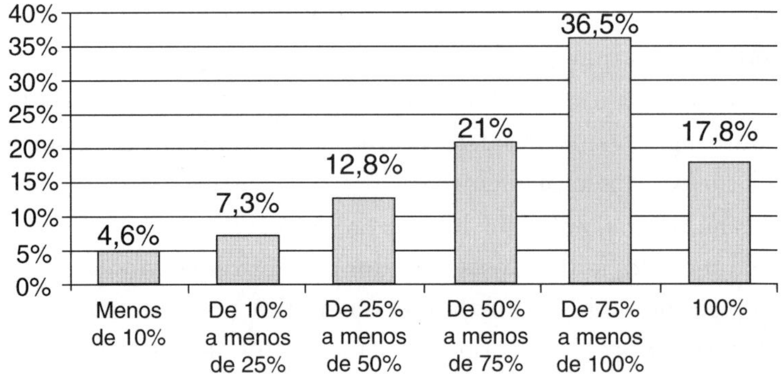

Figura 13.2 Porcentagem de comerciais pulados no DVR.
Cortesia: In-Stat/MDR.

O que você talvez não saiba, contudo, é que os usuários de gravadores de vídeo digital (DVRs) estão *mais inclinados* a ver televisão — tanto em rede como a cabo — *graças* a sua habilidade de controlar a experiência. De acordo com a In-Stat/MDR, existe uma relação causal entre a propriedade de um DVR e a propensão a ver mais TV, o que não se converte nem remotamente em aumentos proporcionais no consumo de comerciais.

O que Veio Primeiro? O Ovo ou a Galinha?

A tecnologia (neste caso a habilidade de pausar a TV ao vivo e pular comerciais) emancipou o consumidor ou foi o consumidor emancipado que permitiu o nascimento da tecnologia?

A resposta é ambivalente: "E daí?" e "Ambos".

A realidade é que os telespectadores têm pulado comerciais desde muito antes de possuírem controles remotos. O DVR não fez mais do que formalizar um processo mais eficiente para os saltos e possibilitar sua mensuração.

Eu vejo o fenômeno TiVo como algo inevitável num mundo governado e catalisado pela tecnologia. As reações dos consumidores e sua paixão pela TiVo são evidência clara de que a semente de tal sistema já fora plantada muito antes de a caixinha aparecer em nossas portas.

Um bom exemplo da paixão das pessoas por seu aparelho da TiVo pode ser encontrado em www.tivocommunity.com. O site se abre com a ressalva "Esteja ciente de que este site não é operado pela TiVo, Inc.". Mas é difícil não suspeitar de que a TiVo esteja pagando a taxa do servidor. O site inclui a seção "TiVo Community Meets" ("A Comunidade TiVo se Encontra"), onde os entusiastas podem trocar histórias e experiências com outros usuários da TiVo e oferecer dicas, truques e conselhos sobre a experiência de telespectador. Mas a função primária do site é servir de ponto de encontro para pessoas de mentalidade afim e com um senso de comunhão fundado na tecnologia. De acordo com o GoDaddy.com, o nbccommunity.com ainda está disponível!

Estamos testemunhando o nascimento de uma nova forma de segmentação, pela qual os consumidores, em vez de serem classificados segundo critérios demográficos ou até psicográficos, são agrupados com base na mídia que consomem (TiVo, iPod etc.). A tecnologia TiVo não criou esse segmento; foi a *marca* TiVo que o fez — e que marca poderosa ela é!

Um aspecto da tecnologia TiVo que une seus usuários é seu prático botão para saltos de 30 segundos. O fabricante lhe dirá que isso não existe, mas membros orgulhosos da comunidade descobriram um código que ativa essa função e o postaram na Web. Eis como funciona. Digite esta seqüência: Select, Play, Select, 30, Select. Seu botão de avanço rápido torna-se então um botão para saltos de 30 segundos, e é possível saltar um bloco de oito comerciais em cerca de um segundo. (Esse tipo de informação também está disponível em livros como *How to Do Everything with Your TiVo* [Como fazer qualquer coisa com seu TiVo], *High Tech Toys for Your TV: Secrets of TiVo* [Brinquedos de alta tecnologia para sua TV: Segredos da TiVo], *Replay TV* [TV Reprise], *Ultimate TV and More* [A última palavra em TV e mais] e, evidentemente, o *TiVo para Dummies*.)

Além do salto de 30 segundos, os usuários da TiVo geralmente descobrem por conta própria que, se começarem a ver um programa entre 5 e 10 minutos depois do início previsto, poderão saltar *todos* os comerciais e ainda chegar ao fim juntamente com todo mundo.

Por exemplo, nas "imperdíveis" noites de quinta-feira na NBC, digamos que o telespectador "não possa perder" nem um teco da programação, desde *Joey* até *ER* — em outras palavras, das 8h às 11h da noite. Presumindo além disso que haja 17 minutos de comerciais para cada hora de programação (segundo o *2001 Television Commercial Monitoring Report*), o indivíduo poderá começar sua experiência "imperdível" às 8h51 e, mesmo assim, concluí-la às 11h.

Que os consumidores percebam que derrotaram o sistema é o mais emancipador de todos os atos. Nesse sentido, a TiVo é virtualmente uma máquina do tempo, pois restitui a seus usuários aquilo de que eles precisam acima de tudo: tempo. O consumidor em nosso exemplo ganhou quase uma hora extra — tempo suficiente para conversar com a esposa, sentar-se com os filhos para ajudá-los na lição de casa, ou ver mais TV (pré-gravada e sem comerciais).

A TiVo não ensinou aos consumidores qual é seu melhor recurso. Eles descobriram sozinhos e se orgulharam de compartilhá-lo, sobretudo via Web.

Adeus, TiVo: Nós Mal a Conhecemos

A TiVo poderia perfeitamente acabar nas mãos da Apple, do Google, da Comcast (o mercado parece ter gostado da parceria distributiva anunciada em março de 2005, que elevou as ações da TiVo em 75% num único dia) ou de um exército de pretendentes salivantes. Uma coisa, contudo, é certa: independentemente de ela continuar batendo o próprio tambor ou de ser engolida por uma tropa de feras, a TiVo terá deixado sua marca.

Embora eu morra de amores pela marca e já tenha acrescentado em meu testamento que quero ser enterrado com minha caixinha da TiVo, acho que a empresa fez um trabalho de marketing medonho (como se verá em breve) e não poderá sobreviver num mercado em que uns poucos poderosos (Time Warner, Comcast, Cablevision etc.) ditam os termos da indústria. A decisão da TiVo de introduzir "banners no avanço rápido" (isso mesmo, banners ao estilo da Internet, o que soa tãããão 1994) foi recebida com vaias e descaso. Parece um remendo para o problema da sobrevivência a longo prazo, mas o usuário médio da TiVo fará as pazes com a idéia, especialmente se ela mantiver a empresa na ativa. Mais significativo é o serviço TiVoToGo™ que permitirá aos consumidores transferir suas gravações TiVo para o DVD ou para o PC.

Como má agouro para os consumidores, chegam rumores de Washington sobre a revisão da HR 2391 (a Lei de Proteção à Propriedade Intelectual) e da HR 4077 (A Lei de Educação e Combate à Pirataria), o que equivaleria a reescrever essencialmente as leis de direitos de reprodução em favor de Hollywood e das gravadoras, fazendo a doutrina da utilização justa recuar para a Idade Média. Isso mostra para todos nós que grupos de interesse especial de fato não exercem pressão alguma sobre nossos representantes eleitos. Pois é.

A legislação para tornar ilegal o salto de anúncios sugere que estamos fazendo algo errado. Como comentou o abalizado John McCain, senador pelo Arizona, "os americanos vêm gravando programas de TV e acelerando comerciais há 30 anos. Queremos realmente pôr pessoas na cadeia em 2004 por um comportamento que elas vêm tendo há mais de um quarto de século?". Ou talvez pudéssemos simplesmente criar peças de comunicação melhores, que não gritassem *"pule-me!"* para os telespectadores.

A TiVo tornou-se o padrão da categoria DVR e é sem dúvida uma queridinha dos consumidores. Desde o lançamento da MTV os consumidores não requeriam tão enfaticamente uma marca de mídia. E embora a MTV tenha mudado alguns elementos da cultura pop, a TiVo parece haver transformado toda a paisagem. Se você é usuário da TiVo, deve estar agora mesmo balançando a cabeça em confirmação de que, desde que conheceu a marca, não houve mais volta.

E todavia a TiVo é uma anomalia. Apesar de toda a paixão e lealdade que ela gera em meio a sua base de consumo, a inovação mais significativa na história da TV desde a invenção do televisor não conseguiu deixar uma marca indelével nas massas. Por quê?

Para início de conversa, alguns dizem que o preço ainda é muito alto para o público João e Maria. Há dois componentes no custo da TiVo: a paulada à vista, que sem dúvida continuará a cair, e a taxa mensal, que é marginal e certamente comparável ao custo do VOD ou de uma diária de lançamentos.

Talvez não seja tanto o preço em si como o custo incremental que assuste as pessoas. Alguém verificou ultimamente a conta de TV a cabo? A minha chega perto dos 200 dólares por mês (sem pornô, asseguro-lhes). Há também o fenômeno da "sobrecarga de caixas": uma típica estante de mídia hoje em dia parece mais a tela de um amador jogando Tetris do que um centro de entretenimento doméstico.

Além desses fatores, há o consenso de que o consumidor médio deve superar uma inércia profunda para adotar uma nova tecnologia como a TiVo. A tríade simples do liga/muda-canal/desliga do controle remoto usual dá lugar a uma explosiva variedade de opções que os consumidores costumam achar complicada demais.

Esses fatores seriam suficientes para explicar a relativa falta de sucesso da TiVo (e friso o *relativa*). Mas acho que há uma razão adicional: o marketing da empresa é uma porcaria. De início, eles seguiram as rotas mais tradicionais de publicidade — usando a televisão! É como pôr um anúncio na revista de bordo de um avião a hélice com a mensagem de que há maneiras mais seguras de voar.

Além disso, a visão que tinham dos consumidores (predicada num grupo de agências que não entendia nem a tecnologia nem a resultante proposta de consumo) era totalmente equívoca. Juro que nunca entendi por que as muitas agências da TiVo ou os gênios de marketing do escritório central não descobriram a visão correta, em vez de recorrerem ao decrépito e enlatado comercial de 30 segundos, apresentando um cenário exagerado e irrealista de um sujeito que tem de pausar um jogo de futebol antes da cobrança vital de um pênalti para disparar rumo à igreja e rezar para que o jogador acerte. Ironicamente, os esportes são a única categoria à prova da TiVo. Em vez da TV, a TiVo devia estar investindo num mix de marketing experiencial e gestão das relações com o cliente (CRM) — oferecendo treinamento, instalação *in loco*, workshops nas lojas e outras técnicas simples destinadas a superar a inércia, a tecnofobia e a confusão do consumidor.

Talvez o erro mais tosco tenha sido que a TiVo subestimou seu público e, com isso, aproveitou-se de sua lealdade. Reconhecendo que seus adeptos eram fervorosos, a empresa ofereceu descontos de alguns dólares por recomendações qualificadas feitas por sua base de consumo existente: "Sabemos o quanto você adora a TiVo; agora compartilhe seu amor falando dela para todo mundo". O problema é que não ofereceram nada mais em troca. Nenhum incentivo mensal. Nenhum desconto na compra de uma segunda caixa TiVo. Nenhuma barganha. Nada. Que ganância!

Por mais que eu adore a TiVo, simplesmente não consigo imaginá-la tolerando as pressões do panorama exponencialmente consolidante da mídia, especialmente agora que as companhias a cabo estão começando a parecer a Audrey II, de *A pequena loja dos horrores*, num dia ruim.

O Ponto sem Retorno

A possibilidade de mudar horários e converter o horário nobre no meu horário poderia ter conseqüências irreparáveis para o modelo de negócios que alimenta o comercial de 30 segundos. Para começar, se as pessoas estão vendo TV em momentos diferentes do dia ou dias diferentes da semana, como elas vêm sendo mensuradas e até que ponto estão sendo subcontadas?

Há uma boa forma de a TiVo vir ao socorro do lânguido modelo das redes: proporcionando os meios de efetuar esse tipo de contagem. Entretanto, os lados ruim e feio dessa capacidade são muito mais funestos. Não tardará até que os anunciantes mensurem com precisão o que foi *potencialmente* visto (definição tradicional de *alcance*) e o que foi *realmente* saltado (nova definição mercadológica de *conectar*). Com efeito, essa mensuração precisa e esse relatório acurado estão disponíveis hoje — e a TiVo pode produzi-los. É assim que podemos determinar que a "disfunção indumentária" de Janet Jackson no Super Bowl 2004 foi o momento mais reprisado em toda a história da TiVo.

Quando isso ocorrer, como acha que os comerciais de TV serão apreçados? Custo por milhar (CPM), como acontece hoje, ou custo por audiência (CPA)? Se eu for um anunciante, insistirei enfaticamente em pagar por audiências completas, ou calcularei algum custo predefinido para audiências parciais. Em outras palavras, uma rede ou uma estação a cabo não serão penalizadas por um trabalho de criação incapaz de prender a atenção do telespectador, e o anunciante simplesmente não terá de pagar por um comercial que, na prática, nunca foi ao ar.

Essa é uma situação que poderia fazer Pandora querer enfiar-se na própria caixa, mas é a realidade de fazer negócios num mundo midiático infundido de tecnologia.

A boa notícia é que é possível os índices de audiência dispararem graças ao "inventário reajustado" que considera aqueles telespectadores com horários alterados, reconciliando-os com o universo total de impressões potenciais ou disponíveis. De acordo com David Poltrack, da CBS, o acréscimo desses telespectadores ao público ao vivo de um programa quase que duplicaria os índices de audiência da maioria dos seriados das vinte grandes redes! No entanto, não há a menor chance de que esse reajuste compense a perda de receita resultante da pletora de impressões que serão totalmente saltadas.

Implicações para o Marketing: É Hora de se Alistar na Legião Estrangeira?

Eis aqui cinco realidades semiconsumadas da vida num mundo em que existem a TiVo e o DVR. Elas são oferecidas menos como um guia prescriptivo para ajudá-lo a agir melhor, e mais como um exame da realidade.

1. Se você achava difícil contar uma história em 30 segundos, tente agora em 3.

A fórmula testada e comprovada de contar histórias em 30 segundos é hoje detestada e reprovada. O comercial de 30 segundos virou, na prática, uma história em três capítulos: os primeiros 3 segundos, os últimos 3 segundos e os 24 segundos intermediários. Os 3 segundos das pontas (e acho que estou sendo um tanto generoso) são todo o tempo de que a marca dispõe para pôr seu proverbial pé nas portas da atenção do consumidor.

Outra variável que influencia a probabilidade de que um dado comercial chegue a ser considerado pelo consumidor é sua posição no intervalo. Antigamente, a primeira e a última posições em qualquer intervalo comercial eram tidas como as melhores. Agora, contudo, são os primeiros 3 segundos do primeiro comercial e os últimos 3 segundos do último comercial que têm supremo interesse. Essas posições funcionam como pontes entre o conteúdo e os comerciais, e tudo o que resta ao meio se arrisca a morrer por apatia e/ou pelo botão pular.

2. As mensagens terão de mudar para porem o pé na porta.

O que isso significa para as pessoas incumbidas de criar comerciais de 30 segundos? Para começar, o departamento de criação terá de se concentrar nos segundos iniciais e finais do comercial. Introduções intencionalmente ambíguas, destinadas a intrigar ou a despertar a curiosidade, podem desaparecer totalmente. Essa janela de oportunidades para provocar resultados inesperados exigirá sérios retoques para não ser saltada.

Da mesma maneira, o costumeiro tratamento dado ao final dos comerciais terá também de ser analisado e corrigido. O típico obscurecimento que destaca um logo, uma chamada, um número 0800 e/ou um site pode não bastar se os consumidores não tiverem uma razão para rebobinar, seja o suspense ou um chamado à ação.

A posição do comercial no intervalo também influenciará o sucesso no mundo dominado pelo DVR, e este é um outro caso em que a mídia e a criação terão de trabalhar juntas para maximizar suas chances de êxito.

3. Os anunciantes podem ter de começar a anunciar seus anúncios.

Deixamos as praias confortáveis do sublime e chegamos à terra prometida do ridículo... e ainda resta ver quem vai rir por último.

As apostas — em relevância, criatividade e envolvimento — nunca foram mais altas. Onde e quando a publicidade tiver sucesso, ela será bem recebida e requisitada. No entanto, em muitos casos as agências terão de trabalhar com muito mais afinco para que os consumidores lhes dêem bola. Um novo comercial da Nike ou a estréia mundial de uma nova canção do U2 num comercial de iPod pode induzir os consumidores ao esforço extremo de ligar a TV para ver o anúncio, mesmo que não queiram assistir ao conteúdo naquele momento. Oferecer um download gratuito de iTunes, por exemplo, às primeiras mil pessoas que digitarem um código fornecido exclusivamente num novo comercial, traria uma nova e interessante dimensão ao mix.

4. Os consumidores continuarão abandonando as emissoras em rede e a qualidade do conteúdo continuará a decair, levando mais consumidores a fugir e provocando uma nova queda no conteúdo — e assim por diante, numa espiral decadente.

O modelo de negócios implicitamente sustentado pelo conteúdo ou subsidiado pela presença de comerciais está sendo virado de ponta-cabeça. Um efeito dominó sempre resultou do conteúdo de alta qualidade, que atrai olhos e portanto aumenta a demanda por parte de anunciantes, elevando os índices de audiência. A queda na receita dos anúncios significará menos dinheiro para perpetuar o estilo de vida hollywoodiano, a menos, é claro, que os astros estejam dispostos a tentar a bolsa de 1 milhão de dólares na próxima versão do *Survivor*.

5. O abuso do posicionamento de produtos continuará (e ficará pior).

Discutirei o posicionamento de produtos no capítulo 20, mas por enquanto quero simplesmente afirmar que os profissionais de marketing precisam repensar a natureza de suas peças de comunicação e parar de procurar atalhos pegando rabeira no conteúdo. Isso é como ter um ministro e um membro do governo invadindo sua casa e começando a dizer-lhe como você deve criar seus filhos. Em outras palavras, anunciar produtos dentro do conteúdo não é nada bem-vindo.

Mas basta de sombras e brumas. É hora de falar do lado bom. Eis aqui algumas oportunidades semiconsumadas para o marketing conforme a indústria avança.

Comerciais Congelados no Tempo

Se o botão de avanço rápido é seu pior inimigo, o botão de pausa é seu melhor amigo.

Se a TV ao vivo pode ser pausada, os comerciais também podem. Uma conseqüência inesperada dessa possibilidade é que isso pode converter o comercial de 30 segundos no veículo para uma experiência de consumo muito mais profunda e significativa. A TiVo permite aos anunciantes usar o comercial de 30 segundos como base de lançamento da interatividade.

Por exemplo, os telespectadores podem ter a possibilidade de requerer um catálogo, entrar num bolão ou digitar um endereço de e-mail (nada de novo para a turma do espaço digital), ou poderiam receber interessantes opções de programação, como a possibilidade de gravar um programa futuro ou até mesmo um comercial. As produções do Blue Man Group, da Intel, e as crônicas "See What Happens" ["Veja o que acontece"], da Mitsubishi, se prestariam muito bem a isso. (Lembra que eu disse que os anunciantes podem ter de anunciar seus anúncios?)

A possibilidade de pausar anúncios e usar o comercial de 30 segundos como um portal para uma experiência muito mais ampla (David Verklin, da Carat, chamaria isso de "formação de corais") acabará levando aos...

Comerciais de 300, 3 Mil e 30 Mil Segundos

Há muito tempo o marketing tem estado sujeito às restrições artificiais e maquinadas do comercial de 30 segundos. O conteúdo sob demanda — seja pelo aparelho de DVR, seja, o que é mais provável, pelo provedor a cabo ou via satélite — possibilitará a veiculação ilimitada de conteúdo endossado por marcas ou com comerciais integrados. Parte da veiculação poderia até mesmo ficar condicionada a uma compra, a exemplo do que faz a Pepsi, que pôs em seus cascos de refrigerante um código especial que permite aos consumidores ver a exclusiva mundial de um vídeo de Britney Spears (em vez daquela manca promoção de iTunes).

Audiência não linear

O advento do "Meu Horário" — o controle do telespectador sobre o que é visto e quando — representa uma ameaça direta à Madison Avenue (ou pelo menos às emissoras em rede que se prostram aos pés daqueles que chamam a Madison Avenue de seu lar), mas ele também pode se mostrar uma oportunidade indireta para a comunidade do marketing.

Para usar um exemplo da poderosa Amazon, a idéia da "entrada com um único clique" poderia revolucionar o modo como os consumidores planejam e assistem ao conteúdo da TV. É anacrônico achar que ver TV constitui uma atividade premeditada e linear; esse ato vem se convertendo rapidamente numa experiência tão impulsiva quanto planejada. As novas tecnologias permitem aos consumidores encontrar um equilíbrio entre o consumo sob demanda e o consumo por hábito.

Emissoras pessoais ou abertas a negociações substituirão a proposta da "TV imperdível", e os consumidores poderão formar sua programação com base em suas necessidades, crenças, gostos e preferências. Eles se beneficiarão igualmente da possibilidade de compartilhar e trocar seleções com outras pessoas de inclinações similares.

Eis um exemplo de como isso funciona: uma apresentação da TiVo para a BMW inclui uma introdução de 2 ou 3 minutos a um novo modelo Beamer, com vários links pertinentes. Um dos links leva a um programa chamado *Lendas da Motorsport e da Motorweeek*, e outro dá ao telespectador a oportunidade de gravar um informercial/demo de 19 minutos com o novo carro, incluindo uma longa avaliação e uma "vista interna" do veículo. A demo aparece em algum canal obscuro às 4 da madrugada. O resultado é que o telespectador vai dormir e acorda na manhã seguinte com o programa solicitado à sua espera no menu da TiVo.

Há uns poucos anos cheguei em casa mais cedo do trabalho. Naqueles dias em que eu realmente ligava para meu portfolio de ações, liguei na CNBC e vi um clip incrivelmente interessante sobre Martha Stewart. Isso foi bem no início das infelizes negociações dela com a ImClone. O tal clip tratava de empresas ou marcas que se escoravam em alguma pessoa ou personalidade, e de como isso poderia acabar prejudicando seu patrimônio no caso de escândalo ou publicidade negativa.

Um exemplo era Steve Madden: embora o CEO da grande fabricante de calçados estivesse sendo processado até as solas por fraude nas ações, as vendas de seus calçados não pareciam ser afetadas.

Martha Stewart era vista como ligeiramente diferente, já que seu império fora construído essencialmente em torno de sua fachada retocada, o que não era visto como coisa boa pelos gurus das marcas.

A moral desta anedota é que, se não tivesse chegado mais cedo naquele dia, eu teria perdido algo muito relevante para minha linha de trabalho, e isso me fez pensar... por que perder alguma coisa, afinal?

Com isso, as marcas podem criar números, segmentos ou programas inteiros; podem comprar 30 minutos no ar de um canal menos conhecido, num horário indesejável como 3 da manhã, e em seguida, por meio do link com a TiVo, permitir que o consumidor o grave automaticamente sob demanda. Chamo isso de *programação por reembolso postal*, e recomendo-a sem reservas como cura instantânea para os males do horário nobre.

A Digitalização da Mídia

O que estamos testemunhando, sabendo ou não, é a completa digitalização da mídia. No mundo da televisão sob demanda, os consumidores em breve poderão acessar praticamente qualquer conteúdo imaginável, passado e presente, o tempo todo. O conteúdo será arquivado digitalmente e poderá ser acessado mediante uma série de filtros, regras e ferramentas de busca. Perder um programa (conteúdo) já não será um problema, e o atrito de consumo pode ser evitado se os anunciantes envolverem e inserirem suas marcas em um conteúdo requisitado.

As seguintes empresas podem logo tornar-se agentes centrais na revolução digital da televisão:

- a DoubleClick, "servidores de anúncios" terceirizados para clientes de perfil digital, em breve poderá armazenar, servir e mensurar a difusão de seus comerciais (a seu serviço!);
- o Advertising.com otimizará dinamicamente a dispersão e a distribuição de anúncios pelos mil canais de conteúdo, tomando como base seus índices de "completude" (ou a probabilidade de eles serem vistos na íntegra);
- o Google funcionará como buscador de experiências dos usuários entre a TiVo e as caixas e satélites da DirecTV;
- a Microsoft produzirá uma caixa para comandar as demais. Isso já se tornou realidade, com o lançamento de seu Windows Media Center, que — como a TiVo e outras concorrentes — procura consolidar música, imagens, vídeos e conteúdo televisivo numa única tela ou interface.

O próximo tópico não é para os melindrosos.

Publicidade sob Demanda

A Publicidade sob Demanda (AOD) é o bambambã da vez. Ela é o futuro da publicidade, e sugere uma vida muito saudável para o ramo após a morte inevitável do comercial de 30 segundos. Pensei em abrir um negócio nessa área, e se houver capitalistas de risco por aí com tempo ou dinheiro de sobra nas mãos, podem me telefonar.

Se alguém partir da premissa de que *os consumidores, se tiverem a escolha, optarão ativamente por pular comerciais*, acho que estará com o melhor ponto de partida possível. Alguns clientes e profissionais de marketing acreditam que anunciar é um *direito* e que os consumidores têm a obrigação de ver os anúncios, num gesto de gratidão pelo conteúdo que os acompanha. Anunciar *não* é um direito; é um mal necessário, e nossa única missão nesta profissão é tornar nossa publicidade tolerável e, de algum modo, atraente. Vez ou outra conseguimos encantar os consumidores, mas tais ocasiões são raras e bem espaçadas.

Jamie Kellner, presidente e CEO da ACME Communications e ex-fundador, presidente e CEO da rede WB, é um dos que acreditam que os consumidores são mimados e míopes, e que é o dever dos telespectadores ver comerciais. E se os anúncios tal como existem atualmente deixarem de funcionar, ele calcula que os telespectadores poderiam pagar em torno de 250 dólares por ano, sem contar as taxas de TV a cabo e via satélite. (Ei, não é para isso que serve a TiVo?)

As lamúrias de Kellner se concentram no problema, mas não na solução. É aqui que tiro certa inspiração do Golf Channel. Pergunto-me que porcentagem de comerciais é pulada no Golf Channel, em comparação com a American Broadcasting Corporation. A resposta favorece inquestionavelmente as tacadas de golfe, e a razão é a relevância contextual. É isso o que os Davis dos nichos especializados possuem, e o que os Golias das redes monolíticas não.

As coisas não precisariam ser sempre assim. Presumamos que haja 20 minutos de comerciais para cada hora de programação. E se 10 ou 15 desses minutos pudessem ser personalizados pelos telespectadores ou suas famílias?

- E se os consumidores pudessem predefinir categorias específicas de interesse ou hobbies, como música ou a vida ao ar livre?
- E se eles pudessem optar por ver anúncios de certos produtos ou serviços que lhes interessa comprar, como carros ou refinanciamento imobiliário?
- E se pudessem usar essa opção para lidar com questões emocionais como a necessidade de tirar férias ou de encontrar um presente para o aniversário do marido ou esposa?
- E se eles se sentirem bem ao procurar mais informações sobre produtos pessoais como o Viagra, ou quiserem informações específicas sobre um produto tecnológico da Dell?

E se algumas ou todas essas condições puderem se combinar e organizar uma hierarquia de comerciais feitos essencialmente sob medida para as necessidades e exigências específicas do telespectador?

A publicidade sob demanda poderia ser ativada ou comandada pelo controle remoto, por um dispositivo sem fio, pela Web, ou mesmo de forma automática. Empresas como a Visible World têm usado algoritmos que avaliam os padrões de audiência para predeterminar que membros da família estão vendo TV a cada momento, de modo que é inteiramente plausível que o próprio consumo de comerciais ajude a aumentar a qualidade e o acervo da publicidade.

Mas eu entendo sua objeção: as pessoas nem sempre sabem o que querem, e a publicidade sob demanda (AOD) pressupõe um estado mínimo de consciência e até mesmo um certo interesse (a exemplo da busca). É por isso que especifiquei entre 10 e 15 dos 20 minutos reservados aos comerciais. O estado de pré-consciência será sempre um pré-requisito para a transmissão de mensagens.

A questão é saber se os consumidores terão interesse suficiente para participar. É uma boa pergunta. A resposta é que, se eles não se importarem, o que receberão será a mesmice. Aposto que eles preferirão a AOD, porque ela representa uma proposta de maior valor. Eles sabem disso, e você também sabe.

Um Oferecimento de... Parte II

Outra forma de AOD é uma remodelação do clássico patrocínio de conteúdo ("um oferecimento de...") envolvendo a auto-seleção. O telespectador receberia um menu de três ou quatro marcas, e escolheria uma delas para patrocinar um episódio sem comerciais de algum programa de TV — haveria quatro impressões de marca, mas somente a marca escolhida receberia a cobrança. Com isso as outras três conseguem impressões de bônus, e a escolhida obtém a impressão de real valor, pois foi escolhida pelo telespectador, que estará mais propenso a vê-la. Isso não vale mais para a marca? Não proporciona a motivação definitiva para que os diretores de criação produzam comerciais desejáveis?

É possível ver aonde isso tudo levaria, e como a tecnologia poderia desempenhar o papel decisivo de transformação para ressuscitar a agonizante indústria publicitária. (*Observações para os departamentos de marketing:* O dinheiro é de vocês, por isso cabe-lhes exigir que seus parceiros — e vocês próprios — usem a tecnologia disponível para reverter a decrepitude.)

O DVD

The Family Guy deixou o horário nobre há alguns anos, aparentemente para não voltar a ser visto. Isso até que um milhão de cópias em DVD dos primeiros 28 episódios sumissem das prateleiras, fazendo dele o programa de TV mais vendido em

DVD em todo o ano, e o quarto maior sucesso de vendas de todos os tempos. Resultou daí também uma reestréia: a emissora em questão (a Fox) decidiu levar o programa de volta ao horário nobre.

Como a rede pôde cometer esse deslize? O que isso significa para um modelo de negócios que já está sob tamanha tensão?

A falha se encontra no próprio alicerce do modelo da TV: a diferença entre alcance potencial e alcance real. Os índices de audiência de *The Family Guy* sempre foram no máximo uma estimativa do número de pessoas que supostamente viam o programa, mas não indicava a qualidade e a lealdade desse público. As vendas do DVD, por sua vez, eram um reflexo direto de mãos erguidas — uma declaração de interesse e intuito baseada em compras reais. Isso se liga sem dúvida ao poder do marketing comunal (ver capítulo 16), embora neste caso ele não estivesse sendo usado proativamente, mas reativamente.

O seriado *John Doe*, por outro lado, parecia melhorar a cada episódio, culminando no desfecho da temporada em que o melhor amigo de John se revela seu arqui-rival. Entretanto, nós nunca chegamos a descobrir o que ocorre em seguida, pois o final da temporada acabou sendo o final do seriado (sem que a rede se importasse em informar-nos de antemão).

Vasculhei a Web pelo Google para ter uma idéia de como essa idiotice da emissora foi recebida. Eis uma amostra:

> 20 de julho de 2003: Petição Salvem John Doe
> John Doe Cancelado :-(
> Se você vê programas de TV "realidade" e não tem alma, pode pular isto aqui.
> Ok, pensadores e fãs de John Doe. Descobri que o programa foi mesmo cancelado pela Fox. Existe entretanto uma boa seqüência do programa e haverá esperança de que o tragam de volta, desde que a comunidade se pronuncie.
> Se vocês gostavam do programa tanto quanto eu, assinem a petição e/ou escrevam ou mandem e-mails ao pessoal da Fox.
> FOX~
> Gail Berman – Presidente de Entretenimento
> Fox Broadcasting
> 10201 W. Pico Blvd.
> Los Angeles, CA 90035
> Sandy Grushow — Presidente da Fox Television
> Fox Broadcasting Company,

P.O. Box 900
Beverly Hills, CA 90213
E-mail:
stevenm@fox.com
iveyv@fox.com
stevefe@fox.com <fim do recuo>

A petição continha 11.377 assinaturas na época. Não, não 14 milhões de telespectadores potenciais baseados em amostras diárias, mas 11.377 aficionados que representam uma outra amostra — uma amostra muito mais expressiva e poderosa do que a costumeira compilação de apertadores de botões. E essa é apenas *uma* comunidade virtual; quantas outras não há por aí afora?

Obras-primas como *Sports Night* unem-se a *The Family Guy* na pilha de cancelamentos, como também seriados com seguidores fiéis, como *Once and Again*.

As redes há muito vem ignorando (por sua conta e risco) esses nichos de consumidores aficionados, preferindo a periferia dócil. Foi necessário o DVD para revelar seu antigo erro de julgamento.

Tenham Medo, muito Medo, do DVD

O período médio (de consumo de mídia) que as pessoas passam vendo DVDs é de 3,2 horas semanais (de acordo com a In-Stat/MDR em 2004), o que equivale a quase dois DVDs por semana e 3,2 horas a menos para ver TV. O "conteúdo pré-embalado" foi considerado, por uma amostra de profissionais da TV e da indústria publicitária, a terceira maior ameaça à publicidade televisiva (vindo atrás do DVR e da proliferação de canais a cabo).

Há uma intensa compressão ocorrendo agora mesmo entre o lançamento de um filme ou programa de televisão e sua distribuição via DVD. Esse lapso de tempo vem encolhendo exponencialmente.

Num número crescente de casos, o DVD tem vendido mais do que o lançamento nos cinemas, e ao preço de 20 dólares é fácil descobrir por quê — a família inteira pode ver o filme pelo preço de duas entradas.

O DVD representa o definitivo teste sem riscos para o conteúdo de entretenimento. No caso de *Family Guy* e *Sports Night*, os consumidores têm acesso a programas excelentes que ninguém parecia ver.

Apesar das resenhas sempre brilhosas desse tipo de programa, nós, publicitários, ainda acreditamos na Nielsen. Por que ficamos tão surpresos com o fato de que a metodologia da Nielsen diminui ou distorce a audiência de programas com roteiros inteligentes e superiores? Agradeça aos deuses das redes pelo fato de que *Arrested Development* tenha sido poupado de cair numa obscuridade similar.

Há outros exemplos em que o DVD representa a nova ordem no mundo dos consumidores emancipados:

- os consumidores evitam o risco de se envolverem com um seriado e depois vê-lo cancelado;
- eles podem ver o seriado do modo como preferirem — seja todos os episódios em sucessão ou 15 minutos a cada vez;
- há montes de clipes extras, comentários e conteúdo suplementar;
- você já adivinhou — não há comerciais.

A Convergência Final

O lapso de tempo entre o lançamento original e o DVD acabará encolhendo até o ponto em que os lançamentos no cinema, os downloads na Internet, a televisão sob demanda, as veiculações em aviões, hotéis e dispositivos sem fio e a venda do DVD fiquem disponíveis ao mesmo tempo — ou, para ser um pouco mais realista, com poucas semanas de intervalo.

Atenção, Gente de Marketing: o que Vocês Podem Aprender com o DVD

O DVD está mostrando o futuro, claro como o dia. Agora abram os olhos!

O DVD lhes diz que os consumidores não gostam de comerciais. Legal, já sabíamos disso. Ele também está dizendo que os consumidores gostam de cenas excluídas, finais alternativos, entrevistas e cortes do diretor. Então, por que não criar sua próxima campanha publicitária com o mesmo conteúdo?

- Quem não gostaria de ver as cenas excluídas das Crônicas de Seinfeld e Superman, do American Express?
- Quem não gostaria de ver o "making of" dos comerciais da Nike?
- Quem não gostaria de pytkar (para citar o diretor publicitário Joe Pytka) o cérebro do diretor responsável por todos aqueles anúncios pioneiros da IBM?

Isso é publicidade sob demanda!

No espaço da televisão, avalie a compressão do tempo entre a primeira veiculação e a reprise, para criar várias oportunidades novas. Os programas estarão disponíveis sob demanda (talvez por um acréscimo no preço) no momento mesmo em que terminarem a primeira exibição. A Time Warner já anunciou que os telespectadores poderão "rebobinar até o início" programas já em andamento. Perdeu o último episódio de *The Swan*? Nada tema, ele estará disponível pelos próximos sete dias por um custo nominal — e talvez o custo nominal seja o modelo de patrocínio por "endosso". (Quanto você pagaria para pôr sua mensagem diante das pessoas *certas* — especialmente se elas o escolherem? Comece a pensar e faça as contas. Já é hora.)

No lado bom, é estimulante ver como as redes abertas e a TV a cabo estão usando os DVDs — em supermercados, revistas ou via Web — para ajudar a promover suas novas temporadas e trazer à cena novos telespectadores.

Mil Dias para uma Economia do Conteúdo sob Demanda

Rishad Tobaccowala, presidente do Starcom MediaVest Group

Hoje, metade dos lares norte-americanos têm acesso à banda larga. Isso significa que mais de 100 milhões de pessoas acessam páginas de conteúdo geral (bilhões), baixam música (milhões), vêem vídeos (centenas de milhares) e jogam games (dezenas de milhares)... sempre que desejam. Quase 22 milhões de lares acessam filmes e outros conteúdos em vídeo graças ao vídeo sob demanda. Os DVRS, os primeiros telefones de terceira geração e uma variedade de outros aparelhos dão a milhões de outras pessoas o equivalente de uma experiência sob demanda.

Até 2008, o sistema sob demanda será a opção da maioria dos lares dos Estados Unidos. A tecnologia será mais simples. Os direitos digitais serão mais bem administrados. Os custos serão baixos e despencarão — graças à concorrência darwiniana. O conteúdo será transmitido por servidores e bancos de dados de todas as partes do mundo para uma multidão de telas previamente conhecidas somente na forma da televisão, do monitor e do telefone.

O que isso significa para os profissionais de marketing e para a mídia?

Era Emancipada

Prever o futuro é um ato temerário, especialmente num campo em que muita tecnologia e muitas leis ainda estão para ser reveladas. Há 6 anos, as palavras iPod, Google e TiVo não existiam. Hoje elas são parte do vernáculo geral — mudando profundamente o panorama da música, da Internet e da televisão.

O Google, a TiVo e o iPod capacitam o usuário final a acessar, vasculhar e manipular conteúdo, e fazê-lo de maneiras condizentes com suas paixões ou interesses. Nesse novo relacionamento, o consumidor escolhe quando, como e se interagirá com o conteúdo. Os fabricantes, distribuidores, anunciantes e editores já não podem reger essas experiências. Só podem procurar novas maneiras de dar ao usuário final um "poder divino" sobre seu ambiente.

O Ambiente em 2008

Investigue a atual sociedade de banda larga que reside em nações como os Estados Unidos e a Coréia do Sul, e o futuro será revelado. Eis um vislumbre desse futuro:

1. *O fim dos intervalos na distribuição*: estamos em 2008, e um novo filme está sendo lançado. Neste mundo, o conteúdo chega a todos os canais simultaneamente. Isso satisfaz a demanda global por conteúdo. E é também, por falar nisso, a única defesa garantida contra a pirataria.
2. *"A ascensão da cauda longa"*: hoje as vendas em lojas de entretenimento analógico (Blockbuster, Virgin etc.) são movidas sobretudo pelos últimos sucessos e arrasa-quarteirões. O quadro é muito diferente, contudo, em locais como o Netflix ou a Rhapsody (que proporcionam acesso respectivamente a mais de 25 mil filmes e quase um milhão de músicas sob demanda). Dentro dessas lojas digitais, em que o cliente pode esquadrinhar imensas bibliotecas de conteúdo no conforto de sua casa, títulos clássicos, antigos e de interesse especial representam aproximadamente metade das vendas. Conforme um número maior de consumidores vai ganhando acesso a opções online (que, por falar nisso, oferecem mecanismos de busca e recomendação), o conteúdo passará a ter uma vida de prateleira mais longa, e os clientes tomarão decisões com base em seus interesses únicos. E, para tornar a coisa mais interessante, parte do conteúdo será criado por usuários que compartilham fotos, vídeos e música com outros membros da comunidade.
3. *Conquistar a navegação é conquistar o mundo:* quanto mais conteúdo for disponibilizado sob demanda, mais difícil será navegar em meio a ele. Se os mecanismos de busca oferecem uma trilha através das selvas de conteúdo, há outras bússolas surpreendentes. A publicidade, se bem feita e direcionada com aprumo, pode apontar o caminho. As marcas são um instrumento de navegação muito eficiente. A propaganda boca-a-boca pode ser o supremo e eterno instrumento de navegação, levando o consumidor rapidamente a locais com conteúdo pré-endossado.
4. *A ascensão da relevância e a queda do exibicionismo:* as pessoas não querem ser estorvadas com conteúdo irrelevante. Deflagrar mensagens em ambientes controlados pelo consumidor não dá certo hoje, e não dará em 2008. As únicas marcas que sobressairão serão aquelas cujos criadores descobrirem o fator envolvimento. Eles descobrirão idéias profundas e desenvolverão mensagens cuidadosamente modeladas, que serão transmitidas por canais cuidadosamente escolhidos, com uma esmerada atenção à escolha do momento.
5. *Conteúdo maleável*: o conteúdo analógico costuma ser definido pela mídia, pela extensão ou pelo aparelho. O conteúdo digital sob demanda não tem essas restrições. Ele saltará de aparelho em aparelho sob diferentes formas, de modo que os fãs dos esportes podem assistir a um jogo na ESPN, ver os melhores momentos na Internet com banda larga e conseguir a atualização das tabelas no telefone móvel. Como inserir uma mensagem de marketing nesse ambiente? Com cuidado.

6. *Os consumidores como criadores e programadores de conteúdo:* os Web logs (blogs) darão origem a companhias independentes de provisão de conteúdo. Num mundo sob demanda, com custos decrescentes de armazenamento e banda larga, pode haver novos agentes no campo do conteúdo — inclusive os próprios consumidores (ver capítulo 17).

A Ascensão do Marketing

Muitos profissionais de marketing entram em pânico ao encarar o mundo do sob demanda. Não deveriam, a menos que achem que os consumidores não querem informações relevantes nem produtos que atendam a suas necessidades. O ambiente sob demanda permite ao marketing identificar e atender melhor às necessidades do consumidor, e criar, direcionar e mensurar melhor suas peças de comunicação. Eis os motivos:

1. *Melhor direcionamento e idéias:* as atitudes do indivíduo com relação ao conteúdo, no mundo do sob demanda, revelarão muitas vezes seus interesses e paixões, o que permitirá aos profissionais de marketing ter idéias melhores e encontrar vias novas e envolventes.
2. *O marketing como provedor de conteúdo e serviço:* os profissionais de marketing têm vasta quantidade de informações relevantes e valiosas sobre sua indústria, seus produtos e seus serviços. São informações vitais para consumidores interessados que estiverem tomando decisões de compra. O sistema sob demanda cerra a brecha entre ambos.
3. *Novas formas e fatores econômicos para a troca de valores:* o marketing tem tradicionalmente assinado o conteúdo em troca da atenção dos consumidores. Mas a intrusão não funcionará com o consumidor emancipado. Embora o custo de envolver os consumidores prometa subir, o investimento trará um retorno maior, graças à grande redução de dólares desperdiçados em esforços ineficazes. Como comprar o envolvimento? As possibilidades são infinitas, e podem começar com a música, o cinema e ferramentas para a criação de conteúdo.
4. *Marketing holístico e virtual:* as pessoas não viverão somente no mundo digital. Por vezes, mesmo seu consumo digital (como o download de músicas) ocorrerá em locais físicos, como as lojas de música da próxima geração. As informações que obtivermos acerca do comportamento sob demanda determinarão os demais componentes do marketing, inclusive conteúdos como noticiários ao vivo, eventos esportivos e reality shows.

Seguindo em Frente

A mudança é inevitável, e continuará sendo enquanto os seres humanos se apegarem ao poder e ao controle. Os melhores profissionais de marketing aceitam isso. Eles procuram atender às necessidades dos consumidores, e não controlá-los.

Não temos nada a perder, salvo nossos medos. E na face reversa do medo encontra-se a invenção.

14

Marketing Experiencial

O marketing experiencial é a própria antítese do comercial de 30 segundos, e por sua estatura merece e muito figurar num livro sobre alternativas ao marketing tradicional.

Marketing experiencial é muitas vezes sinônimo de marketing de eventos, mas limitá-lo a isso seria uma grave injustiça. Ele é por vezes a intersecção holística entre o marketing de marcas e de eventos e, em outro nível, a evolução absoluta do marketing de marcas. O marketing experiencial é um dos novos instrumentos na caixa de ferramentas alternativas, uma arma a mais na luta contra a desordem — classifique-a juntamente com a Internet, os novos formatos de música e o conteúdo de forma longa (para citar somente alguns). Eu iria um pouco mais longe e diria que o marketing experiencial é a *única* opção para os profissionais de hoje — pelo menos aqueles que baseiam seus negócios numa marca.

As marcas se tornaram fins em si mesmas, em vez de meios para um fim — fim que seria algum tipo de experiência de consumo internalizada e personalizada. A expressão *relevância contextual* é a chave para qualquer discussão sobre o papel que as marcas desempenham e o valor que trazem à mesa.

De certa maneira, o marketing experiencial é a extensão lógica do marketing como costumávamos conhecê-lo. A fórmula do velho marketing se definia pela habilidade de falar *para* as pessoas, ao passo que a nova abordagem concentra-se na — e orgulha-se da — habilidade de falar *com* as pessoas, sejam elas prospectivas, perspectivas, consumidoras, clientes ou lealistas.

O Marketing de Eventos

O marketing de eventos é na verdade um subconjunto do marketing experiencial. Trata-se da expressão não tecnológica, ou "offline", da habilidade de envolver. Ele vem se tornando um dos mais quentes pontos de contato hoje em dia, oferecendo aos consumidores uma experiência tangível e sustentável. Se antigamente o marketing empregava uma série de mensagens (ou promessas), hoje ele tem a capacidade de demonstrar a promessa, de cumpri-la e, com isso de promover os produtos.

Embora ambos sejam similares, o marketing de eventos não é sinônimo de marketing experiencial. Há certos momentos em que eventos não constituem experiências — por exemplo, eventos ou reuniões de vendas não estratégicas, que não se associam a nenhuma forma sustentada de transmissão de mensagens nem de valor ou expressão da marca, e que não se distinguem de iniciativas anteriores e tampouco são consistentes com elas. É claro que estou apresentando uma óbvia defesa dos direitos que os "mantenedores da marca" possuem de tomar parte no planejamento dos eventos — especialmente se eles tiverem os meios de ajudar a transformar eventos em experiências.

Vejamos a parceria da Chrysler com Celine Dion, que pareceu malograda desde o início. O casamento não foi bem-sucedido, mas pergunto-me quanto trabalho foi realmente feito para convertê-lo numa experiência memorável. A categoria automotiva desempenha um papel importante na vida familiar, mas por algum motivo essa campanha não o retratava. O desajuste entre a cantora e o público-alvo foi mencionado como uma das muitas razões para o fracasso, mas a verdadeira razão foi provavelmente a incapacidade de capitalizar sobre a idéia. O fiasco Celine Dion foi pura questão de publicidade, pois a oportunidade de transmitir uma *experiência* estava praticamente dada em bandeja de prata.

Quando pensamos nas vendas deprimentes do modelo Pacifica, concluímos que os esforços de marketing da Chrysler foram um fracasso. Descrição correta, mas avaliação incorreta das razões para o fracasso. Os novos proprietários do veículo ganhariam algum CD de Celine Dion em edição limitada (talvez mesmo autografada)? Ganhariam duas entradas para o show de Celine Dion que a Chrysler patrocinou em Las Vegas? Entrariam em algum concurso de elite para terem um jantar romântico a dois, em casa, com uma apresentação privada da diva canadense?

EXPERIÊNCIA DESIDRATADA: ACRESCENTE MARCA

É muito mais fácil lidarmos com uma experiência — seja ou não causada por um evento — quando ela é identificada como tal. No caso do Jeep (outra marca da Chrysler), a BBDO ajudou a criar uma experiência que, em termos estratégicos, foi um tiro certeiro para a marca e o tipo de consumidor que provavelmente desejaria adquirir e dirigir o modelo. Parte do código publicitário do Jeep é que o carro devia sempre aparecer fora da estrada. Numa variação recente, uma campanha mostrou o Jeep em situação suburbana, mas coberto de sujeira, o que denotava suas origens.

Tudo isso é muito bom... mas, para sermos realistas, o melhor de tudo seria um instantâneo das qualidades e benefícios a que aspiramos ao comprar um Jeep. Não seria melhor dar vida a essa promessa, reproduzindo uma verdadeira experiência com o Jeep?

Entra em cena a *Jeep Experience*, uma revista bimestral que comercializa a experiência.

Outras experiências de consumo incluem o Jeep Jamboree, os jogos do Jeep no Yahoo! e, meu favorito, o Camp Jeep (ver Figura 14.1).

Figura 14.1 A panacéia do marketing experiencial para o Jeep.
Cortesia: DaimlerChrysler, BBDO, Detroit.

A campanha foi concertada por Gary Topolewski, diretor de criação da BBDO Detroit, e ele resumiu sua filosofia de fundo: "Se uma imagem vale mil palavras, experimentar o veículo vale mil imagens". Acho que isso define à perfeição a promessa do marketing experiencial.

Quando trabalhava na TBWA\Chiat\Day, tive uma idéia para um cliente nosso então trôpego, o Kmart. Compartilho-a com vocês neste livro com orgulho e sem pejo, por duas razões:

1. Ainda acho que é uma grande idéia.
2. Ela nunca viu a luz do dia, pois jamais foi mostrada ao cliente.

Para lançar o contexto: a categoria dos mercados barateiros é fascinante. Há muitos agentes no mercado, mas vou me concentrar em três, especificamente: o Wal-Mart (gigante onipresente, também conhecido como o Anticristo); a Target (um espinho que se reposicionou com brilho como rosa, cunhando a expressão "cheap chic" ["chique e barato"]); e o Kmart (condenado a um inferno em vida no purgatório esquizofrênico de uma desesperançada guerra de preço e qualidade contra os rivais acima mencionados).

Naquela época, sempre que eu sugeria a Web como um modo alternativo de comunicação, as pessoas me diziam que os clientes médios do Kmart jamais entenderiam a barafunda do PC e da Internet.

Isso me levou a pensar. Inspirado pela exortação de Robert Kennedy de que devemos enxergar o inexistente e nos perguntar "por que não?", descobri de uma só vez uma causa e uma solução, via marketing experiencial, para retificar os números do MRI que sugeriam a insuficiência de clientes do Kmart interessados na Internet. Na esteira da idéia de dedicar espaço imobiliário interno a lojas de *fast food* (McDonald's, Dunkin Donuts e outras), meu plano era criar uma seção feita exclusivamente para capacitar as mães a abraçarem a Web, a maximizarem as possibilidades e benefícios que ela disponibiliza, e mesmo a se entrosarem com seus filhos, compreendendo melhor como eles utilizavam a Net.

As idéias por trás do conceito eram duas:

1. Existe um lapso digital entre as crianças, que cresceram com a Internet, e seus pais, que são praticamente estranhos à tecnologia.
2. Os pais têm a responsabilidade crítica de conhecer os perigos que as crianças podem enfrentar ao utilizar a Web.

O Cyber *K*afe que propus venderia naturalmente computadores, acessórios, assinaturas de Internet e serviços adicionais, mas, mais fundamentalmente, seria dedicado a prestar um serviço aos clientes do Kmart — fazendo sua parte para "conectar a América". Além disso, palestras e apresentações feitas por convidados sobre temas como "combatendo o spam" e "como proteger seus filhos dos degenerados online" seriam agendadas a semana toda. Isso, por si só, ajudaria a aumentar o movimento nas lojas e tornaria a visita ao Kmart um evento esperado.

A coisa não parava aí. Integrando-se a um programa de lealdade, os clientes poderiam marcar pontos que seriam trocados por um tempo individual com o professor, que os instruiria, treinaria e educaria melhor.

Se pararmos para pensar, isso teria resultado num previsível acordo de marketing cruzado com certo provedor de Internet dorminhoco, que vinha optando igualmente por um punhado de anúncios em vez de experiências. Vamos, AOL, ponha a idéia em prática com os novos híbridos da Sears ou do Kmart, ou como quer que eles se chamem hoje em dia.

EXPERIÊNCIAS COM MARCA

A distribuição de carros feita por Oprah (mais a respeito no capítulo 20, sobre o entretenimento com marca) é um exemplo perfeito de marketing experiencial — certamente para os que ganharam um carro só por aparecerem numa gravação do programa *Oprah*, e sem dúvida para o Pontiac da GM, mas também para todos os convidados que tomaram parte na experiência. Ela valeu 7,7 milhões de dólares? Essa é uma outra história.

Uma empresa que optou pelo quociente de experiência foi talvez a mais inusitada das candidatas: a Amazon.com, pioneira dos pedidos com um clique único e também uma loja virtual que sabe uma coisinha ou duas sobre a arte e a ciência da "conversão". O lançamento do Amazon.com Theater, na temporada de férias de 2004, teve (segundo o *Business Journal*, de Minneapolis, St. Paul, em novembro de 2004) uma audiência "em rede" de 32 milhões de clientes registrados — os clientes da própria Amazon. Voltarei a esse exemplo mais adiante, já que ele envolve o uso da maioria das abordagens do novo marketing mencionadas neste livro, mas concentremo-nos por ora na variável experiencial da equação.

Essa série de cinco curtas-metragens incluiu os nomes icônicos de Chris Noth, Minnie Driver e Darryl Hannah, e o estro na direção de Tony e Ridley Scott. Há uma linha tênue entre o gênio e a loucura; há igualmente uma divisa sutil entre o "hã?" e o "a-há!". A tática da Amazon não diferia do Papai Noel nos *shopping cen-*

ters, da leitura de livros em lojas ou dos balcões de café internos da Starbucks. Enquanto algumas pessoas preferem correr com a vida, outras preferem demorar-se. A Amazon atende a ambas.

Ficaria surpreso se eu lhe dissesse que a Fallon Worldwide, agência por trás dos filmes da BMW, foi também responsável pelo Amazon.com Theater? Não deveria. A Fallon é um farol que o restante do mundo das agências devia seguir. De acordo com seu diretor de marketing:

> O que queremos é que milhões de pessoas de cabeça ocupada se detenham, façam uma pausa e tenham uma boa impressão de entretenimento, conhecendo melhor tudo o que há de disponível na Amazon. Quando as pessoas dão o passo adicional de se envolverem numa peça de entretenimento ou comunicação, e têm uma boa experiência, elas voltam em busca de mais.

Embora a declaração seja estrategicamente sensata, houve taticamente muitas pontas soltas requerendo emendas para que esse esforço de marketing fosse considerado um sucesso total. O posicionamento de produto vinculado ao mecanismo de e-commerce da Amazon (que, acredito, era o objetivo do exercício) parecia artificial e irrelevante, e o logotipo quase invisível da Chase na base da tela me leva a perguntar quanto eles pagaram pelos "agradecimentos especiais". Esse foi, não obstante, um bom exemplo de marketing experiencial — só espero que os executivos da Amazon.com achem o mesmo quando avaliarem o retorno sobre o investimento. Dito isso, não havia mídias pagas (leia-se: velho marketing) e, segundo os relatórios, as visitas ao site dobraram, o que só pode ser bom para os negócios. (Ver o capítulo 16, "Marketing comunitário".)

Em sua maioria, as agências simplesmente não estão estruturadas para gerar resultados a partir de um esquema experiencial movido por eventos — a menos que ele envolva um caldeirão de comerciais de 30 segundos para ajudar nas vendas. A Fallon acrescentou a sua bagagem um útil estudo de caso para aplicar a empreendimentos similares. (Deve ser por isso que a BBDO arrebatou David Lubars da Fallon.) Assim, considere isto um brusco chamado à ação: se você não estiver preparado para conceber, desenvolver e implementar soluções experienciais, estará comprando uma passagem só de ida para o esquecimento — ou poderá simplesmente contratar um diretor de criação que tenha se iniciado recentemente no novo marketing, e esperar que dê certo.

HYPE: A Experiência da Marca como um Showroom de Produtos, ou: Como Construir um Elevador Artístico para a HP

Chris Aldhous, Diretor Europeu de Criação da Publicis, Londres, para a Hewlett-Packard

O HYPE era para ter sido um anúncio impresso. Era o que a súmula pedia. Era o que o cliente esperava. Por isso houve um surto de respirações profundas na primeira apresentação, quando dissemos que não queríamos fazer um anúncio impresso. A verdade é que nem queríamos fazer publicidade. Pelo menos não no sentido convencional. Tínhamos uma idéia melhor; queríamos criar uma galeria de arte. Um espaço com marca, uma experiência com produtos feita de tijolos e pedra.

E não seria uma galeria de arte qualquer. Queríamos abrir uma galeria que começasse totalmente vazia. Abriríamos as portas e receberíamos nossos visitantes num espaço totalmente em branco. Sem arte nas paredes. Sem filmes no bunker. Nenhum conteúdo.

A oportunidade que vínhamos buscando surgiu na forma de uma súmula para a HP Imaging and Printing Products. O que nos deixava animados de verdade era um cliente valente o bastante para dizer que não queria vendas de curto prazo, e sim uma predisposição de longo prazo a favor de seus produtos. Não precisaríamos proporcionar picos de vendagem em três meses. Nosso trabalho seria sair pelo mundo semeando boa vontade.

A HP queria causar impacto no público da computação gráfica, e havia uma parte específica desse público que, achávamos, seria interessante atingir: os jovens artistas e cineastas que, se não eram exatamente hostis à HP, eram certamente indiferentes.

Tínhamos então uma lousa vazia. Podíamos definir os termos da relação. Podíamos tirar a conversa da mídia tradicional e encontrar algum meio de nos conectar diretamente com eles.

O contexto saiu à frente do conteúdo. Queríamos o ambiente certo para nossas mensagens. Por isso nos mudamos para o bairro dos artistas. Mudamos o acampamento para a Brick Lane El e nos sentamos em cafés, lendo publicações locais arcanas, como o *Shoreditch Twat*. Revistas fotocopiadas e montadas nos fundos de pubs e clubes. Uma cultura de autopromoção ao estilo faça-você-mesmo.

HYPE ("badalação") parecia uma palavra condizente. E o fato de que ela continha as letras H e P a tornava melhor ainda.

Primeiro decidimos fazer contato com um artista de Manchester chamado Moose. Ele nos apresentou o grafite, uma forma totalmente legal de inscrever sua mensagem em toda a superfície da cidade. Foi o que fizemos nos degraus de todas as faculdades de arte em Londres. No velho metal corrugado dos cafés locais. Nos assoalhos de madeira de obscuras lojas de moda.

HYPE tornou-se a palavra das ruas. Mas isso era tudo o que dizíamos. Nenhuma informação. Nenhuma explicação. Somente HYPE. A palavra era boa. Gostávamos dela por ser sugestiva. Uma palavra transada, mas de certo modo fiel a si mesma e ao que representava.

E era isso o que queríamos. Queríamos ser francos com esse público. Mas de uma maneira tortuosa. O HYPE nos deu a torção. Ele tinha um ângulo suficientemente inesperado para intrigar o público, mas, uma vez superada a criptografia, havia uma idéia simples à espera.

Queríamos dar ao público a verdade e as provas do que a HP tinha a oferecer.

Pode ter sido o HYPE o que chamou a atenção das pessoas, mas a HP estava no coração da idéia, provando sua relevância para suas vidas e ambições artísticas. Não havia dissonância entre o HYPE e a HP. Ambos ofereciam parceria, colaboração. Emancipação. Estávamos apenas criando o contexto certo para forjar essa conexão.

Não queríamos fazer alarde com a exposição corporativa, e o cliente concordou em não usar logos. A única marca seria a tecnologia. As insígnias da HP que ficam na frente das impressoras e na lateral dos projetores.

A abordagem discreta funcionou espetacularmente. Nas entrevistas que fizemos à saída da exibição, 19 de cada 20 artistas haviam compreendido a ligação da HP com o projeto HYPE. Todos eles endossaram a idéia, mas, o mais importante, começaram a falar de como a experiência HYPE os havia feito reconsiderar a relevância dos anúncios da HP no grande circuito.

O HYPE tornou-se uma via de acesso à HP para um grupo de pessoas que nunca havia tido uma razão para fazer essa jornada antes. Mais do que um espaço de marca passivo, do tipo vejam-me, o HYPE era um corredor, um conector, um elevador. Ele levava as pessoas à porta da frente da HP, e confiávamos em que o direito dos produtos de figurar numa galeria de arte, de ajudar a criar o acervo que preenchia a galeria, seria suficiente para atrair o público.

A galeria era uma transação. O conteúdo seria o poderoso persuasor — pois o conteúdo seria do público. Estávamos à mercê do que eles criassem. A qualidade da mensagem de comunicação dependia da qualidade do trabalho que eles fornecessem.

Nossa mensagem era simples: "Sem vocês, o HYPE ['a badalação'] não é nada".

A idéia tornou-se passiva, quase submissa. Entregamos o controle ao público. A mania de controle arquetípica nas grandes marcas corporativas evaporou.

Se ninguém aparecesse, a corrente de comunicação se quebraria. E teríamos um espaço bem grande para reescrever nossos currículos. O risco era sem dúvida alto.

Em 22 de janeiro de 2004, precisamente às 6 da manhã, abrimos as portas do HYPE. As pessoas esperavam lá fora. Mais importante, artistas esperavam lá fora. Jovens artistas com seu trabalho em arquivos digitais, prontos para entregar o disco a um técnico do HYPE e ver sua arte brotar de uma HP Designjet 5500 numa impressão imaculada de 1 m × 1,20 m, que em seguida seria emoldurada e pendurada nas paredes da galeria.

Naquela primeira noite, cerca de 120 artistas apareceram com suas imagens. Os primeiros filmes digitais também chegaram, e nós os carregamos nos projetores do bunker.

Havíamos sincronizado a terceira fase do site hypegallery.com para ir ao ar exatamente ao mesmo tempo em que as portas do Truman Brewery se abrissem, de modo que a comunidade online pudesse passear por uma versão virtual da galeria e simultaneamente ver suas obras de arte.

Nas quatro semanas seguintes, o HYPE se difundiu pelo mundo. O site teve 4,5 milhões de visitas, com 90 mil usuários exclusivos de 142 diferentes países; 2.500 peças de arte digital foram disponibilizadas. No East End de Londres, o espaço físico que era a HYPE Gallery tinha 1.193 artistas expondo seu trabalho.

E é aí que outro aspecto exclusivo do HYPE entrou em operação: a galeria renovou seu conteúdo três vezes. Assim que penduramos as primeiras 400 imagens e todas as molduras foram preenchidas, começamos a remover as primeiras inscritas, expondo-as online, e a pendurar o trabalho de novos artistas (ver Figuras 14.2 e 14.3).

A idéia foi um sucesso. Nas quatro semanas da exibição, o HYPE teve 9.021 visitantes. Quando fechamos a galeria, convidamos todos os artistas contribuintes a voltar e retirar suas impressões; 1.050 apareceram e levaram consigo suas amostras impressas na HP. A HP não sabia o que esperar no início, mas a reação ao HYPE de Londres a animou a novos compromissos: a HYPE de Paris foi aberta em novembro de 2004 e atraiu 32 mil visitantes.

Figura 14.2 Interior do HYPE.
Cortesia: Hewlett-Packard; Publicis, Londres.

Qual era o segredo do sucesso do HYPE? Simples: tudo se vinculava. Tudo se alimentava e retroalimentava mutuamente, levando as pessoas de um canal de experiências ao outro. A palavra *holístico* anda defasada atualmente: ela serve para pôr a mentalidade discriminatória do "integrado" em seu devido lugar. Mas nós nunca sentimos que ela fosse adequada no caso do HYPE. O que tentamos foi a publicidade transdimensional.

O projeto conquistou prêmios por toda parte. De marketing interativo, integrado e direto; de marketing de precisão, de nova mídia, de Web design.

Fizemos 13 filmes sem orçamento para rodar em cinemas de arte, todos dirigidos pelo mesmo tipo de cineasta que queríamos atrair ao HYPE. Difundimos o projeto pelas casas de pós-produção de Londres, e todas ajudaram, concedendo gratuitamente seu tempo para a edição e a mixagem.

Uma vez mais, abrimos mão do controle sobre o conteúdo. Os diretores tinham a liberdade de filmar o que quisessem, desde que fosse algo inspirado e intitulado com uma palavra ou frase contendo as letras H e P.

Figura 14.3 Interior do Hype 2.
Cortesia: Hewlett-Packard; Publicis, Londres.

Ainda é possível ver os filmes no site. Inclusive *Hairy Pooches* ["Cachorros peludos"]. Ou *Hedonistc Penguin* ["Pingüim hedonista"]. Todos filmes tão inventivos quanto o HYPE. Tão inventivos quanto a HP. E a única informação que levavam era o endereço hypegallery.com.

Aplicamos os mesmos princípios à arte que encomendamos para os flyers, os cartões-postais e os anúncios impressos que se seguiram à campanha gratuita em grafites. Criamos uma série de cartazes que utilizavam a tecnologia de hypertags para interagir com telefones móveis, e textos com detalhes sobre a abertura da galeria. E onde quer que o trabalho aparecesse, dávamos o crédito ao artista e imprimíamos seu endereço de e-mail. Rádio, RP e eventos funcionaram igualmente.

A todo momento nós tínhamos de nos lembrar: o HYPE era para ter sido um anúncio impresso.

15

Conteúdo de Forma Longa

Eric Hirshberg, sócio administrativo e diretor executivo de criação da Deutsch LA, disse recentemente algo profundo, depois do qual seria possível ouvir o som de uma moeda caindo, tamanha a epifania que se instaurou. (Que tal isso como abertura?)

Ele estava falando sobre o comercial de 30 segundos e disse algo nesses termos: "Se estou no negócio publicitário neste momento, não me preocupo tanto como se estivesse no negócio da TV aberta". O que ele quis dizer era que, como diretor de criação e executivo de agência, ele estará onde o consumidor está e onde for necessário — ele se concentrará no "como" transmitir a mensagem, nos termos de Bernbach, sem se preocupar com a mídia usada para isso.

Os negócios da publicidade e da televisão foram até o momento colegas de quarto voluntários (e por vezes involuntários), e agora que o comercial de 30 segundos provavelmente já não é a estrela do show, fica claro que esse foi um relacionamento sobretudo de conveniência.

Como já se observou, a televisão nunca foi o aplicativo assassino — o vídeo é que foi. De súbito, as agências reuniram coragem para criar histórias que não fossem meras funções do tempo disponível, mas *idéias*. Roteiristas frustrados que entraram no ramo publicitário porque os produtores não respondiam a suas ligações estão hoje no assento do motorista — e já não se sentem frustrados.

O conteúdo de forma longa é a incorporação da "vida depois dos 30 segundos", e *vai* salvar o negócio publicitário.

A BMW Films tornou-se o padrão de ouro do conteúdo de forma longa, mas dependendo do lado da cerca em que estiver, será vista como o messias ou um falso deus. Um motivo é que ela não é ampliável, o que se evidencia pelo fato de que não se expandiu nem se "renovou" depois da breve "segunda temporada". E contratar um time de diretores de Hollywood é legal, como também é legal empregar James Brown ou Gary Oldman, mas trata-se mais de um jogo de egos do que de um imperativo das marcas. Do ponto de vista dos valores da produção, a BMW Films promovia os bens — fosse pela qualidade da programação, fosse pelos segmentos *making of* e "técnicas de direção" —, mas ela pode ter sido vítima do próprio sucesso, especialmente quando se faz uma avaliação reducionista ao estilo "mas quantos carros ela vendeu?".

Não se engane: a BMW Films estava muito adiante de seu tempo (o que costuma ser o problema em tais casos), e a escassez de programas de qualidade (na TV, na Web ou onde for) como sucessora lógica resultou numa espécie de vácuo, que a deixou convenientemente como a única rainha do conteúdo de forma longa. Já ouvi esses dois finais da história. Eis algumas evidências factuais sobre se a coisa funcionou ou não:

- Jim McDowell, vice-presidente de marketing da BMW, comentou, antes do lançamento, que, se um milhão de espectadores se conectassem para ver os filmes, a campanha seria um "golaço". Passados dois meses do lançamento, a empresa declarou que mais de 3 milhões de visitantes haviam visto pelo menos um filme.
- Ao longo da campanha, houve 13 milhões de audiências e 2 milhões de pessoas registradas, com 1,2 milhão autorizando o recebimento de mais informações da BMW via e-mail (de acordo com a MarketingProfs.com).
- A BMW Films estreou-se em maio de 2001. Por coincidência, a BMW teve os melhores meses de maio e junho de sua história em termos de venda de carros, excedendo 40 mil veículos, em meio a uma economia revolta (de acordo com a WebDev IQ).

Uma estimativa da Business 2.0 pôs o custo da produção dos filmes num mínimo de 14 milhões de dólares (não confirmados pela BMW). Usando a estimativa de 13 milhões de audiências[1], é provável que cerca de 4 milhões de consumidores individuais os tenham visto (ou seja, alguns deles os viram mais de uma vez), o

1. "Audiência" é empregada aqui como tradução de *view*, significando "o ato de ouvir ou ver (o comercial)". Ter 13 milhões de audiências significa ter sido visto 13 milhões de vezes. (N. do T.)

que põe o custo por audiência, para a BMW, em 3,50 dólares *per capita* (em comparação com o custo de 13 centavos da TV em horário nobre). Tenha-se em mente que a audiência, no caso da BMW Films, era uma audiência de fato (em contraste com a audiência potencial do comercial de 30 segundos), e, como os espectadores a autorizavam ou permitiam, é muito provável que tenha sido também uma audiência engajada. O custo de 13 centavos de dólar da TV em horário nobre é baseado em 30 segundos de comercial, em comparação com os 7 minutos gastos (em média) com a Films, o que significa na verdade que estamos comparando 3,50 dólares com *no mínimo* 5,46 dólares (que são os 13 centavos do comercial de 30 segundos multiplicados por 14 comerciais, de modo a proporcionar um tempo equivalente — 7 minutos —, e em seguida multiplicado por um moderado fator 3, para compensar os dois terços de telespectadores que nunca vêem o comercial, por estarem em outro canal, fora da sala ou pensando em outra coisa). Esse cálculo não leva em conta o nível de atenção ou engajamento, que tornaria a audiência da Films ainda mais favorável se comparada ao comercial de 30 segundos.

A BMW não disse uma palavra sobre a possibilidade de estabelecer um elo direto entre as vendas e os filmes. E a menos que seja possível isolar e mensurar todos os fatores contribuintes — da mídia aos pontos de contato do marketing, da promoção ao ponto de venda, da propaganda boca-a-boca à venda pessoal da revendedora local —, não será mais do que especulação tentar reduzir a uma relação direta a contribuição da BMW Films e o resultado nas vendas.

Dito isso, recorde-se meu argumento anterior sobre aplicar um *valor presente líquido às idéias*. Ele também vale para o retorno sobre investimentos (ROI). Diga-se desta maneira: dentro de 7 a 10 anos, milhares de Beamers serão vendidos a consumidores cuja primeira impressão da marca (e talvez a mais significativa) foi devida à BMW Films. Como, neste mundo, vamos atribuir um preço a isso? Em que momento temos de aceitar algo como artigo de fé e deixar de perambular por aí com nossas certezas?

No fim das contas, isso se resume a uma questão fundamental do novo marketing, envolvendo o *alcance qualitativo*: estão-se alcançando *mais* pessoas ou as pessoas *certas*? No caso da BMW Films, segundo a Penn & Teller (áugure da BMW), Jim McDowell revelou que o visitante médio tinha 31 anos de idade e ganhava 91 mil dólares por ano. Além disso, 50 mil visitantes admitiram voluntariamente que estavam pensando em comprar um carro. Isso traz à baila um terceiro conceito que eu gostaria de implantar em suas cacholas: a noção de *alcance produtivo* — ou seja, o fechamento do elo entre o alcance e o ROI, e vice-versa. Alcance. Conexão. Efeito.

Muita gente no marketing rejeita a idéia de usar o conteúdo de forma longa, em razão do grande custo; talvez porque a badalação em torno do entretenimento com marca sugira que grandes astros, produtores, diretores e agentes precisam estar envolvidos. Na verdade, o conteúdo de forma longa consiste em qualquer coisa com mais de 30 segundos que seja capaz de envolver e entreter.

A maioria dos melhores comerciais de TV de todos os tempos tem 60 segundos. O que diz isso?

Há muitos exemplos do conteúdo de forma longa em sua melhor espécie:

- Christopher Walken esteve assombroso em *Ripper*, um game para PC que joguei há mais de dez anos. É interessante que *Ripper* apareça na longa filmografia de Walken;
- Terry Tate, zagueiro de escritório, tornou-se um herói cultuado numa série de filmes na Web feitos para a Reebok, que iam do extremo do sublime ao do ridículo;
- Tiger Woods foi o herói dos anúncios "Tiger Trap" [Armadilha de Tiger/Tigre] da Buick;
- a Mercury lançou *The Lucky Ones* [Os sortudos], uma história esotérica e episódica que fazia lembrar o filme *Amnésia*, envolvendo o destino de 10 personagens inter-relacionados, e voltada ao público de 20 a 30 anos;
- a American Express reuniu Jerry Seinfeld e Superman em seus tão falados contos seinfeldianos, exclusivos para a Web;
- a campanha "See What Happens" [Veja o que acontece], da Mitsubishi, criou vinhetas de 50 segundos com finais magnéticos para acompanhar seus *teasers* de 30 segundos;
- a Ford criou "desfechos" de 3 minutos como parte de seu patrocínio sem comerciais ao programa de TV *24*, numa das primeiras tentativas puras de transmitir conteúdo de forma longa empregando a TV aberta como mecanismo de distribuição;
- a Napster usou uma série de episódios chamados classicamente de "webisodes" para anunciar o relançamento de seu legítimo serviço de downloads;
- o material de apresentação da TiVo é repleto de conteúdo de forma longa.

Pense no que isso significa para a indústria publicitária e no que significa para a TV aberta. A publicidade é essencialmente liberada pela possibilidade de voltarmos a suas raízes e contar histórias, ao passo que a TV aberta foi efetivamente banida do reino, como uma monarca em desgraça (posso ter me excedido aqui).

Não estou certo de que a televisão convencional seja capaz de responder ao impacto do conteúdo de forma longa, em razão de seu atual conteúdo emperrado e de seu velho sistema de programação comercial.

Não significa dizer que ela será uma mera caronista na rodovia da mudança. Na prática, a extensão em que ela conseguir se integrar com suas contrapartidas na Web, entender-se com a companhias de DVR e TV a cabo, e aceitar ou resignar-se ao paradigma do controle e emancipação dos consumidores, determinará suas chances de sobrevivência e mesmo de prosperidade.

A matéria-prima já está no lugar para que as redes montem seu novo modelo. Inovadoras como a P&G, com sua iniciativa dos "40 Experiments", abrirão o caminho para as outras. A campanha "Whatever" [O que quer que seja], da Nike, foi uma das primeiras tentativas de usar a tática do final magnético numa estratégia da Web, para motivar os espectadores a visitar o whatever.nike.com e completar o comercial. Usar astros populares do esporte como Marion Jones e Mark MacGuire não atrapalhou em nada. Os espectadores da Web não somente podiam acompanhar o enredo, como podiam escolher um dentre vários finais. Não há razão alguma para que isso não possa ocorrer agora mesmo na televisão. *O aprendiz*, da NBC, está fazendo isso parcialmente, e muito bem, com cenas ampliadas e clips inéditos online.

O conteúdo de forma longa parte dos 30 segundos e vai até onde a imaginação ditar ou o consumidor permitir. É, individualmente, a maior de todas as mudanças na transmissão de mensagens, e fará convergirem de fato os mundos de Hollywood e da Madison Avenue (acabando com a prática de pagar grandes somas em dinheiro para inserir garrafas da vodca Absolut em *Sex and the city*).

Um Ferrão para a Mídia

Os puristas da criação estão celebrando. Os profissionais da mídia, contudo, podem precisar de uma pausa para tirar suas caudas postiças e aspirar profundamente os ventos da mudança (mais uma vez).

Já há algum tempo a turma da mídia vem usufruindo um crescimento explosivo e saboreando os frutos de ser a nova queridinha dos clientes. As agências tradicionais de criação ficaram cambaleantes, enquanto as independentes da mídia colhem a glória de já não precisarem se confinar à sala dos fundos e aos cinco minutos finais da conversa. Atualmente elas vivem na abastança e vêm ficando a cada dia mais parecidas com as agências tradicionais, conforme engordam suas ofertas com escasseantes planejadores, gerentes de atendimento, analistas, matemáticos, projetistas de foguetes e até mesmo profissionais de criação.

Há, porém, um contramovimento em curso, em sua maior parte fora do radar. No futuro, contudo, ele será desproporcionalmente poderoso. Ele está ligado ao movimento da forma longa, mas também decorre de outros veios do novo marketing, como o marketing interativo, o de conteúdo gerado pelo consumidor e o comunitário.

O comercial *Cog* [engrenagem], da Honda, é um bom exemplo. Ele foi visto por mais gente nos Estados Unidos, por um custo zero na grande mídia, do que todos os comerciais pagos da Honda. Isso apesar de o carro anunciado não estar disponível nos Estados Unidos (talvez devesse estar). O webisode "Making of the Honda Cog" também esteve convenientemente disponível quando o *Cog* fez sua ronda. A mensagem, para a Madison Avenue, é tão gritante e tão profunda que muito admira não a terem descoberto antes: o conteúdo de forma longa — seja como minifilme, como um comercial que rompa a barreira sonora dos 30 segundos, ou mesmo como o *making of* de tais comerciais — vem transformando o esgotado, combalido e ineficaz padrão de ouro da publicidade televisiva.

Ao contrário de certos casos de entretenimento com marca, o conteúdo de forma longa é franco e explícito em sua proposta de valor. Os consumidores sentiam que havia alguém tentando vender-lhes algo ao assistir aos BMW Films? Será que se sentiam tapeados ao ver Jerry Seinfeld e Superman fazendo seu número? Será que o homem ou mulher nas ruas objetavam à série de episódios que contavam a história da icônica marca Napster? Não. Necas. *Nein*.

O frango depravado do Burger King, que teve o ímpeto de se exibir diante de uma câmera da Web para milhões de americanos similarmente pervertidos, fraudou com sucesso a regra cardeal da categoria dos restaurantes de serviço rápido (QSR): não personificarás o que, em seguida, deverás consumir. A experiência na Web do frango subserviente foi seguida de uma luta de vida ou morte entre dois frangos, *veiculada na DirecTV* — um evento absurdamente abstruso, ao estilo WWE[2]-enfrenta-Frangolino-de-pileque, entremeado de vários outros comerciais do Burger King (por acaso, as gravações das preliminares e da luta em si estão disponíveis para visualização e download na Web).

Esse exemplo, juntamente com a enfiada de casos de posicionamento de produto e integração de marcas, revela uma tendência que constitui uma impressionante virada de maré. *O comercial de 30 segundos assumiu um papel de apoio ou suporte.* Ele se tornou o sócio complementar de um investimento mais substancial em mídia ou marketing. Por exemplo, na campanha dos sanduíches TC *versus* Spicy, do Burger King, o conteúdo de forma longa funcionou como a loja-âncora de um

2. A World Wrestling Entertainment, associação americana de luta livre. (N. do T.)

shopping center, com os respingos de intrusões de 30 segundos sendo quiosques aleatórios distribuídos pelo recinto.

No caso da programação de realidade, a maioria dos profissionais da mídia desconsidera a integração de marcas como "nada de novo" e como algo que já existe desde que a P&G pôs o sabonete na ópera[3] e a Texaco Theater agraciou as salas de estar dos americanos.

Eles se enganam. De novo.

Embora o surgimento e até mesmo a execução da integração de marcas possa parecer familiar, o que estamos de fato testemunhando é o conteúdo de forma longa, com o comercial de 30 segundos não sendo mais do que um valor agregado, uma distração indesejada, um mal necessário. Nos tempos em que todos amavam Lucy, as marcas eram a força motriz por trás da criação do conteúdo; hoje, pode-se dizer o mesmo de um episódio de *O aprendiz*, e o comercial de 30 segundos é um subproduto *desnecessário*. Os consumidores estão cientes de que empresas como a Levi's, a Mattel e a M&M/Mars vêm pagando com os olhos da cara por Donald "Vendi-me para a Madison Avenue e só ganhei esta camiseta imunda" Trump e por sua ostentação gratuita da grandeza e estatura de sua empresa.[4] Funcionou? Será que toneladas de consumidores saíram às pressas para comprar calças 501, para fazer buscas locais no Yahoo!, para se atulharem de sabonetes Dove? Algumas evidências factuais sugerem que sim:

- de acordo com o ePrize, depois de encerrada sua participação em *O aprendiz*, a Crest recebeu 4,3 milhões de visitas pelo crest.com, 80 mil pedidos de amostra e 25 mil sugestões de idéias de marketing, no ritmo de 25 mil idéias por minutos nos primeiros 20 minutos após o programa;
- de acordo com Jim Moloshok, vice-presidente sênior do Yahoo! para relações na área de conteúdo de entretenimento, passadas três horas de um novo episódio de *O aprendiz*, o sorvete Ciao Bella era a terceira expressão mais procurada no Yahoo!, e às 5h da tarde do dia seguinte o produto se esgotou em todas as lojas que o vendiam.

Agora mesmo o investimento sensato ainda é o plugue do Trump, se comparado com o barulho dos 30 segundos — o que não é dizer muito.

---

3. O original contém um trocadilho intraduzível: "novela" em inglês é *soap opera*, ou "ópera do sabonete", e isso em razão de tais programas terem sido patrocinados inicialmente por fabricantes de sabão. (N. do T.)

4. O empresário Donald Trump é apresentador do programa *O Aprendiz*. (N. do T.)

A Inter-Relação entre o Entretenimento com Marca e o Conteúdo de Forma Longa

O entretenimento com marca é uma tática, não uma estratégia, e funciona mediante a estratégia de reconectar e reenvolver consumidores afastados empregando-se o conteúdo de forma longa, que é em si um sinônimo de entretenimento. No ringue do marketing, isso constitui um duplo direto de entretenimento e experiência, e você está na posição de emissor ou receptor.

O conteúdo de forma longa é a antítese do comercial de 30 segundos. Eles não só diferem drasticamente em duração, como a percepção de que o primeiro é conteúdo e o outro é comercial representa um contraste vital. Em meio a esse espectro (conteúdo *versus* comerciais), as marcas desempenham um papel definido. Num mundo em que tudo parece por vezes insignificante, elas proporcionam uma espécie de contexto que pode preencher as lacunas e devolver a ordem a uma existência de resto caótica.

Como alardeou certa vez o ex-COO da Coca-cola Steven Heyer (em seus dias de glória), sua marca de água doce carbonada era uma rede maior e tinha um alcance mais amplo do que qualquer das grandes redes dos Estados Unidos. Tudo muito bom e bonito, mas ele não explicou o que fazer em seguida. Sim, sua insinuação era que as marcas podem ser criadoras e distribuidoras de conteúdo, mas um punhado de canções sobre a Coca ("Real"), que se tornaram material de paródia no *Saturday Night Live*, foi praticamente a única criação que surgiu. E o fato de que as canções eram difundidas em comerciais de 30 segundos foi o remate do fracasso. Compare isso com o sucesso de "Vertigo", do U2, que se tornou sinônimo de iTunes e iPod (e, por conseguinte, da marca Apple).

O Que Veio Primeiro: a Criação do Conteúdo ou Sua Distribuição?

Para ser justo com a parcela dos marqueteiros avessos a riscos, o conteúdo de forma longa foi, em maior parte, uma série de promessas e visões desconexas para o futuro, difíceis de cumprir na prática. Isso já não é verdade. A democratização do vídeo criou uma das grades mais profundas e diversificadas para a disseminação de mensagem, permitindo que o conteúdo de forma longa seja consumido em grande número de níveis, em vários frontes e em diversas condições de uso — no lar, no trabalho, no lazer, na estrada e também no ar.

Os próximos dois capítulos discutem como o conteúdo de forma longa foi acolhido e compartilhado pelo "povo". Até lá, fique com alguns "yadda yadda yaddas" de um homem que sabe uma coisinha ou outra sobre contar histórias em forma longa — para complementar minhas observações com sua própria dose de realidade.

O Longo e o Curto da Nova Mídia

David Apicella, sócio sênior e co-chefe de criação da Ogilvy & Mather de Nova York

O comercial de 30 segundos está morto. Não, não está. Sim, está. Não, não está.

Esta é minha resposta ponderada para a pergunta favorita da indústria, pois não acredito que alguém saiba real e definitivamente o que acontecerá com o comercial de 30 segundos. Pelo menos por enquanto.

Claro que as coisas estão mudando, mas também acho que a "nova" mídia já está por aí há um bom tempo. O dirigível da Goodyear é uma ótima idéia da "nova" mídia. Quanto ao conteúdo, a P&G tem produzido novelas há anos.

Como quer que seja, o debate freme, mas acho que de uma coisa eu sei: é empolgante ser um profissional de criação numa agência publicitária.

Blogs, webisodes, conteúdo de forma longa, outdoors interativos, marketing em telefones móveis, integração de conteúdo — pensar nisso é fazer isso. O problema é fazer direito. Só porque a BMW e a American Express descobriram o sucesso no conteúdo de forma longa não quer dizer que ele sirva para todo mundo.

Com a liberdade de explorar as fronteiras criativas da nova mídia vêm os perigos para a alma da marca. Nenhuma dessas "novas" formas de publicidade funciona a menos que a comunicação comece com uma grande idéia que em seu íntimo corresponda à essência da marca. E nestes dias, a maioria das marcas precisa reinventar-se constantemente, tanto por suas ofertas como por seu posicionamento.

Na Ogilvy, gostamos de dizer que estamos no negócio de transformação das marcas.

Cada vez mais, conforme o mundo muda e os mercados evoluem, as marcas precisam também evoluir, para alcançar consumidores de novas maneiras, onde quer que eles estejam.

Criar uma marca e explorar o relacionamento que os consumidores têm com marcas nunca foi questão de um mero comercial de TV ou de um outdoor ou bolacha de chopp. É tudo isso e muito mais, e não acho que isso jamais mudará.

De que maneira então isso nos leva à "nova" mídia e ao conteúdo de forma longa? Eis uma maneira.

Em 1998, juntamos Jerry Seinfeld com o Superman dos desenhos animados para um comercial do American Express no Super Bowl (ver Figura 15.1). As pessoas gostaram. Gostaram dos personagens juntos e gostaram da marca por reuni-los.

Na verdade, as pessoas gostaram tanto do comercial que disseram que devíamos fazer outros dele.

E fizemos. Fizemos dois webisodes de 5 minutos destinados a veicular exclusivamente no site da American Express.

Eles foram tão bem recebidos que a NBC aproveitou o primeiro episódio e o apresentou como conteúdo durante o horário nobre na TV aberta, no mês de tomadas de audiência. Essa é uma ótima história da nova mídia, mas começou com um comercial de TV de 30 segundos.

O conteúdo de forma longa é empolgante. É empolgante como trabalho, divertido como atração e excelente para criar a experiência com a marca.

Eis aqui uma outra maneira: o varejo, a mais antiga experiência com marcas do mundo.

Considere a loja da Hershey's na Times Square. A princípio, a Hershey's queria um outdoor na Times Square para lhes dar presença num importante entroncamento global. Dissemos: "E que tal uma experiência real ao vivo?". Juntos, convertemos um outdoor numa loja. Um outdoor falaria sobre a Hershey's. A loja permite que a marca seja experimentada. E acredite em mim: quando um turista em Nova York volta para sua casa no Iowa e vai ao supermercado local comprar um pacote de doces, a experiência com a Hershey's imiscui-se no processo de decisão, influenciando a compra dos doces a centenas de quilômetros de Nova York.

Figura 15.1 Seinfeld e Superman se unem.
Cortesia: Ogilvy & Mather; American Express.

Que tal isso como nova mídia?

O que todos esses exemplos têm em comum é que eles descobriram maneiras novas e provocantes para que a publicidade e o marketing restabeleçam contato com os consumidores e continuem a transformar e criar marcas. Nenhuma das ferramentas da caixa pode fazer isso sozinha.

A forma longa chegou para ficar? Provavelmente. Outdoors, anúncios impressos, cartazes e bolachas de chopp? Claro. Algum dia projetaremos uma mensagem na Lua? Quem sabe? Quanto ao humilde comercial de TV de 30 segundos, parafraseio o sábio e espirituoso Mark Twain, que disse: "As notícias de minha morte são um tanto exageradas".

16

Marketing Comunitário

Al Ries, em sua infinita sabedoria, é um homem que eu cresci idolatrando. Como estudioso do marketing, ele e seu compatriota Jack Trout definiram o conceito mesmo de posicionamento de marcas. Sua visão — embora recentemente contestada pelo Vovô Colesterol, o McDonald's — permanece hoje, em maior parte, um princípio fundamental das aulas de Marketing e Publicidade.

Agora que já manifestei meu respeito pelo sr. Ries, permita-me dizer o quanto discordo da premissa central de seu livro não muito recente, *The Fall of Advertising and the Rise of PR* [A queda da publicidade e a ascensão das RP]. Quando o ouvi discursando há cerca de dois anos, o que testemunhei foi uma apresentação com slides tão velha quanto o próprio conceito de posicionamento. Para ser justo, não havia como ele preservar a estatura divina que tinha em minha mente, e eu espero seguir seu exemplo, vendendo serviços de consultoria com base em meu livro, abraçando oportunidades de palestras também com base no livro e vendendo livros com base em minhas habilidades de consultor e palestrante (mencione este anúncio e ganhe um desconto de 10% em minha tabela de preços).

Agora voltemos à hipótese de Ries sobre o papel das RP...

De acordo com ele, a publicidade não criou as poderosas marcas Amazon e eBay, não fez da Starbucks o que ela é hoje, nem acrescentou zeros ao poder de mercado do Google. Ele tem razão nisso; entretanto, contesto sua afirmação de que as relações públicas são o herói nesses casos. Elas não criaram essas marcas — você é que criou; todos nós criamos (e, em seguida, berramos por um sorvete).

A *comunidade* criou essas marcas, e as RP dominaram notavelmente a poderosa onda de interesse, atividade e envolvimento públicos que se seguiram. Sem dúvida, as RP criaram uma onda adicional de consciência e interesse público, mas elas não merecem o crédito de terem sido o fator primário no crescimento explosivo dessas marcas.

A economia da Internet utiliza a expressão *marketing viral* para indicar os efeitos em rede e a quantificação da propaganda boca-a-boca. Essa propaganda permanece a inconteste rainha das indicações qualificadas e confiáveis que resultam em vendas. Como observei orgulhosamente para o técnico que me ajudou na configuração de minha segunda caixa da TiVo, provavelmente vendi mais caixas da TiVo do que o mais bem-sucedido vendedor em *qualquer* grande loja eletrônica ou de departamentos.

Receio que muitos marqueteiros tenham feito um uso insuficiente do marketing viral, ao passo que outros o usaram abusivamente. Isso mesmo: marketing viral demais ou de menos pode ser ruim, muito ruim.

Comunitário Vem da Palavra *Comunidade*

Este capítulo não se intitula "Marketing Viral" — caso o fizesse, ele trataria de como deixar que os consumidores façam o trabalho de marketing por você. Isso deve vir como bônus — a cereja no topo de uma campanha de sucesso. *Se você começar com o objetivo de conseguir que os consumidores difundam o amor, sem lhes dar antes uma razão para amar, acabará no mesmo barco dos marqueteiros do eu-também, que vêm tentando romper o vírus do "código Da Vinci".*

O marketing viral, em sua pior e mais simplificada forma, é simplesmente a habilidade de fazer recomendações a um amigo. É mais um daqueles adágios "só porque você *pode* não quer dizer que *deva*", para os quais chamo a atenção da gente de marketing. Por alguma razão, a comunidade de marketing é com freqüência culpada de superdosar seu próprio Ki-suco. Ostentar sua própria importância é aceitável dentro dos confins de seus cubículos, mas não deve vazar para o domínio do consumidor. Você acha mesmo que os consumidores dão tanta importância ao que você diz que se arriscariam a mandar lixo eletrônico aos amigos com sua propaganda? É *fácil* para os consumidores falar "organicamente" aos amigos, colegas e familiares sobre qualquer coisa: copiar + colar = *voilà*! A capacidade de copiar uma URL faz maravilhas. *Eles não precisam de sua ajuda!*

Dito isso, contradigo-me alegremente prescrevendo aos marqueteiros que, quanto mais eles facilitarem aos consumidores a transmissão a outras pessoas de uma mensagem, idéia, programa ou conteúdo, melhor. Por exemplo, permitir que os consumidores baixem conteúdo mercadológico (leia-se: anúncios) em seu disco rígido, em vez de impedi-los, facilita certamente que eles "difundam o amor à marca". Isso provavelmente viola todos os estatutos de justa utilização e todas as leis de propriedade intelectual nos livros, mas seus consumidores já estão agindo assim de qualquer forma. É como dizer que *não* se devem tirar fotografias num *resort* da Disney — em vez de conseguir que as pessoas levem para casa uma lembrança especial para compartilhar com os amigos e a família, candidatos ideais ao poderoso império de Mickey Mouse, esse roedor está determinado a limitar a experiência aos confins geográficos do parque e a bugigangas com sanção oficial e preços abusivos (suspiro).

Agradeça a seus bons astros pela Nike — não somente por seus lacrimosos comerciais (ver lifeafter30.com), que de algum modo reduziram a Maldição do Bambino[1], já com 82 anos, à história de um minuto de perseverança e triunfo humano, mas por ela ter permitido explicitamente o download dessa história em formatos compatíveis com PC e Mac. Isso valida vários princípios do novo marketing, da distribuição à comunidade e ao controle.

Um último ponto sobre as indicações: elas devem ser recompensadas. A tecnologia nos deu os meios de rastrear e mensurar o comportamento dos consumidores, e, portanto, de oferecer recompensas. A omissão será forçosamente o resultado da preguiça ou da ganância.

> O "Just do It", feito pela Nike para os Red Sox, foi provavelmente o melhor comercial desde o "1984" da Apple. Embora seja uma anomalia, ele demonstra o ponto mais fundamental da publicidade: o fato de que a criatividade sempre superará a mediocridade. Estou preparado até mesmo para ignorar o fato de que o comercial foi feito aparentemente um ano antes, na expectativa de que os Cubs vencessem a Série Mundial e quebrassem *sua* maldição!

Como saber quando um produto finalmente virou uma marca? Ou quando uma marca finalmente emergiu como verdadeira líder em meio aos montes de indistintos nós-também? Uma medida que adoto é o momento em que os consumidores se transformam em sua força de vendas.

---

1. Mito urbano que procurava explicar por que a equipe de beisebol Boston Red Sox havia ficado 86 anos sem conquistar o título da Série Mundial. A razão teria sido a venda, em 1920, do astro Babe Ruth, chamado "O Bambino". (N. do T.)

Quantas vezes as pessoas lhe disseram que são adeptas do Mac ou quantas vezes você ouviu gente comparando os méritos do Treo aos do BlackBerry? Não, não são fanáticos: são seus clientes mais leais — verdadeiros porta-vozes — e podem muito bem entrar na folha de pagamento quando os negócios que promovem com suas recomendações e indicações pessoais entram na equação.

Há poucos anos, a Palm lançou o programa online Palm Champions, cujo propósito era recompensar os consumidores por recomendarem a Palm a seus amigos e colegas. A tecnologia possibilitou essa troca de valor, criando uma perfeita situação vencer-vencer-vencer: o indicador ganhava Palm Bucks[2], o indicado ganhava um software gratuito (e o novo Palm), e a Palm ganhava um misto de aquisição e retenção que incluía uma riqueza de dados e boa vontade. Essa não somente foi uma evolução com relação à clássica tática de indicação; ela também combinou os poderosos elementos da propaganda boca-a-boca, do marketing viral, do marketing afiliado e da CRM, ao mesmo tempo que procurava e recompensava as pessoas mais inclinadas a voltar. Esse foi um exemplo esplêndido de marketing comunitário e demonstrou um importante princípio: em vez de "investir" na mídia de massa, invista no consumidor.

Quais são as implicações para o marketing? Este Indicações Versão 2.0 conecta a tática a um objetivo e a uma estratégia de negócios mais significativos. Ele recompensa seus consumidores mais leais, que, admitamos, provavelmente sabem mais sobre seu produto do que os vendedores. Combine isso com a possibilidade de aproveitar, em certa medida, a propaganda boca-a-boca e o marketing viral, e você terá uma possante arma de marketing para acrescentar a seu arsenal.

Pense no que significaria para sua empresa e sua marca ter seus consumidores agindo independentemente como uma força de vendas longe de silenciosa. Certamente indicaria que você está fazendo a coisa certa. A questão então é: o que você fará a respeito? O que quer que faça, não pense que essa situação é garantida.

Controle: A Engrenagem Crítica

Se há um fio comum amarrando as mudanças nos campos do consumidor e do marketing, ele pode ser resumido a uma palavra: *controle*. Os consumidores o têm; o marketing, não.

Tudo o que os profissionais de marketing puderem fazer para ceder controle aos consumidores, para admitir a transição de poder e reconhecer as mudanças irrevogáveis que tiveram lugar, será um passo na direção correta. Isso é mais fácil

2. Sistema de bonificação criado pela Palm para a compra de novos aparelhos. (N. do T.)

de dizer que de fazer — pois se há uma coisa de que os marqueteiros não abrem mão, é o controle. É por esta razão que um novo CMO[3] sente-se compelido a demitir sua agência responsável; é por isso que a nova agência principal não resiste à ânsia de consertar o que não está quebrado.

O grau de controle e os efeitos em cadeia do marketing comunitário são inversamente proporcionais. O sucesso viral pode ser de certo modo uma abordagem bata-e-espere — por exemplo, o "Subservient Chicken" [Frango Submisso] poderia ter sido tentado para a mesma marca numa outra época e teria passado como um navio na noite.

Há um pequeno grupo de profissionais que parecem cometer mais acertos do que erros. O segredo pode ser sua disposição de abrir mão do controle, combinada com uma abordagem empreendedora do tipo teste-e-aprenda, aberta a riscos. O sucesso viral resulta com freqüência de atirarmos um monte de idéias contra a parede, em vários momentos e com várias interpretações — se a idéia grudar, ela estará pronta para o uso; se escorregar, limpe-a e aprenda com a experiência.

O trabalho afiado de Crispin Porter para o Burger King produziu sucessos como o "Frango Submisso", a luta TC-versus-Spicy (em especial contraste com a artificial Capital dos Frangos dos Estados Unidos, da KFC), Ugoff e sua bolsa para salada, e a Dieta Angus. Não é visível que eles estão se divertindo, e que esse prazer irreverente contagiará a comunidade?

Infelizmente, muitos marqueteiros que tentaram a mão no marketing comunitário ou tentaram demais ou não tentaram o bastante para criar um verdadeiro sucesso de RP. Talvez Al Ries devesse ter escrito um livro sobre a comunidade, já que ela é uma etapa quase obrigatória na criação do zunzum publicitário.

Tenha em mente, contudo, que o marketing comunitário pode ser uma faca de dois gumes. Se você liberar o botão de controle e deixar que as coisas corram ao deus-dará, deverá estar preparado para aceitar e lidar com as conseqüências do diálogo sem censura e da expressão individual esotérica, num mundo em que você descobrirá bem rápido se sua visão da realidade é de fato realista.

Tentando de Menos

Achar que o botão "indique um amigo" representa um esforço suficiente de marketing comunitário é patético. Embora seja fácil implementá-lo e certamente melhor do que não fazer nada, ele é na verdade uma tentativa lamentável de colher as recompensas da conexão entre consumidores de mentalidades afins mediante mensagens de marketing, sem a necessidade de trabalhar muito duro.

---

3. Chief Marketing Officer, ou Diretor de Marketing. (N. do T.)

A solução do "indique um amigo" aponta um problema maior — ela é a manifestação da mesma mentalidade de silo endêmica no negócio do marketing em geral, que afirma que atrelar-se a uma forma particular de distribuição é melhor do que usar muitas. Essa decisão, porém, não cabe ao profissional de marketing; o consumidor tem o direito de procurar o que mais o atrai. Independentemente de o marketing comunitário assumir a forma de um botão online na Web, de um formulário a ser preenchido, de um e-mail, de um serviço de mensagens breves (SMS) ou de um telefonema, quanto mais fácil for difundir a palavra, melhor será para você como profissional de marketing.

A AT&T Wireless (hoje Cingular) acertou com a votação por telefone e SMS para o programa *American Idol* na TV, mas deixou de lado a Web como uma terceira via vital. Pior ainda, restringiu a votação a espectadores que possuíam telefones sem fio AT&T. Se eles achavam que os adolescentes iam mudar para a AT&T só para votar, enganaram-se tristemente.

Essa é a mesma linha de pensamento que levou algumas viações aéreas a decretar que somente passageiros de primeira classe têm o direito de comer, e que a classe econômica seria reduzida a beliscar um *trail mix*. Essa é uma ofensa contra o direito básico e inalienável de não passar fome. (Maslow deve estar se revirando no túmulo.) A Virgin é uma viação que compreende isso — em vez de tomar a atitude negativa de negar entretenimento e comida, ela fez algo positivo, recompensando seus clientes *premium* com prêmios verdadeiramente não essenciais — na forma de brindes como um bar físico, massagens e serviços de limusine.

No caso de *American Idol*, a AT&T poderia ter conquistado muita boa vontade se houvesse aberto sua rede telefônica a todos e recompensado seus próprios clientes com um voto extra ou com a chance de ganhar um papel de coadjuvante no final do programa (*isso sim* é TV realidade). Posso entender que a votação só foi aberta no fim do programa para ser justa e equilibrada com os concorrentes, mas falemos a sério! — o mundo real é por acaso justo ou equilibrado? (Pergunte só à turma do Fox News!) Por que não fazer uma votação em tempo real, com um placar em tempo real, para dar ao programa algo da autenticidade do *Showtime at Apollo*? *American Idol* é um dos poucos programas que geram zunzum em volta do bebedouro, por isso é uma pena que o mecanismo de votação e o alcance da interatividade sejam tão lineares e infiéis à própria natureza comunitária do programa.

Difundindo a Palavra

A melhor maneira de difundir qualquer mensagem hoje é o e-mail. Ele é individualmente o melhor meio de compartilhar coisas como o Honda Cog, o JibJab ou a paródia "The Drugs I Need" [As drogas de que preciso], da Consumer Union, mas é também o meio menos sofisticado, controlado e complicado. Só podemos nos perguntar por que não vemos com mais freqüência videoclips e destaques de programas de TV vazados sub-repticiamente para as massas online. Uma das reais vantagens da era do compartilhamento ilegal de arquivos de música era que você podia conseguir aquela versão ao vivo de "She Bangs" que William Hung canibalizou, ou a obra-prima de Clay Aiken, "Solitaire", aqui e agora. O conteúdo quer ganhar as graças da liberdade... o que não significa necessariamente que precise ser *de graça*.

Claro, isso ocorreu antes de as músicas estarem legalmente disponíveis no iTunes, mas o argumento é que o Napster, para o melhor e para o pior, não foi mais do que um reflexo dos tempos e um vislumbre do futuro do marketing. Com essa visão do futuro, comunidades de consumidores contarão com suas interconexões para melhorar suas vidas, muitas vezes evadindo — e, portanto, prejudicando — a notoriamente lenta e teimosa comunidade do marketing.

Em 2005 a General Motors lançou uma campanha promocional para difundir "uma mensagem tão importante que precisamos do país inteiro para editá-la". A GM revelou uma palavra por dia através de uma variedade de meios tradicionais, como outdoors, para que um enigma fosse resolvido no www.findthemessage.com. Isso pode parecer intrigante — não fosse pelo fato de que os consumidores resolveram a charada antes mesmo que a campanha emplacasse.

"Esta é a última vez que você precisará se sentir sozinho nas estradas de nosso país", cantava a Web, sendo consenso que a resposta para o enigma era "OnStar" (o link para comunicações no interior dos veículos).

Esta é uma jogada ímpar de marketing comunitário. Embora eu queira dar o crédito à GM por prever o resultado inevitável, não consigo. Seu uso dos tradicionais outdoors, por exemplo, era tão retrógrado que parecia positivamente a Era Glacial. Dito isso, quero argumentar que o resultado não foi exatamente ruim para a GM — o fato de que os consumidores tenham entrado numa condição de envolvimento, a ponto de chegarem exatamente aonde a GM queria que chegassem (todas as estradas levam ao OnStar), só pode ser considerado um sucesso.

Neste caso, os consumidores ajudaram a acelerar a transmissão e a eficácia da mensagem numa campanha que de outro modo teria sido ineficaz.

Tentando Demais

A Mazda tentou imitar a Nike (ver mais adiante neste capítulo) com um "falso" blog que saiu horrivelmente pela culatra. Empresas como a BzzAgent usam táticas deliberadas e até mesmo ditas ardilosas para disseminar o zunzum viral ou comunitário, com resultados ambíguos. O marketing de guerrilha, em si mesmo um subconjunto do marketing comunitário, é na verdade o predecessor da encarnação viral infundida de tecnologia. Talvez ele deva ser chamado de *marketing controverso*, já que é o zunzum gerado após o fato (pelas RP), e não a tática em si, que leva o esforço para as telas de radar da mídia e de várias comunidades de interesse, como no caso dos anúncios de 2005 no Super Bowl, ou o falso anúncio da VW com um bombardeiro suicida.

A Ericsson gerou muito debate quando recrutou um bando de atores amadores como agentes secretos para emular os instintos e tendências naturais dos lealistas (como nos exemplos da TiVo e da Palm mencionados mais acima, salvo que falsos). Posando como turistas e consumidores reais, eles topavam as pessoas na rua e demonstravam as capacidades dos novos telefones Ericsson T68i.

> O sucesso comunitário não é forçado. E nem é falso. Ele é antes orgânico e muitas vezes viral ou exponencial. Na maioria dos casos, não é planejado, mas isso não significa que não possamos prevê-lo e nos preparar.

Valha o que valer meu comentário, acho que a tapeação está nos olhos de quem vê, e minha confiança nos consumidores inteligentes de hoje (princípio 1) me diz que eles tomarão as decisões certas para o seu caso. Eles podem farejar a falsidade a quilômetros de distância — e desde que a informação (como oposta à fonte ou ao veículo) seja veraz, eles serão capazes de tomar a decisão correta. A tática neste exemplo não é menos enganosa do que o comercial de 30 segundos que mostra fotografias em celular com resolução incrivelmente alta, com uma ressalva na base em letras miúdas dizendo "simulação". (Sei disso porque comprei o celular em questão, e a qualidade das fotos é uma caca!)

Muitas empresas recorreram a meios subversivos de fazer contato com os "conectores", "peritos" e "vendedores" de Malcolm Gladwell e com os "influentes" de Jon Berry.

O professor Chrysanthos Dellarocas, do MIT, publicou um tratado que mensurava o impacto econômico sobre as empresas que pagam funcionários ou terceiros para encher os painéis de mensagens de comentários favoráveis a seus produtos (iMediaconnection.com, 24 de novembro de 2004). A pesquisa mostrou que havia uma certa vantagem em "engrupir" primeiro as massas, mas ao final, quando os nós-também embarcam no mesmo bonde, a confusão, a falta de autenticidade e os motivos escusos por trás das mensagens substituem qualquer ganho econômico de curto prazo por prejuízos inevitáveis.

Planejando o Sucesso

Estar errado pode até ser uma coisa boa: um site que quebre é um grande testamento da demanda excessiva — mas apenas se puder ser rapidamente retificado ou adaptado para o sucesso. Matt Lauer adora esse tipo de quebra, no sentido de que rende manchetes o fato de a demanda ser tão grande que o site venha abaixo. Isso, contudo, é uma cartada arriscada demais para se jogar. Eu na verdade preferiria ser vinte vezes prudente (o que significa que estou investindo na banda larga dos resultados potenciais) para acertar uma única vez (e com isso poder agir sem entraves) quando a tempestade viral desabar.

Tentando na Medida Certa

O marketing comunitário é o que converte uma idéia ótima numa excelente campanha. Ele é uma parte da atual receita hollywoodiana para arrasa-quarteirões, tanto quanto as demais formas de publicidade tradicional.

Peter Jackson, o já lendário diretor da trilogia magistral *O Senhor dos Anéis*, explorou o poder da comunidade anos (sim, anos!) antes da estréia do primeiro de seus três mega-sucessos. Na verdade, os exaltados fãs da clássica história de J. R. R. Tolkien exerceram seu peso como comunidade e influenciaram importantes decisões da direção, o que fez com que certas cenas fossem parar na sala de edição.

Um exemplo mais perverso do poder da comunidade foi quando o chefe da Marvel Studios, Avi Arad, descobriu da pior maneira que um ligeiro desvio da bíblia do Hulk (não o colocar em sua costumeira calça púrpura, por exemplo) poderia conduzir ao desastre (embora, considerando-se tudo, o roteiro do filme já houvesse se incumbido disso!). Sejam vistos como uma forma de pesquisa de mercado instantânea e ao vivo, ou como uma fonte contínua de diálogos valiosos, Arad admitiu que as pessoas que rondam a Net são hoje "parceiros de filmagem", e não apenas gente que rouba idéias e baixa filmes ilegalmente.

Sentido de Aranha

Em 2004, o furor sobre a decisão de colar logotipos de *Homem-Aranha 2* na primeira, segunda e terceira bases em uma série de jogos da grande liga de beisebol fez com que painéis de mensagens, diários e publicações especializadas fremissem com discussões, debates e desgostos.

Uma das questões debatidas era se os jogos da grande liga deviam se ajustar aos tempos ou se a tática estava avacalhando uma tradição sagrada. O primeiro grupo (chamemo-los de pragmáticos) afirmava essencialmente que a publicidade já se havia imiscuído em quase todas as outras facetas do beisebol (e de outros esportes); por que não disputar as telas em branco dos uniformes e das placas? O segundo grupo (os puristas) traçou uma divisa no diamante do campo e lutou pelo direito de preservar a dignidade e a integridade do passatempo da América.

Poderia me estender sobre esse intrigante caso na atormentada história do marketing. Mencionaria inconsistências no que é considerado aceitável e no que é considerado blasfêmia. Falaria sobre o All-Star Game[4] e a pequena estada dos Yankees no leste (e não me refiro ao Bronx) para abrir a temporada. Poderia afirmar que outros esportes, como o futebol (esporte número um do mundo), conseguiram integrar sem entraves e com sucesso a publicidade nos uniformes, nos campos e em outros veículos, embora outros afirmem que isso converte o *Campo dos Sonhos* num pesadelo.

Mas não vou.

Também poderia passar um tempo considerável discutindo o aumento da confusão e a proliferação e a fragmentação das alternativas da mídia, bem como o crescente desafio de ser notado num mundo governado por consumidores emancipados e céticos. Poderia sugerir que, por um lado, os profissionais do marketing e da mídia devem explorar plenamente novas formas de alcançar, integrar e envolver — particularmente o público mais jovem —, mas que, por outro lado, cruzar a divisa poderia criar um círculo vicioso de repercussões negativas (consegue dizer "disfunção indumentária"?).

Mas, uma vez mais, eu não vou.

Falarei, em vez disso, de um espetacular aracnídeo que bateu os recordes de bilheteria no fim-de-semana de estréia, com estrondosos 114.844.116 dólares em receita — mais do que Yoda, Gollum, Jesus, Harry Potter ou Hulk (ver Tabela 16.1). Que tal isso como companhia?

Adoro a história de *Homem-Aranha*. Esse filme, para sermos francos, não devia ter sentido nem o cheiro da fortuna que acabou embolsando. Não foi o primeiro filme de super-herói e certamente não seria o último, mas pôs a concorrência no chinelo.

A teia de mídias não tradicionais (pode ver esse trocadilho como intencional) desempenhou um papel central no sucesso do filme. Não somente *Homem-Aranha* foi o filme número um em bilheteria no fim de semana de estréia, como foi o filme com o maior número de impressões publicitárias online registradas. Coincidência?

---

4. Trata-se de uma partida especial (de basquete, beisebol, futebol americano etc.) jogada apenas pelos melhores atletas, que são escolhidos pelo público. (N. do T.)

Tabela 16.1 Recordistas de bilheteria em fins-de-semana de estréia.

De todos os tempos	***Homem-Aranha***	**US$ 114.844.116**
Janeiro	*Guerra nas estrelas*	US$ 35.906.661
Fevereiro	*A paixão de Cristo*	US$ 83.848.082
Março	*A era do gelo*	US$ 46.312.454
Abril	*Tratamento de choque*	US$ 42.220.487
Maio	*Homem-Aranha*	US$ 114.844.116
Junho	*Harry Potter 3*	US$ 93.687.367
Julho	*Homem-Aranha 2*	US$ 88.156.227
Agosto	*A hora do rush 2*	US$ 67.408.222
Setembro	*Doce Lar*	US$ 35.648.740
Outubro	*Pânico 3*	US$ 48.113.770
Novembro	*Harry Potter*	US$ 90.294.621
Dezembro	*O senhor dos anéis: O retorno do rei*	US$ 72.629.713

Fonte: Box Office Mojo.

Homem-Aranha é uma outra produção de Avi Arad e, neste caso, o estúdio de cinema ajudou a distribuir miríades de parafernálias de comunicação do filme, como pôsteres, banners na Web e trailers exclusivos. A estratégia de distribuir e embutir arte criativa gratuita na multidão de sites de fãs na Web tornou-se um modelo para sucessos futuros como *O senhor dos anéis*. A consciência que o estúdio tinha das legiões de influenciadores e fãs apaixonados pelo mundo afora resultou na barganha do século. Os fãs queriam em seus monitores publicidade (eis um mandamento), trailers e informações sobre a futura estréia — e o estúdio lhes deu bem isso (parece até um comercial da Jet-Blue).

Publicidade gratuita é uma coisa, mas quando os consumidores e fãs chegam a solicitar e iniciar a distribuição dela para audiências altamente qualificadas, compostas sobretudo de influenciadores e adeptos precoces, o único resultado lógico é uma grande história de sucesso do marketing comunitário.

O que nos traz de volta a *Homem-Aranha 2*. Quem, eu seu juízo perfeito, aceitaria a tarefa de superar seu predecessor? Esqueça o superar — pense meramente na metade da bilheteria de *Homem-Aranha* no fim de semana de estréia. Se alcançada, ela já bateria os recordes de janeiro, março, abril, setembro e outubro.

Entra em cena o mais manco ardil de marketing da história (pelo menos no papel): pôr logotipos nas bases de uma partida da grande liga de beisebol. É um meio garantido de invocar a resposta essencial do lado direito do cérebro para que a publicidade faça seu trabalho de persuasão — *não*.

O que parecia um bocejo no papel tornou-se, da noite para o dia, uma tempestade num copo d'água, com 79,4% dos 45 mil entrevistados da ESPN expressando sua desaprovação do plano de pôr um logotipo de 15 × 15 cm de *Homem-Aranha 2* em três das quatro bases.

Eis outra estatística: 15 estádios, num período de três dias, equivalem a 45 jogos entre 11 e 13 de junho. São 45 jogos num total de 2.429 jogos na temporada, o que constitui um imenso 1,85%.

No papel, o valor dessas impressões não era muito persuasivo. Mas na realidade, foi uma das mais argutas estratégias de mídia adotadas nos últimos tempos. Quero crer que a pessoa responsável por essa proposta não tinha a menor intenção de seguir adiante com ela; o resultado (tumulto, protesto, rebelião) era garantido — uma certeza absoluta. Se a meta nesse caso era difundir a palavra de que *Homem-Aranha 2* estava chegando aos cinemas, da maneira mais ruidosa e memorável possível, esse exercício de conscientização alcançou as proporções do Super Bowl. O único fator de risco arrefeceu numa aposta calculada nas decisões de "vou" ou "não vou" à estréia nos cinemas, ou seja, à possibilidade de os consumidores boicotarem o filme. O passe funcionou, e em 2 de julho de 2004 a aberração de oito pernas conhecida como estratégia de mídia derrotou contundentemente *Austin Powers* (detentor do recorde anterior de julho, com US$ 73.071.188 dólares).

É irônico que a maioria dos fãs (indignados), que talvez não conseguisse distinguir Derek Jeter de Tobey Maguire lá das alturas das arquibancadas, tivesse tamanhos escrúpulos quanto a quem estaria na primeira base... e na segunda... e na terceira. Não é irônico (nem surpreendente) que tenha sido uma vez mais a comunidade (incluindo, mas não se limitando, aos fãs indignados) a responsável por este *home run* de bilheteria.

ODE AOS BLOGS

George Masters, um professor que (em minha humilde opinião) criou um iPod melhor do que a Apple jamais possuiu, teve seu comercial visto inicialmente por mais de 70 mil pessoas, para não falar da prolífica cobertura da imprensa, só por ter sido mencionado em alguns blogs influentes.

Bob Parsons, CEO do GoDaddy.com, tem seu próprio blog (www.bobparsons.com) no qual fala extensamente sobre as iniciativas de sua empresa no Super Bowl.

Joseph Jaffe (ou eu mesmo) relançou seu exclusivo sabor de comentários — chamado de Jaffe Juice (www.jaffejuice.com) — no formato de blog, graças à parceria perita dos visionários da Gawker Media.

O nome *blog* é, na prática, uma ilusão. Ele tende a ressoar e a projetar a imagem de um maníaco que digita interminavelmente num porão embolorado, quando na verdade é talvez a coisa mais sexy que já chegou ao mundo da publicidade.

Qualquer indivíduo (mesmo você) pode criar um blog, mas a verdadeira força tem de provir do mundo corporativo (você de novo), onde relacionamentos sólidos podem ser cultivados com base num diálogo honesto e aberto e num conteúdo superior.

O mundo está fremindo com a migração das comunicações formais de marketing do formato de monólogo (comercial de 30 segundos) para o de diálogo (meios digitais/interatividade). Por que, então, os mundos editorial ou do conteúdo *business-to-consumer* ou *business-to-business* deviam ser diferentes?

Nosso mundo atulhado precisa desesperadamente de filtros — tanto quantitativos (pense num funil) como qualitativos (pense num purificador); os blogs proporcionam uma panacéia destilada com elementos valiosos do tamanho de bytes, num formato não linear (graças à possibilidade de entrar e sair por links), e oferecem-lhe o recurso de entrar na conversa sempre que quiser.

Os Web logs, ou blogs, são muito mais do que diários online atualizáveis segundo o desejo do autor. Graças ao poder do hyperlink, qualquer artigo, site ou fonte de informação ou entretenimento mencionado no blog se conecta à mensagem com o clique de um mouse. Na verdade, o número de links com conexão do e para o blog é fundamental para determinar seu sucesso em termos de penetração e visibilidade — em tudo, de buscadores a listas de diretório.

Os blogs ameaçam desestabilizar a tradicional relação entre editor e redator, pois democratizam verdadeiramente esse campo. Qualquer pessoa pode comentar uma mensagem, com o que o blog se torna um diálogo aberto e dinâmico.

A verdadeira marca pertence ao público (seus consumidores, você e eu). Se você, como profissional de publicidade ou marketing, acredita de coração nesta premissa, acho que está bem a caminho de dominar um nível mais avançado de comunicação com seu público. Se permitirmos que comunidades de interesse ou de indivíduos de mentalidade comum — comunidades definidas por seus valores, crenças, julgamentos, marcas e mesmo pelos tipos de mídia que consomem — se reúnam e participem do processo de desenvolvimento da marca, uma rede mais ampla, mais abrangente e mais confiável poderá ser estendida.

Todavia, quero preveni-lo quanto a outro aspecto fundamental do marketing comunitário que está no cerne de todo o processo de interatividade e envolvimento: *só porque você quer falar com seus consumidores não significa que eles queiram falar com você.*

Faça, Mas Faça Certo

A Nike pôs essa crença em prática usando o Gawker.com, um popular blog opinativo, para sua campanha "Art of Speed" [Arte da Velocidade]. De acordo com o comentário oficial do blog, "Para o Art of Speed, a Nike contratou 15 jovens e talentosos cineastas para interpretar a idéia de velocidade. Ao longo de 20 dias, este weblog apresentará esses diretores inovadores, seus curtas-metragens e a tecnologia digital por trás das cenas" (ver Figura 16.1).

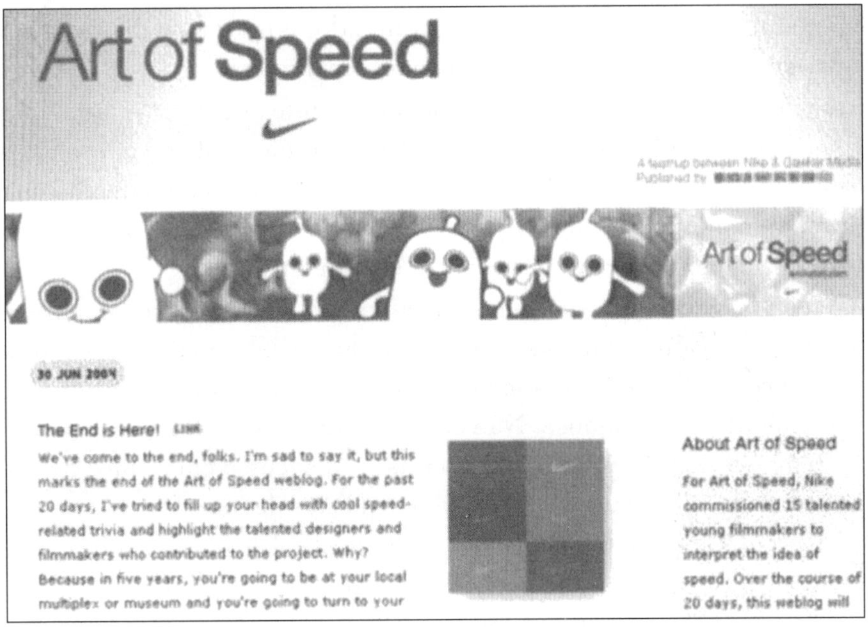

Figura 16.1 O blog Art of Speed.
Cortesia: Nike, Gawker Media.

O resultado foi um tributo fluente ao jornalismo, ininterruptamente mesclado com a marca Nike, que cumpriu à risca um princípio fundamental do novo marketing: alcançar as pessoas *certas*, em vez de buscar o máximo de pessoas — ou, no caso do marketing comunitário, alcançar o máximo de pessoas alcançando primeiro as pessoas certas (ver capítulo 17).

A Promessa do Marketing Comunitário

Por muitíssimo tempo, o Burger King só rendeu manchetes pelas razões erradas. Com efeito, quando seus negócios publicitários foram reavaliados (*de novo!*), correram apostas pela indústria publicitária sobre quão logo a agência perderia um cliente que em pouquíssimo tempo tinha virado um cão (ou frango). Em seguida, apareceu um site "*underground*" mal simulado com um sujeito vestido como um frangão dos mais excêntricos, que, graças a uma câmera da Web, conseguiu atingir um bocadinho de consumidores.

O frango mostrado na Figura 16.2 permite que você "siga a sua moda"[5] cedendo a seus desejos de classificação Livre ou Acompanhada dos Pais. Anseios de classificação restrita provavelmente suscitarão um polegar para baixo. Se você ainda não visitou o www.subservientchicken.com, esbofeteie seu pulso (comando, aliás, a que o frango em questão responde de maneira bem estranha).

Figura 16.2 "Frango Submisso".
Cortesia: Crispin Porter + Bogusky; Burger King.

Esta história de sucesso viral (mas não tifóide!) tem circulado bastante ultimamente, indo desde as páginas santificadas do *Wall Street Journal* até os painéis de mensagens *underground* de consumidores entusiásticos. Fiquei intrigado com a cobertura de mídia dessa campanha, tanto nos grandes jornais como nos círculos especializados. A pergunta mais freqüente sempre se resumia a: "Isso vendeu frangos?".

5. Jogo de palavras com o slogan do Burger King: "Have it your way". (N. do T.)

Esta é a pergunta mais errada que se pode fazer. O mais apropriado seria perguntar: "O Burger King vende frango?". (Dica: pense em *Burger* King.) A resposta é um enfático *sim* — e, se você não sabia disso antes, certamente agora sabe.

O "Frango Submisso" solta a franga, é verdade, mas ele foi sem dúvida uma campanha inteligente e estratégica. Quase sozinho ele pôs o BK no noticiário pelas razões certas, quando as únicas notícias sobre essa marca fraquejante eram as más notícias — numa época em que o único item grelhado no menu era a própria empresa. Hoje milhões de consumidores — especialmente os mais jovens, que possivelmente não haviam dado a mínima para a marca até então — interagiram com esse galo sacana. Muita gente não sabe disso, mas o homem na fantasia é na verdade Richard Hatch. (É brincadeira, mas não pude resistir.) O total de acessos ao site do Frango Submisso em março de 2005 foi de 398.958.278 (segundo a CP + B). Estima-se que isso corresponda a 14.225.675 consumidores individuais, cada um dos quais passou em média 7min17s por sessão (ou seja, 7,3 × 30 segundos, comparando com os comerciais, se alguém estiver fazendo as contas).

Sugerir que o produto foi vendido como resultado direto desta campanha é miopia e revela uma ignorância aguda de como a publicidade e a gestão de marcas funcionam — pelo menos quando são bem feitas.

E se — e isso é pura especulação (sarcasmo intencional) — a meta primária do programa não fosse vender frangos? Claro, qualquer esforço bem-sucedido acabará se convertendo em vendas; contudo, quando se avalia o impacto da publicidade gratuita e a mensagem enviada à comunidade de investidores, à imprensa, aos canais de TV e à base de consumo (passada, presente e futura), será que o valor não transcende as vendas de curto prazo e entra na zona do "não tem preço"?

A pergunta certa a fazer é: "Isso aproximou as pessoas da marca?". E o corolário: "Isso afastou as pessoas ainda mais da marca?". Se as respostas forem respectivamente sim e não, este frango não é nenhum cérebro de pena.

À medida que o BK conseguiu dar curso a essa campanha determinou, em última instância, se ela seria uma maravilha passageira ou a fundação de uma idéia com força permanente.

A idéia desse frango, como incorporação da proposta de valor do Burger King — "Have it your way" [Siga a sua moda] — influenciou esforços posteriores de marketing, como a Dieta do Dr. Angus (que não é um médico de verdade, nem uma dieta de verdade); o birrento e presunçoso Ugoff, com sua magistral bolsa para salada; e o comercial exclusivo para a DirecTV: o Campeonato Mundial de Sanduíches de Frango, com a luta engaiolada até a morte entre TC (também conhecido como TenderCrisp) e Spicy (também conhecido como Spicy TenderCrisp).

Se você ainda não se convenceu, eis o frango cantando: "A Burger King Corporation (...) anunciou que seus resultados em outubro de 2004 mostram que as vendas nas mesmas unidades tiveram um aumento de 6,9% em todo o sistema nos Estados Unidos, com um aumento de 6,4% nas franquias americanas e de 12,3% nos restaurantes da própria empresa. Outubro assinala o nono mês consecutivo de vendas positivas nas mesmas unidades". Além disso, declarou-se um aumento de 9% nas vendas do hambúrguer de frango nas semanas imediatamente após o início da campanha. (Só pode ser uma tremenda coincidência.)

Graças a Deus, um Negócio sem Peritos

Charles K. Porter, Chairman da Crispin Porter + Bogusky

O marketing viral digital ainda está sendo inventado. Já há pessoas promovendo seminários e painéis de discussão a respeito, mas, em sua maioria, elas estão apenas repassando as falsas largadas e as promessas não cumpridas. Todo mundo sabe que há aí uma mídia enormemente poderosa. Ocorre apenas que ninguém descobriu ainda como utilizá-la de maneira previsível. É isso que a torna tão estimulante, tão atraente e tão muito louca.

Entretanto, muita gente já investiu dinheiramas nesse monstrengo, e aprendemos algumas coisas com certeza: mesmo que você o cultive, ele não brotará necessariamente.

Há alguns anos apareceu um sujeito em nossa agência falando sobre fazer um comercial no Super Bowl. Ele não tinha mais do que uma idéia muito vaga do produto, sem um plano de negócios a discutir e sem nenhum modelo econômico real. O que tinha era uma pasta cheia de capital de risco e um endereço quentíssimo da Web que havia comprado por 2 milhões de dólares. Ele conseguiu o comercial (não conosco); rodou-o no Super Bowl; teve mais de um milhão de acessos; e no fim de fevereiro estava fora do ramo. Em retrospecto, essa foi uma história bem típica do titânico naufrágio das ponto-com em 2000, e provou uma coisa. Estar no espaço interativo, mesmo que se tenha um infalível e maravilhoso endereço da Web e um comercial no Super Bowl, não o leva a lugar nenhum. Nenhum mesmo.

Ser mais intrusivo é apenas ser uma praga pior.

Lembra-se dos banners? Eles simplesmente ficavam lá à vista ou, se fossem realmente de ponta, rebrilhavam. Naturalmente, quando a novidade se desfez, os tão alardeados números de cliques despencaram feito um peru morto de um helicóptero. E agora todo mundo vem pensando em algum jeito de fazer com que alguém volte a notá-los. Posso ouvir a reunião. "Será que podemos fazer com que flutuem na tela? Com que ricocheteiem? Com que flutuem e depois ricocheteiem?" Bem, eis aqui a realidade. Você pode fazer sua pop-up flutuchetear, arrancar as calças e cantar *Who let the dogs out*. E só estará incomodando as pessoas.

O que Poderia Dar Certo

Como eu disse mais acima, ainda não há peritos neste negócio — o que também me inclui. Até o momento, porém, as únicas duas maneiras que enxergo para que as pessoas prestem atenção no público do mundo interativo é oferecer informações ou entretenimento. E se alguém tem realmente sonhos de marketing viral, o entretenimento sempre ganhará. Imagine dois sites. Um deles tem informações muito úteis sobre como cuidar de tecidos delicados. Outro tem a piada mais engraçada que já se ouviu desde o colégio. Qual deles você vai mandar para os amigos?

Um Ponto-Chave a Relembrar

O marketing viral pode ser divertido. Pode ser patriótico. Pode ser poético e acalentador. Pode ser fuxiqueiro. Pode ser qualquer coisa interessante e cativante o bastante para que se tenha de difundir. Ele pode até mesmo ser um frango bizarro que faça qualquer coisa que se peça. O que o marketing viral não pode ser é chato ou venal. As pessoas estão muito cientes de que qualquer coisa que remetam a uma lista de e-mails diz algo sobre elas mesmas. E praticamente ninguém enviaria um vendedor à casa de um amigo.

17

Conteúdo Gerado pelo Consumidor

O que está rolando? Verifique em www.whassup.com. Você não seria o primeiro a descobrir algumas das lendárias paródias da icônica campanha "Whassup" da Budweiser, como a dos Superfriends, do South Park, de Elian Gonzales (lembra-se dele?), do Wake Up (para os chatos de galocha) e do Shalom (!), como também a versão britânica (algo que misture cerveja, chá e *crumpets* simplesmente não cola). Digite as palavras "Whassup" e "Budweiser" num buscador e o site oficial da Budweiser não vai ser encontrado.

Esse e muitos outros sites de tributo acham-se livremente acessíveis na Net para os muitos milhares de consumidores extasiados com essa campanha inovadora e memorável, que tratava de quatro amigos e suas saudações iconoclastas.

O que ocorreu aqui foi uma expressão de interesse comunitário que poderia muito bem ter sido abafada pela turma da Anheuser-Busch com um tradicional parem-e-desistam, mas que foi deixada em paz e (quem sabe?) possivelmente até incentivada às ocultas. Há rumores de que a Anheuser-Busch a contratou. A Apple, similarmente, não pediu a George Masters que removesse seu anúncio (que gentileza!), quando na verdade o que devia ter feito era pô-lo no ar!

O conteúdo gerado pelo consumidor (note que não o insultei chamando-o de "propaganda" ou "mídia") é o Monte Everest do mundo dos feitos publicitários. Se o envolvimento interativo do consumidor (graças às mensagens de mídia) constitui um feito significativo dentro dos padrões publicitários, ele empalidece se comparado ao conceito de consumidores criando voluntariamente seu próprio conteúdo com um vínculo direto ou indireto com a marca. Alguns o designam como "marketing de fonte aberta", ou co-criação.

É isso o que torna tão intrigante o Projeto Luz Verde (o projeto-realidade de Matt Damon e Ben Affleck para concretizar o sonho de um roteirista comum e de um diretor iniciante) e é por isso que o MoveOn.org gerou tamanha expressão dos consumidores na arena política. Trata-se de algo novo e único sobre pessoas normais criando conteúdo, um processo que já ficou sujeito a mistificação e, com isso, relegado às garras de um pequeno grupo elitista de "criadores".

A Visa, marca que pretende estar "onde você precisa", criou sua campanha "Idéias Acontecem" (ver o comentário no fim deste capítulo), que concluiu sua segunda veiculação de sucesso. "Idéias Acontecem" dá a pessoas entre os 18 e os 29 anos a oportunidade de sugerir idéias e ganhar 25 mil dólares para convertê-las em realidade. Os participantes apresentam um breve texto, um vídeo opcional e até três imagens em JPEG de sua idéia. Um total de 12 vencedores é escolhido, quatro em cada uma destas categorias: empreendedor, comunidade e auto-expressão (ver Figura 17.1).

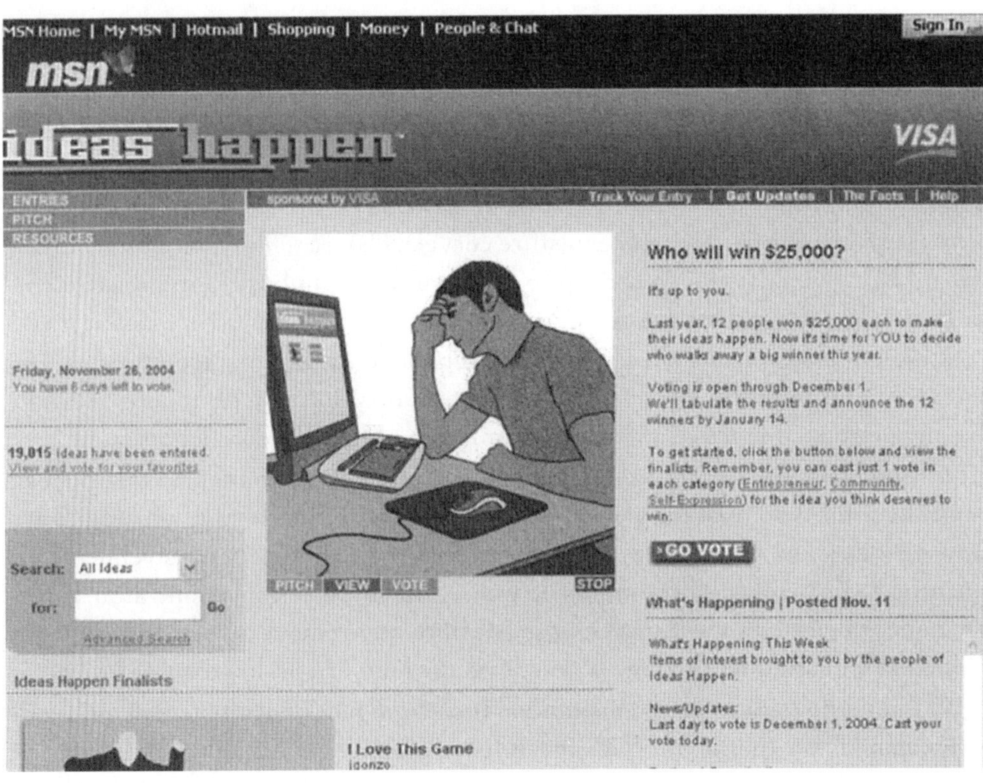

Figura 17.1 "Idéias acontecem".
Cortesia: Visa; Microsoft Corporation's MSN.

Essa iniciativa prometia converter as idéias dos próprios consumidores em realidade. Neste caso, o *produto* é o cartão de crédito e a possibilidade de que ele seja aceito por toda parte; a *marca* é a possibilidade de levar as pessoas comuns a realizar aspirações extraordinárias ao agirem (ou seja, ao usarem seus cartões de crédito); e a *experiência* é "fazer acontecer". O site http://ideashappen.msn.com/ tornou-se um destino requisitado para que os sonhadores apresentem suas idéias numa variedade de veículos criativos de multimídia, e também um porto para que outras pessoas encontrem inspiração vicariamente, nas idéias que propeliram os sonhadores.

O "Frango Submisso" usa uma combinação de técnicas planejadas e talvez imprevistas para criar sua experiência. Os consumidores interagem com o site, desafiando o frango a agir de maneiras estranhas e engraçadas. O verdadeiro multiplicador, porém, foram as centenas de sites que brotaram virtualmente da noite para o dia e ofereceram listas exaustivas de tudo o que o frango faria, não faria e poderia fazer, inclusive dançar Hokey Pokey, fingir de morto, dançar no teto (funcionou com Lionel Ritchie), comer um Big Mac (o que lhe dá ânsias de vômito) e também alguns atos indizíveis. Depois de fuçar um pouco, descobri um site que pode ajudar a tirar a censura dos comandos censurados, embora eu não tenha a menor idéia de como fazer isso e por que alguém o faria. É perfeitamente concebível, no entanto, que uma agência de ponta e um bando de consumidores altamente engajados consigam passar a perna num negócio que está além da maioria de nós.

Quando se visita algum dos sites de fãs do Frango Submisso, é tentador concluir que há gente com tempo de sobra nas mãos. Contei mais de 225 entradas diferentes em um desses sites. Mas depois que se leva em conta o nível de comprometimento necessário para compilar uma lista tão exaustiva de comandos para o frango, bem como a possibilidade de que as mesmas pessoas tenham uma curiosidade e uma renda disponíveis (e que são muito provavelmente o público-alvo), talvez alguém esteja disposto a reconsiderar as idéias sobre o sucesso do exercício.

Honda = Amor

A Honda criou um comercial esplêndido com base no conhecido truísmo de que as pessoas se parecem com seus cães[1]. Usando sua frota de modelos e alternativas,

1. Na maioria das vezes, cães puro-sangue podem ser associados por desconhecidos a seus donos. O mesmo não vale para mestiços, segundo Nicholas Christenfeld e Michael Roy, psicólogos da Universidade da Califórnia em San Diego. (N. do T.)

a empresa associou as pessoas ao carro que melhor se assemelhava a elas (ou vice-versa).

Em contraste com a abordagem preguiçosa e óbvia da concorrente Toyota — "Com tantos Toyotas à sua escolha, o difícil é achar o modelo certo para você" —, a abordagem da Honda era inovadora. Se tivesse parado nisso, porém, logo teria sido esquecida. O que eles fizeram em seguida é que a tornou especial.

A Honda permitiu que os consumidores enviassem suas próprias fotografias para comparar com o modelo Honda que sentiam ser mais compatíveis com seu visual. A comunidade online em seguida votou nos pares que julgou os melhores (ver Figura 17.2).

A Honda criou em seguida um anúncio com as melhores contribuições. Chamo isso de "propaganda-realidade", pois ela acaba sendo mais autêntica e confiável do que qualquer tipo de publicidade.

Figura 17.2 O sucesso da Honda em propaganda-realidade, na forma do "dirigir = amar". *Cortesia*: American Honda Motor Co.; Ruben Postaer & Associates (RPA).

Existe uma razão para que o conteúdo gerado pelo consumidor não seja chamado de "*propaganda* gerada pelo consumidor". Quando os consumidores são estimulados a participar criativamente da difusão de mensagens de marketing, ela deixa de ser publicidade ou conteúdo comercial, e passa a ser pura e simplesmente conteúdo. E com isso concorre diretamente com qualquer coisa desde o CSI até o *Seabiscuit*.

O conteúdo gerado pelo consumidor é uma estratégia orgânica e dinâmica, além de uma tática comprovada de envolvimento. Ele pode ser empregado de maneira horizontal, vinculando um ponto de contato das comunicações com outros pontos. Ele já existe em formatos básicos há muito mais tempo do que você talvez presuma, remontando ao arquetípico bolão patrocinado por produtos embalados em que os consumidores enviam uma mensagem por escrito dizendo por que deviam ser escolhidos como ganhadores do grande prêmio.

Mas é somente agora — e especificamente graças à tecnologia — que esse conteúdo pode ser criado, influenciado e compartilhado em grande escala. A digitalização da edição de vídeos, fotos e áudio democratizou o processo de concepção e execução de filmes, curtas, colagens e ensaios em áudio.

Do iPhoto aos iTunes e ao iMovie, os produtos da Apple são a mais bem integrada de todas as caixas de ferramentas, permitindo aos consumidores amadores tornarem-se criadores de conteúdo razoavelmente profissionais. Claro que a possibilidade de criar pode ter aspectos tanto positivos como negativos. Alguém se lembra dos irmãos Neistat e sua breve denúncia em vídeo, "O Segredo Sujo do iPod"? (ver capítulo 7.) De acordo com o contador do www.ipodsdirtysecret.com, esse exemplo de conteúdo gerado pelo consumidor foi visto mais de 1,8 milhão de vezes, e isso não inclui o número de vezes que foi enviado por e-mail ou compartilhado de outras maneiras.

O outro componente na explosão do conteúdo gerado pelo consumidor é o meio de armazenar essas criações. A World Wide Web não é somente *wide* (larga), mas também profunda, e oferece a perfeita oportunidade de comprar e vender atenção, o que nos torna potencialmente os artistas do momento.

A Imaginação em Ação

Depois de uma temporada de sucesso, a GE mudou seu slogan de "Trazemos coisas boas à vida" para "A imaginação em ação". Que melhor maneira de trazer à vida a promessa da marca do que demonstrá-la na prática, permitindo que os consumidores ponham sua imaginação... em ação? Os usuários podem manejar uma caneta online com o mouse, traçar o projeto do próximo estouro desde a Starbucks e compartilhá-lo com um amigo via e-mail.

Essa campanha pôs as expectativas nas alturas e, para atender a esse padrão, a GE lançou recentemente a "Imagination Cubed" [Imaginação ao Cubo], a primeira forma de publicidade *colaborativa* que eu já vi. Agora, em vez de desenhar sozinhos e depois compartilhar a idéia, os consumidores podem convidar dois ou três amigos ou colegas para criar um desenho simultaneamente, servindo ao mesmo tempo como iniciadores e receptores de publicidade (ver Figura 17.3). Só podemos esperar que isso ensine algo à NBC!

Outro exemplo de conteúdo gerado pelo consumidor são as duas ondas de filmes originais criados *pelos fãs da Converse para fãs da Converse* em todo o país, sob a égide da Butler, Shine, Stern & Partners. De acordo com o site, pediu-se aos consumidores que fizessem um "filme de 24 segundos — não um comercial — que incorporasse os valores e o espírito da Converse". Pode-se achar que isso é trabalho da agência, mas o convite sublinha a crença fundamental de que a marca pertence aos consumidores. Em vez de dizer a eles o que a marca representa, não é muito melhor (e mais autêntico) deixar que eles o digam? Acaba a desconexão, resta a conexão.

Figura 17.3 A "Imaginação ao Cubo", da GE.
Cortesia: General Electric.

O sucesso dessa campanha foi determinado com base nos seguintes pontos de prova:

- tomou-se a decisão de lançar uma segunda onda de filmes (13 no total) com base em mais de 200 contribuições;
- o movimento no converse.com aumentou 66% com relação ao mês de agosto anterior;
- quase 400 mil visitantes foram diretamente ao conversegallery.com, o site que armazena os filmes, nas três semanas de lançamento;
- os pedidos de tênis online dobraram em apenas um mês;
- as vendas em dois relatórios decisivos estavam significativamente maiores na importantíssima temporada de volta às aulas.

Os 15 minutos de fama de que falava Andy Warhol podem muito bem mostrar-se mais longos e de muito maior alcance.

Um parecer sobre o conteúdo gerado pelo consumidor

Jon Raj, Diretor de Publicidade da Visa

Não havia certamente nada de novo numa empresa de grande liquidez patrocinando um concurso ou promoção. E, claro, não havia nada de novo em promover esse concurso em vias tradicionais e não tradicionais. O novo era a criação de uma campanha integrada de marketing e publicidade que contava menos com o produto apresentado do que com os consumidores que o anunciante queria influenciar. O poder e o controle se transferiram do anunciante para o consumidor, em troca do resultado desejado ao final — a afinidade com a marca. E, mais que isso, sem a participação dos consumidores não teria havido campanha. Era arriscado, mas foi o início de algo muito animador e gratificante.

"Idéias Acontecem" nasceu da crença de que, embora a publicidade televisiva ainda seja o meio dominante, os hábitos e os estilos de vida dos consumidores estavam rapidamente mudando. Já não é golaço nenhum criar um comercial televisivo de 30 segundos para o público entre 18 e 24 anos e achar que o dia está ganho.

Nossos concorrentes concordaram, já que também saíram em busca daquele quê especial que havia em nossa campanha proverbialmente "fora da caixa". Acho, no entanto, que passaram longe, já que eles, como muitos, seguiram passos tradicionais e premissas ultrapassadas. Muitas de suas estratégias consistiam simplesmente em informar aos consumidores o que era importante para eles e fabricar um concurso em torno dessa idéia. O necessário, como sabíamos, era criar um paradigma inteiramente novo.

"Idéias Acontecem" envolvia jovens dizendo uns aos outros (e não aos publicitários) o que julgavam importante, e isso, por sua vez, gerava credibilidade e afinidade com a marca Visa.

Como, então, convencer a alta administração de que, se evitássemos as vias tradicionais dos anúncios na imprensa, no rádio e na TV, teríamos uma chance real de sobressair em meio à confusão e ser efetivamente ouvidos?

A resposta que descobri foi montar um plano sobre pesquisas sólidas, intuição e persistência.

A pesquisa é fundamental por algumas razões. Em primeiro lugar, ela pode justificar suas decisões junto aos membros da empresa que não apreciam o uso de estratégias tão inovadoras. E ela também é essencial para gerar impulso na cadeia alimentar da aprovação.

Depois de conquistado o suporte, é hora de olhar além dos números e avaliar o plano numa perspectiva diferente — a intuição. Isso não significa assumir riscos imprevistos, mas fazer o dever de casa e adquirir uma boa compreensão do panorama. Esse conhecimento permitirá ser guiado efetivamente por uma visão, e não por meros números. É a melhor maneira de enxergar o que haverá amanhã, para além do que já existe hoje.

E então vem a persistência. É muito fácil que grandes idéias morram ou sejam postas no proverbial estacionamento. Cumpre haver um impulso persistente para manter as idéias vivas e novas. Os colegas só saltarão a bordo se virem que alguém está 110% decidido.

Finalmente, manter o plano no radar tempo suficiente para evitar o "matadouro tradicional", como gosto de chamar as pessoas em qualquer organização que só conhecem as maneiras antigas e comprovadas de fazer as coisas, e que raramente tentam algo novo que possa comprometer a posição. De resto, não há problema em chamar o projeto de "piloto" até que os resultados positivos comecem a surgir.

A aposta intrínseca era criar um programa que não dependesse de um diretor classe A nem de um designer de ponta, e sim da criatividade e da ambição do público-alvo, jovens dos 18 aos 29 anos. A idéia de o consumidor comandar o marketing era evidentemente uma proposta perigosa por si só, mas foi o risco que tornou a recompensa tão mais gratificante.

Precisávamos que esses consumidores entendessem e abraçassem a noção de que a Visa não estava tentando passar conversa em ninguém ("envie uma mensagem ao pedir um novo cartão de crédito"), mas, sim, transmitir com simplicidade e decoro a mensagem de que ela era uma empresa que permitia aos jovens converter suas idéias e sonhos em realidade. Sabíamos que se acertássemos o equilíbrio entre gestão de marca e benefício ao consumidor, conseguiríamos acionar certos atributos centrais de nossa marca que, como sabemos, a fazem crescer. Nunca imaginamos, contudo, que o programa teria resultados tão notáveis.

O papel da Internet foi essencial. Ela é o único meio capaz de oferecer a interação e o banco de dados necessários para pôr em prática esse programa complexo. No ano piloto, houve mais de 13 mil inscrições que podiam ser vistas e classificadas pelos clientes. No segundo ano, o número chegou a 21 mil. Graças a uma parceria com os clientes do MSN, não somente pudemos carregar suas idéias, como também acrescentar vídeos e fotos, além de dar suporte a suas inscrições. Os que decidiram ficar na platéia sem se inscrever acorreram ao site aos milhões, classificando as idéias e finalmente votando em suas favoritas. O mais importante foi que o sucesso da campanha não seria mensurado pelos milhões de visitantes do site nem pelos milhares de inscritos, mas antes pelo impacto que ela teve nas pessoas cientes da promoção e nos sentimentos delas com relação à marca. Nossa pesquisa indicou que, depois do ano piloto, passou a haver mais de 33% de consciência da "Idéias Acontecem" em meio ao público-alvo, e atributos essenciais foram consideravelmente alavancados.

A Visa foi a habilitadora. Ela fez isso tudo acontecer. Foi a Visa que criou o programa permitindo aos jovens participar e expor suas idéias para partilhá-las com seus pares. Foram esses os temas que prevaleceram. Isso era muito mais intenso do que um mero anúncio impresso, um banner jeitoso ou mesmo um comovente e divertido comercial de 30 segundos.

O maior desafio nessa arena, e obviamente em outras similares, foi descobrir o devido mix da mídia. Os anunciantes há muito têm confiado na "comprovada" (ou seja, a televisão). Como grande fã da TV, eu certamente não cogitaria deixá-la de fora, e, no entanto, todos devemos aprender a contar cada vez menos com ela e procurar canais e estratégias mais novos para cumprir nossos objetivos.

"Idéias Acontecem" é um grande exemplo de conteúdo gerado pelo consumidor (CGC). Acredito que seja um modelo com um definitivo poder de permanência, especialmente numa era de infinita confusão mercadológica. Com os publicitários sempre em busca de novos meios de atingir seus alvos, os consumidores estão ficando inundados de anúncios. Muitos já se tornaram tão insensíveis e cegos, ainda que à propaganda mais intrusiva, que obter uma resposta positiva tornou-se extremamente difícil. O que o CGC promete é que, se abrirmos mão de parte do controle a que nós, publicitários, estamos tão habituados, poderemos causar impressões mais relevantes e duradouras.

Essa perda de controle é na verdade a essência da estratégia. Ela demonstra para o consumidor que não somente o entendemos e valorizamos, como confiamos nele como participante. É uma maneira muito diferente de abordar o quebra-cabeça do marketing, mas, se estivermos dispostos a encarar o desafio e reconhecer o panorama em mutação, acredito que poderemos levar nossas marcas a um século muito diferente.

18

Busca

Estamos vivendo tempos empolgantes, em que as marcas, os aparelhos e as tecnologias revolucionam o modo como trabalhamos, nos entretemos e compramos, e com isso transformam mercados inteiros. O iPod, o BlackBerry e, talvez o rei de todos, "o Google" são três dos mais influentes.

A busca online transformou nossas vidas pessoais e profissionais de maneiras que jamais sonhamos que fossem possíveis. Pode então ser uma surpresa se eu disser que a bolha da busca está definitivamente prestes a estourar. Ela tem de estourar. E na verdade, já estourou!

A busca já não é o único domínio dos buscadores. O Google, por exemplo, diversificou-se mais rapidamente do que um bando de coelhos fervorosos empenhados naquilo que fazem melhor. Hoje, alguém estará googleando ou sendo googleado para muito além do google.com — será descoberto na área de trabalho; no e-mail; no navegador; embutido nas páginas dos maiores editores da Web e talvez numa própria home page. Já existem buscas sem marca na TiVo e, em breve, talvez vejamos o Google sustentando toda a experiência de busca na TV.

Este capítulo, porém, não trata do Google — apesar de que seria divertido se tratasse. Ele trata, antes, da busca e de como os profissionais de marketing deveriam estar pensando a respeito dela.

A beleza da busca é sua simplicidade. O prosaico link textual é o grande pivô dos campos de atuação. Ele substitui o mais robusto Golias por um ágil e hábil

Davi. Ele deu à luz toda uma indústria de SEOs — operadoras ou otimizadoras de mecanismos de busca — que nos deixarão boquiaberto com sua profundidade de visão num assunto que se julgava dominar.

Eis aqui um exercício: tentar criar um link textual para vender uma marca, produto ou serviço usando as diretrizes a seguir:

- título: 25 caracteres ou menos;
- linha 1: 35 caracteres ou menos;
- linha 2: 35 caracteres ou menos.

Ninguém pode usar exageros, ainda que creia devotamente que o produto ou serviço é o balacobaco; não se pode usar um único ponto de exclamação; nada de abusar das maiúsculas; nada de repetições; e nada de ortografia ou gramática incorreta. (Como então vou "pensar diferente"?[1])

Eis minha tentativa de vender este livro:

> *O Declínio da Mídia de Massa*
> Eu achava que tinha me saído muito bem — é conciso, é direto, menciona o título e concentra-se na ação.

Apresentei isso a vários peritos em marketing de busca e eis o que eles disseram a respeito.

Alerta: o que se segue é, em certos momentos, muito técnico, mas (para tomar emprestado o bordão da PGA TOUR) *esses caras são bons!*

Se a publicidade como arte é o processo de comprimir fatos complexos, pontos de prova e idéias numa mensagem singular e destilada, e você achava difícil fazer isso em 30 segundos, experimente num link textual. Os marqueteiros que insistem em fazer isso sozinhos (devia haver um alerta: "*Não* tentem isso sozinhos") e as agências que flertam com a busca precisam treinar seu pessoal de criação no uso de um conjunto de técnicas totalmente diferente, para atravessar a confusão em um mundo governado pela busca.

---

1. Ironia com o slogan da Apple — "Think Different" —, que usa um adjetivo em lugar do advérbio. (N. do T.)

Kevin Lee: CEO da Did-It.com

Todos os testes que fizemos mostram que a criatividade dos títulos precisa ceder a vez ao uso de palavras-chave no anúncio para manter um número de cliques suficientes no Google (os anúncios são desativados ou aparecem mais na base da tela de acordo com o CPC[2] que você estiver disposto a pagar). No Overture, uma abordagem mais criativa pode funcionar, chegando até ao ponto de pré-qualificar o usuário, mas mesmo o Overture destaca os anúncios com um rude CTR[3] (que chamam de Índice de Cliques).

Minha sugestão é que se deve criar um padrão escrito para o trabalho de criação, incluindo todas as palavras-chave importantes que também tenham um volume decente (palavras-chave de força). Como alternativa, pode-se usar a DKI do Google para inserir o termo de busca automaticamente no trabalho de criação.

Quando se ajusta a criação a cada uma das palavras-chave, a eficiência geral aumenta. Além disso, quanto melhor a combinação (a sinergia) entre a palavra-chave, o trabalho de criação e a página inicial, melhor a taxa de conversão.

Palavra-chave *marca*
Sua Marca Está Morta?
O Declínio da Mídia de Massa

Palavra-chave *publicidade*
A Nova Publicidade de Marcas
O Fim da Mídia de Massa
Trechos grátis do livro, publicidade
Autor Joseph Jaffe. Get the Juice.

A tarefa, entretanto, não é tão estranha como parece. Será que é tão diferente assim criar uma chamada memorável e significativa? Eu prevejo uma explosão criativa no universo da busca, que a reconheça como a janela para a alma da marca (ou seja, o ponto de acesso para o site da marca). É o perfeito pé na porta e, com a injeção de humor, ironia e espírito, ela pode vir a ser empregada para funções diversas do *"Compre já!"*.

2. Custo por Clique. (N. do T.)
3. *Click-Through Ratio*, ou "Proporção de Cliques". (N. do T.)

Ron Belanger, vice-presidente de marketing de desempenho na Carat Interactive

O desafio com a busca não é somente que os profissionais de marketing ficam limitados ao texto, mas também que os próprios usuários têm uma mentalidade mais literal que abstrata. Em outras palavras, *O Declínio da Mídia de Massa* é um excelente título para um livro e ressoará bem junto aos leitores que procuram livros de negócios em sua Borders local. Os usuários dos buscadores, contudo, fazem consultas diretas, para as quais desejam respostas. O problema (os termos de busca) pode consistir em algo como "estratégia de marketing" ou "tendências da publicidade". O que incentivaria um usuário a clicar numa expressão? Algo como "Conheça as últimas estratégias de mar-keting de uma companhia de ponta. Clique aqui para resenhas". É chato, admitamos. Mas quando sua mensagem está concorrendo com outras 10 ou 20 entradas, não se pode dar-se o luxo de ser bonitinho ou esperto. Esse tipo de resposta direta a uma consulta direta obtém os melhores índices de resposta.

Bordões do marketing e o jargão da Madison Avenue não funcionam bem na busca. Sempre tente pensar mais como bibliotecário do que como redator ao escrever textos de busca.

> Segredos do Novo Marketing Revelados
> Conheça as últimas tendências do marketing
> com Joseph Jaffe, estrategista de marcas

Nota aos Profissionais do Marketing: Buscai e Encontrareis

A busca, ou o *pull marketing* [marketing puxado], aposta no recém-descoberto dom do consumidor. Ela é a epítome da emancipação, e por ela os consumidores podem procurar imediatamente um subconjunto ampla ou restritamente definido de informações, opções, marcas ou o que for. No espectro de adoção do consumidor, a busca ocupa um lugar entre o interesse, o desejo e a ação. Ela pressupõe um certo nível de consciência e, pelo menos, um interesse mínimo. Ela é, com efeito, a recompensa pela conscientização bem feita.

A busca não substitui e nem deveria substituir nenhuma forma de publicidade ou comunicação fundada na conscientização, embora seja tolice presumir que ela não possa desempenhar um papel no processo de conscientizar. Considere-se, por exemplo, o marketing deste livro. Comprarei risonhamente um carregamento de palavras-chave tão amplas quanto "marketing" e "publicidade", tão concentradas como "marketing + idéias + livro", ou tão específicas quanto "jaffe" + "livro". Seria ilusório pensar que alguém em busca de qualquer coisa na esfera do marketing teria consciência do meu livro ou o intuito de comprá-lo, mas suspeito que um estímulo, um *teaser* ou um chamado à ação bem concebido poderia tentar os curiosos a fazer o melhor investimento de suas vidas profissionais.

Num segundo cenário possível, falarei a um grupo definido de potenciais compradores, pesquisadores e até mesmo jornalistas em busca de livros sobre o marketing, um dos quais é o meu. É concebível que eles já tenham ouvido alguém mencionando um estupendo livro de marketing, escrito por algum jovem turco cujo nome lhes fugira.

Num terceiro caso, a busca serve como a perfeita casamenteira. Com base no enfoque, na especificidade e na relevância, o site de meu livro ou o local apropriado para comprá-lo na Amazon.com pode ser o tombo da vez, seja "organicamente" (isto é, sem que eu pague), seja com alguma ajuda (isto é, desde que eu pague).

Na primeira situação, a busca desempenha o papel relutante de distribuidor na mídia de massa, papel em que não se sai muito bem. Entretanto, o marqueteiro esperto (ou seja, você) pode situar sua presença numa posição de topo (ou acima da média). O subconjunto de opções viáveis para o consumidor é o maior de todos neste caso, e embora a probabilidade da compra impulsiva seja menor, ela ainda é possível (como na cena de *Débi e Lóide* em que o personagem de Jim Carrey, ao ficar sabendo que as chances de que a garota de seus sonhos meramente pense nele são de uma em um milhão, imediatamente comemora, dizendo: "Então está dizendo que *há* uma chance!"). A definição do Google é 10 elevado à décima potência, o que significa *muito*. Da próxima vez que fizer uma busca no Google, tire um segundo para ver o número de respostas a sua consulta — ele vai atordoá-lo. É também uma deliciosa expressão microcósmica do mundo em que vivemos hoje — um mundo tomado pela confusão. A mensagem para o marketing é muito clara (os senhores Ries e Trout se alegrariam): a menos que você seja o primeiro, o segundo ou o terceiro, sua sorte será negra.

No segundo exemplo, a busca encontra seu lar e seu recanto, criando condições de mercado em que o marketing e os consumidores podem coexistir harmoniosamente. Qualquer conscientização prévia é devidamente recompensada com o reconhecimento instantâneo e (esperamos) com a ação inevitável. Mas a busca é também um lugar para surpresas e uma oportunidade de ouro para que os novos atores façam seu lance pela quantidade fixa de dinheiro, atenção e consideração do consumidor. Neste caso, o subconjunto de alternativas viáveis na mente dos usuários é muito menor e mais direcionado e, por isso, suas expectativas estão alinhadas com esses critérios. Eles podem ainda ser influenciados em termos de *qual* livro poderão comprar.

No exemplo final, a busca é uma faca quente na manteiga. É a linha reta, a menor distância entre A (a pergunta) e B (a resposta). Com informações limitadas, um usuário inteligente e hábil pode encontrar imediatamente o novo livro de Jaffe sobre O Fim da Mídia de Massa.

Claro, esse usuário também poderia ter ido simplesmente ao Amazon.com e digitado "jaffe" no campo de busca. Isso explica por que a bolha da busca já estourou há muito tempo. A busca está por toda parte na Web hoje em dia, e constitui a definitiva razão para que a Amazon e o eBay (e o Google) sejam o que são hoje. Sem a habilidade de buscar, toda sua proposta torna-se banal.

Um outro cenário de busca é possível: um profissional de negócios está lendo um artigo na *Adweek* no qual sou citado, ou cujo tema corresponde de perto ao deste livro. Ao lado do artigo, haveria um link para a compra do livro, numa variedade de abençoados sites de e-commerce.

Onde Buscar

O espaço de busca está inovando mais rápido que a maioria. Eis aqui umas poucas tendências ou previsões quanto ao que podemos esperar num futuro não muito distante.

A Busca dentro dos Anúncios

A difusão da busca não ocorreu somente na Web de conteúdo; está presente também nos próprios anúncios. Em certos níveis, isso se converte idealmente no componente decisivo do RUE (Relevância, Utilidade e Entretenimento), com ênfase no "R", no "U" e no "E".

Neste exemplo, o consumidor tem a chance de interagir com um trabalho de criação online, que lhe permite afinar os critérios de seleção relativos a alguém para quem tencione comprar um presente. Neste caso, estou procurando um presente para uma mulher de 32 anos que gosta de comida e viagens e que foi gentil (o anjo se tornará demônio assim que o botão de ajuste for levado perto demais do extremo "devassa" — que para certas pessoas pode ser o equivalente de gentil!).

Como revelam os resultados da busca (ver Figura 18.1), obtive um exército de sugestões de presentes relevantes/relacionados/reais que poderia comprar (usando meu cartão Discover, sem dúvida) aqui e agora. Que tal tamanha conveniência?

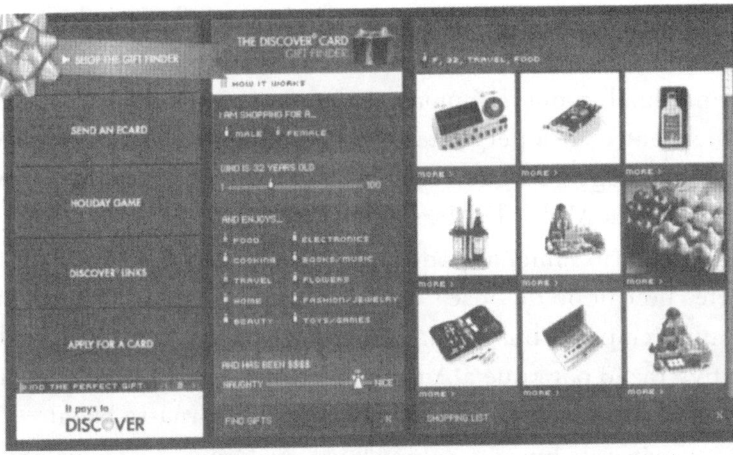

Figura 18.1 A busca e a publicidade se tornam uma só.
Cortesia: Discover Financial Services; Goodby, Silverstein & Partners.

Um Papel para a Gestão de Marcas

Há implicações táticas necessárias para fechar as lacunas ou discrepâncias que podem resultar dos ambíguos resquícios do comercial de 30 segundos. Em outras palavras, uma campanha simples baseada em palavras-chave asseguraria que, se os consumidores estiverem procurando um site sugerido pela publicidade, mas não se lembrarem da marca ou da URL, eles poderão encontrá-lo num link orgânico ou pago.

Para descobrir a luta de frangos do Burger King, digitei "burger king spicy tender chicken direct tv" e obtive uma variedade de entradas de restaurantes de Los Angeles, além de uma entrada de Las Vegas (não irei até lá) e dois novos artigos sobre a promoção do BK, mas nenhum www.chickenfight.com. Uma listagem simples e extremamente eficiente evitaria que essa falha ocorresse.

Uma Experiência de Busca

Até o momento, a busca consistiu em entrar e sair o mais rápido possível. Ela pressupõe um estado de interesse, mas não dá conta realmente das fases de conscientização e pré-conscientização no processo de adoção do consumidor. Espere mudanças nisso, especialmente com a Web se tornando cada vez mais um meio de entretenimento. Pode esperar experiências de busca que recompensem o visitante casual com um tempinho extra em mãos.

Busca e o Comercial de 30 Segundos

Outro salva-vidas para o paciente terminal que é o comercial de 30 segundos poderia surgir com a busca. Imagine digitar "honda nova caminhonete esportiva" e receber um exército de imagens em miniatura que dêem acesso a comerciais relevantes de TV. Melhor ainda, o marketing só teria de pagar pelos comerciais que fossem vistos.

Idéias sobre o Marketing dos Mecanismos de Busca

Kevin Ryan, Vice-Presidente Executivo da Did-it.com

A primeira variedade do buscador como hoje o conhecemos surgiu no início dos anos de 1990 — tendo recebido o nome de um personagem dos quadrinhos, Archie.

Na época em que as pessoas começaram a fazer buscas online, os buscadores começaram a usar robôs automáticos (busca natural) para "empilhar" sites e informações indexadas. Posteriormente, com o vaivém do boom ponto-com, sites de busca começaram a vender listagens (busca paga) para aumentar a receita até então conhecida como "publicidade".

Que o jogo comece! O marketing dos mecanismos de busca (SEM) é hoje uma indústria multibilionária que experimentou um crescimento astronômico. Sua arquitetura especializada demandou todo um segmento de indústria para a publicidade online. Sites tiveram de ser otimizados para a busca natural. Os publicitários se beneficiarão aderindo à busca paga. Os processos são complicados, por isso vão aqui algumas coisas que se deve ter em mente ao enveredar pela trilha da integração da busca.

1. *O universo do marketing de busca.* Os provedores do marketing dos mecanismos de busca se dividiram em firmas especializadas em busca natural e paga. A busca paga é conhecida como a parte artística do marketing de busca, ao passo que a otimização dos mecanismos de busca natural (SEO) é conhecida como sua parte científica.
2. *Quem será responsável pela tarefa de busca?* Eis aqui suas opções: ou você treina seus técnicos para criar sites afinados com os buscadores, incumbindo o departamento de marketing da busca paga, ou contrata um especialista em otimização para trabalhar com a busca natural e remunera-o para que ele lhe diga como criar páginas da Web e administrar programas de busca paga. Existe uma terceira opção — pode-se confiar a tarefa a uma agência e eles adotarão alguma combinação da segunda opção para a busca natural, tentando administrar por conta própria a parte da busca paga.

   As agências, embora tenham uma aguda compreensão de seu negócio e de como comunicar sua mensagem ao mundo, podem não ter senão uma compreensão básica da busca e carecer das necessárias ferramentas internas de busca.

A coisa mais importante que se pode fazer nesse caso é pesquisar as opções e compreender as próprias necessidades.

3. *A dura verdade sobre a busca natural.* Aparecer em resultados de busca natural é talvez o aspecto mais importante do marketing dos mecanismos de busca. É também o mais mal compreendido. Não há meios de tapear ou enganar o buscador para lhe dar classificações melhores. É possível, contudo, otimizar um site para a inclusão nos resultados de busca ou contratar um perito que faça isso.

   A prática da otimização dos sites para os fins de busca leva em conta sobretudo dois fatores: *relevância* (conteúdo) e *popularidade* (visitas).

4. *Harmonia entre a agência, o anunciante e a desenvolvedora.* As otimizadoras e as desenvolvedoras de sites jamais se verão cara-a-cara. As desenvolvedoras querem criar uma rica interação midiática experiencial entre o site e o usuário. As otimizadoras, por outro lado, querem despedaçar o site para que os buscadores possam encontrar e classificar bem cada página. A única saída dessa balbúrdia é a boa administração do processo de busca natural e o reconhecimento de como os usuários preferem interagir com seu site. Pequenos ajustes à arquitetura do site darão muitas vezes resultados excelentes de busca natural.

   A agência muito provavelmente desejará o controle dos componentes de busca paga. Ferramentas especializadas são necessárias para administrar a busca paga; por isso é preciso tomar cuidado, ou pode-se acabar pagando uma agência para administrar a busca ao mesmo tempo que ela paga pelas ditas ferramentas — o que significa que se estará pagando em dobro.

   Acima de tudo é preciso lembrar-se disto: ao pretender contratar muitas firmas para administrar a busca natural, a busca paga e a mídia online, certifique-se de que cada firma saiba exatamente qual é o seu papel.

5. *Crie independência para o orçamento de busca.* A busca exige seu próprio orçamento. Com demasiada freqüência, o marketing canibaliza o orçamento da publicidade online para investir mais dinheiro na busca paga, já que ela parece funcionar melhor.

   Há muitos lugares (que não o orçamento da publicidade online) onde encontrar o investimento comparativamente pequeno necessário à criação de uma iniciativa sólida de busca.

6. *Administre a busca paga com punho de ferro.* A mensuração das informações sobre ações desejadas online e offline é fundamental para a busca, e não deve ser surpresa o fato de que ela pode ser muito diferente da de outras iniciativas de marketing online. A eficácia do posicionamento será mensurada: serão estudadas as tendências dos custos de oferta e o impacto das atividades de busca e de ação latente, além dos critérios já existentes de mensuração online.

7. *Pense como um usuário de buscador.* A discrepância entre o modo como a linguagem é realmente usada e o modo como as marcas gostariam que fosse usada é comum também na busca. Usar sempre que possível uma linguagem natural na redação das listagens de busca, e evitar o uso de termos técnicos ou jargão do produto, será um bom caminho andado na criação de um programa de busca sólido.

Em muitos casos, você talvez já possua uma lista de palavras-chave que os surfistas da Web usam para encontrar seu site — basta pedir ao administrador do site ou aos provedores de tecnologia da informação que criem, a partir do log, uma lista de palavras-chave para consultas.

Quando pesquisarem a marca, os usuários dos buscadores não usarão necessariamente os termos que se pretende que usem. Eles digitarão o que quer que estejam habituados a dizer, e *você* precisa encontrá-los no resultado de busca nos termos deles, e não o contrário.

8. *Buscas ao redor do mundo.* Mas antes de se afobar e sair vendendo as bugigangas no melhor buscador da Dinamarca, é preciso lembrar-se do seguinte:

   Não confie em tradutores automáticos para interpretar as expressões e frases da busca. Assim como se estuda o comportamento do usuário em seu país de origem, cumpre aplicar à busca as mesmas disciplinas. Contrate um tradutor local ou especializado para ajudar nesse processo. Muitas vezes os provedores dos sites darão apoio.

   Não se esqueça de traduzir as páginas iniciais. A consideração ou otimização dessas páginas é um passo essencial em qualquer iniciativa de busca, por isso não é hora de ter preguiça.

   Informe-se sobre as regras e leis locais. Familiarize-se com a cultura local.

   E feliz busca!

19

Música, Tecnologia Móvel e Coisas Que o Deixam Ligado

Marque um ponto extra se você identificou corretamente a C&C Music Factory.

A música tem sido há muito tempo o Fator X capaz de unir, dividir e mobilizar as pessoas, graças a seu poder de comoção. E, no entanto, ela vem sendo excluída em grande medida da mesa de marketing ou, quando muito, relegada a uma parte do orçamento rotulada como "seria legal, mas...".

Oriundo como sou da África do Sul, fiquei aturdido com a ausência de canções reconhecíveis no típico comercial americano de 30 segundos. Até o dia de minha morte, jamais esquecerei *When a Man Loves a Woman* [Quando um homem ama uma mulher], que foi usada por Hunt Lascaris, da TBWA, para ajudar a Cardies (a versão sul-africana do Hallmark) a mirar bem no coração. O comercial mostrava um caipira idoso (ops, maduro) tentando conquistar o coração de sua querida, similarmente grisalha. Ele vai até a fazenda dela numa carroça de cavalos, numa bicicleta e finalmente a pé (conforme vai ficando desesperado), carregando todo um sortimento de presentes adequados, como ovos fresquinhos e até um leitão. Nada abala a resistência da mulher, até que, como último recurso, ele chega com um mero cartão. Devia ser do Cupido em pessoa, já que o cartão acertou na mosca, e o resto, como dizem, é história.

Dei-me o trabalho de descrever esse comercial por duas razões. A canção é obviamente uma delas, mas a outra é o fato de que me lembro dele como se fosse ontem, e o comercial na verdade foi ao ar há bem mais de 10 anos. Guardei-o então na memória e no coração, e ele ainda ressoa nos dias de hoje. A canção, é claro, tinha muito a ver com isso.

Passemos agora aos Estados Unidos, onde os marqueteiros optam por mandar suas agências aos confins do globo para produzir comerciais acima da média, mas, quando o assunto é música, saem fuçando os arquivos, removendo as teias de aranha de algum material de estoque ou, pior ainda, pagando algum iniciante do submundo para criar uma trilha "original". No outro extremo do espectro, estão os que escolhem canções bacanas (leia-se: caras) a tal ponto distantes da estratégia que acabam sendo tão memoráveis quanto os Detroit Tigers em 2003, ano em que só lhes faltou um jogo para serem o mais derrotioso time de beisebol da história (ora, se *vitorioso* é uma palavra, seu oposto também deve ser).

Agora permita-me conduzi-lo numa jornada que o levará para muito longe dos dois cenários anteriores. Imagine alguém num trem, ônibus ou avião. Está sentado de frente para alguém com fones de ouvido, mas tudo o que vê são dois fios brancos ligando as orelhas ao bolso da jaqueta. O que ele está ouvindo? Que aparelho está usando?

Claro que é um iPod — a única salvação da decadente dinastia Apple. Segundo os termos da recente "economia iPod", trata-se do aparelho para comandar todos os outros. Chamar o iPod de MP3 Player é chamar Wayne Gretzky de um mero Hockey Player[1].

Se alguém visitar o site dos iTunes, terá um vislumbre do futuro das músicas, filmes, fotografias, áudio, micropagamentos e aplicações móveis, ou de tudo o mais que puder injetar em seu pessoalíssimo iPod. O meu iPod tem de tudo, do Queen ao Latifah, de Dire Straits a George Strait (brincadeira!) e George Michael. Também tenho as fitas da Comissão do 11 de Setembro, os debates presidenciais, a *Arte da Guerra* de Sun Tzu e *Anjos e Demônios* de Dan Brown. (Nota: os audiobooks são uma grande cura para a insônia, mas eu estava curioso. Lembre-se de baixar o meu quando eu emplacar em áudio, ainda que seja só por meu sotaque.)

O iPod serve como disco rígido e está rapidamente se diversificando no campo das fotografias (com o lançamento do iPod Photo), do vídeo e de tudo o que a Microsoft vem atulhando em seu Media Center. (Não é interessante como essas rivais estão na prática fazendo a mesma coisa, embora em aparelhos diferentes?)

---

[1] Ou seja, jogador de hóquei. (N. do T.)

O iPod e "Vertigo", do U2

Isto aqui é uma salva de palmas, apesar da freqüência abusiva com que estamos sendo sujeitados a esse comercial. Apesar de minha repulsa pela repetição excessiva dessa campanha (culpemos a mídia, para variar), ela permanece uma das maiores estrelas dos últimos tempos, e a ela podemos recorrer em busca de orientação e inspiração.

A música é um estimulador tão notável porque possui contexto embutido: a gente recorda onde estava e o que fazia ao ouvir uma certa canção pela primeira vez. Sendo assim, o casamento entre o U2 e o iPod/iTunes tem muito sentido.

De certa maneira, a campanha iPod/U2, da Apple, não é mais do que uma canção do U2 sobreposta ao modelo do iPod/iTunes. Mas ela é também um exemplo muito perspicaz da unificação e integração de duas marcas de mentalidades afins. O U2 incorpora tudo o que a Apple representa (ou quer representar): independência, criatividade, auto-expressão, autenticidade e atração, sem a mácula de ser vista como excessivamente comercial (perdoe o trocadilho). É uma união para quem iPod (dessa vez foi por querer!). A "integração", em termos do lançamento exclusivo nos iTunes e no iPod U2 Special Edition, constitui um meio ainda mais poderoso de realização.

Se a Apple tivesse feito uma parceria com Britney Spears, suspeito que não estaríamos falando da campanha nestes termos.

Em muitos sentidos, o comercial de 30 segundos com o U2 não difere em nada do comercial de um novo filme — ou seja, é como um trailer. É divertido como só ele. É um exemplo ideal da economia da "experiência", pela qual os publicitários devem conquistar o direito de seduzir a atenção do consumidor por 30 segundos (e, se você estiver seguindo as demais abordagens, possivelmente por mais tempo).

O iPod tornou-se a luz guia para a conversão da música de participante passiva em ativa. Ele combina dois MM — música e móvel — que demonstraram seu poder permanente de mídia e mantiveram-se fiéis à tão difamada, incompreendida e mal interpretada terceira dimensão (depois do trabalho e do lar): *a estrada.*

Encaremos o fato: o lar já não é um santuário; é um atulhado campo de atuação para marqueteiros importunos — os incessantes parasitas do telemarketing (que, por falar nisso, incluem os bizarros "lembretes" gravados para que votássemos em Al Gore, Curt Schilling e Rudy Giuliani antes das eleições presidenciais de 2004), o lixo eletrônico e o spyware que invadem nossos computadores, e a costumeira balela de 30 segundos, que nos traz de volta ao problema em mãos. Os consumidores expressaram aos gritos sua desaprovação usando aplicativos anti-spyware, bloqueadores de pop-up, bloqueadores de chamadas telefônicas e a TiVo.

No trabalho, a situação é bem menos confusa e, ao lado da TV emudecida no canto da lanchonete e do material de leitura no banheiro, a Internet é que dita as regras. Entretanto, o cubículo profissional não constitui o local nem a hora ideal para o consumo de mídia, exceto naqueles a que eu chamo *momentos de verdade*: o pré-trabalho (hora do cafezinho, o almoço e o pré-casa — momento em que os clientes *começam* a ligar com pedidos de último minuto).

O ambiente na estrada também pode ser bastante atulhado por vezes, mas constitui uma daquelas oportunidades negligenciadas e, contudo, substanciais em termos tanto de quantidade (extensão do tempo) como de qualidade (públicos cativos). O tempo na estrada inclui o caminho para o serviço e para casa, e seria um estouro para o rádio, não fosse pelos pequenos aparelhos de plugue como o iTrip, que permite que seu iPod rode através do rádio do veículo, e pelo propício advento da rádio via satélite.

Esta nova era está sendo desbravada por Howard Stern, e, como seu famoso material (pornografia voluntária), ele é muitas vezes o primeiro a aproveitar e até mesmo a criar uma nova categoria e uma subseqüente onda de crescimento. A declaração de Stern de que havia acertado com a Sirius e efetivamente esnobado a FCC, de Michael Powell, foi sem dúvida uma das maiores notícias da mídia que eu já testemunhei. Ela anuncia o início do fim para o conteúdo de rádio "gratuito" endossado por comerciais — e isso não é muito diferente das agruras da TV aberta. Diante disso, os profissionais de marketing certamente se apegarão com maior firmeza às redes de segurança e, numa exibição tristemente imprópria de gabolice, repetirão a canção e a dança com as quais saudaram a TiVo: a rádio via satélite não tem *massa* crítica; as pessoas não pagarão por isso, e blá-blá-blá.

Se eu fosse, neste exato momento, um daqueles executivos automobilísticos de Detroit que comem, dormem e respiram fumos de automóvel, e que precisam encontrar uma maneira de diferenciar os esquecíveis produtos que chegam pela linha de montagem, cuidaria para que todo carro viesse de fábrica com um rádio via satélite, um DVD player, o sistema GPS e até acesso à Internet. No mínimo, daria aos consumidores a opção de acrescentar esses recursos a um preço sempre decrescente. Isso é, em última instância, o que os ajudará a firmar posição contra seus concorrentes — não a APR[2] (a maioria dos consumidores nem sabe o que isso quer dizer) nem a enfiada de comerciais de 30 segundos, que na verdade são 29 segundos de preliminares que conduzem a um bordão de 1 segundo. (Claro que isso só dará certo até que todos passem a fazer o mesmo.)

Por isso, marqueteiros, digam-me como se sentem com relação à adoção da rádio via satélite pelos consumidores. (Dica: antes de abrir a boca, pensem nos

---

2. Sigla inglesa de Taxa Percentual Anual. (N. do T.)

primórdios da HBO e se chegaram a duvidar da capacidade *dela* de decolar; em caso positivo, este deve ser o momento ideal para ficarem calados.) Seu momento de verdade chegará antes do que imaginam, e, com o DVR, ele pode lhes aplicar um duplo direto do qual provavelmente jamais se recobrarão.

Talvez achem que estou à deriva, mas se equivocam, pois estou chegando de novo ao dó (não dó de vocês): o BMW que vem com um iPod embutido, integrado ao design do carro. Similarmente, a VW e a Apple formaram a parceria Pods Unite. Os novos VW Beetles incluem um kit de iPod. Em ambos os casos, duas sinergias dinâmicas entre marcas foram criadas.

E então, marqueteiros, estão vendo a luz? O circuito que conecta o marketing à tecnologia se fechou.

PÚBLICOS CATIVOS

Se acredito que a música é negligenciada pelo marketing, acho que o mesmo vale para o potencial de servir a públicos cativos. Os cinemas são um bom exemplo. Os marqueteiros têm pisado em ovos nesse terreno devido à colossal onda de reações dos consumidores, quando a galinha dos ovos de ouro (para voltar às analogias com ovos) está bem na cara deles. Este poderia ser o esteio do conteúdo de forma longa.

No front dos negócios, profissionais bem viajados, desde os turistas de gala até os que vivem de mala em punho, são governados por um único aparelho que sobrepuja até mesmo o iPod: o BlackBerry. Viciante como é, ele é chamado freqüentemente de Crackberry, também conhecido como Blueberry.

Essa simples engenhoca deixou provavelmente o Palm e o Treo comendo poeira. O BlackBerry entrou em cena essencialmente com uma proposta de valor: o envio de e-mails contínuo (a capacidade de receber seus e-mails dinamicamente, em tempo real, sem ter de se conectar ou fazer log-in). Embora ele seja bom com e-mails (quando da escrita deste livro, o e-mail em HTML ainda não estava disponível), ele fica abaixo da média em praticamente tudo o mais, de seu serviço telefônico a seu único game, o BrickBreaker. (Sentei-me recentemente ao lado do CEO de uma empresa de capital aberto cujo recorde no BrickBreaker era de invejáveis 7.565 pontos. O meu é de 7.450.) O segredo aqui é que esses públicos cativos farão qualquer coisa para passar o tempo enquanto estão travados no asfalto — e isso inclui ler o e-mail, é claro.

Fico chocado com o tempo que os marqueteiros levaram para acordar e farejar essa amora[3], num segmento tão elusivo e ultradesejável. A maioria deles acaba

[3] Em inglês, *blackberry*. (N. do T.)

de trocar tapinhas nas costas pela migração para o HTML; entretanto, por ironia, é o e-mail por texto que prevalece no BlackBerry.

Quando se cadastram para receber e-mails, as pessoas deviam receber três opções: HTML, texto ou o "byte" BlackBerry. Ao elegerem a terceira opção, deveriam receber sumários executivos, ou bytes BlackBerry, contendo os destaques/manchetes ou, mais importante, trechos em áudio, listas de tópicos ou pontos de prova de cada mensagem. É apenas outro meio de sobressair à confusão que criamos, sem ter de contar com a abordagem ODMM (outro-dia-mesma-merda) do marketing.

Não É Verdade que Móvel = Sem Fio = Celulares e PDAs?

Antes de eu ser lançado no esquecimento pelos fanáticos da tecnologia sem fio, deixem-me dizer "sim, sim e sim". Claro que os celulares, os PDAs e outros aparelhos móveis estão incluídos na mistura. Deixei-os de lado por várias razões: primeiro, queria demonstrar o argumento de que a mobilidade (na estrada) é o terceiro (e inexplorado) terreno de provas para que os marqueteiros se conectem com seus consumidores; e, segundo, a tecnologia sem fio tem sido até o momento mal-entendida, mal comercializada e mal-utilizada. De resto, espero que você tenha percebido as referências a essa tecnologia nos capítulos anteriores — por exemplo, na discussão sobre *American Idol*, no capítulo 16.

Imagine passar em frente à Starbucks e receber um alerta ou SMS informando que um cupom de descontos de 25 centavos por um café com leite o aguarda dentro da loja. Esse pesadelo *à la Inimigo do Estado* está se tornando possível graças à necessidade de prover todos os celulares com GPS[4], para propósitos de "segurança". A proposta do GPS pode servir muito bem aos profissionais de marketing, desde que eles deixem que os consumidores controlem o fluxo das mensagens — ou *puxem* o conteúdo relevante com base em suas necessidades únicas. Por exemplo, antes de entrar num shopping center, pode-se requerer sua lista personalizada de ofertas e descontos. Se estiver entrando numa concessionária, pode ser o momento ideal de baixar uma lista com os preços disponíveis ou as ofertas promocionais. Menos do que isso só resultaria em minha derradeira compra de café com leite.

Os aparelhos móveis, como nenhuma outra mídia, se comunicam no "lugar certo" (com a mensagem certa para o consumidor certo no momento certo), e deveriam ser usados tendo-se isso em mente.

4. Sistema de Posicionamento Global. (N. do T.)

Stewart Cheifet, editor administrativo do *Computer Chronicles*, na PBS, me disse: *"É importante entender que o chamado telefone móvel já não é um telefone móvel. É literalmente um chip externo que nos permite teleportarmo-nos, ao estilo Jornada nas estrelas,* para praticamente qualquer lugar do mundo". O telefone móvel (incluindo o BlackBerry) é o *mais* onipresente dos aparelhos — a maioria das pessoas os carrega consigo 100% do tempo, esteja em casa, no trabalho ou na estrada. Os marqueteiros deviam salivar com essa idéia!

Cheifet considera o telefone móvel uma extensão econômica do indivíduo — é um avatar comercial, um dispositivo de transação, mais seguro do que um cartão de crédito, mais confiável do que um cheque e mais conveniente do que dinheiro. Ele descreve uma viagem recente a Cingapura em que usou seu telefone móvel para pagar uma xícara de café, comprar uma Coca numa máquina automática, agendar duas entradas no cinema, pagar por uma geringonça numa loja de eletroeletrônicos, alugar um carro e conseguir uma mensagem da biblioteca lembrando-lhe que seu prazo de empréstimo vencera. Deve estar patentemente claro quão atrás os Estados Unidos se encontram nesse departamento *e como* há oportunidades de m-commerce e comunicação de marketing à nossa espera.

Como uma nova e viável abordagem de marketing, a publicidade em telefones móveis ainda está muito atrás das outras alternativas (como a publicidade na Internet e o posicionamento de produto). Na verdade, 76% de uma amostra de entrevistados da In-Stat/MDR acreditam que ela teria um impacto entre pequeno e nulo sobre a publicidade na TV. Isso pode implicar que muitos a vêem como um complemento à publicidade televisiva (embora eu prefira afirmar que, mesmo nesse caso, ela influenciaria tal publicidade, embora positivamente).

Não se deixe iludir por esses dados. A penetração dos telefones móveis é grande em todo o mundo — na verdade, os Estados Unidos é que estão surpreendentemente atrasados no que se refere aos avanços e inovações mais recentes no campo, apesar de seus 171,2 milhões de assinantes sem fio (segundo a CTIA). O SMS ainda é usado como chamariz pelo marketing; contudo, aguarde o desenvolvimento de programas muito mais ricos e mais profundos graças ao uso isolado e combinado de vídeo, fotografias por celular e MMS (multimídia personalizada), bem como a uma grande variedade de acessórios personalizáveis como toques polifônicos, papéis de parede e descansos de tela.

O que torna a tecnologia móvel tão importante para o marketing é o fato de ela vir equipada com um alto grau de aceitação por parte dos consumidores de conteúdo/produtos/serviços de primeira. Os toques polifônicos, por exemplo, são o segmento de crescimento mais rápido *em toda a música* (incluindo os downloads de música), e estimava-se que trariam vendas de cerca de 300 milhões de dólares em 2004 (estimativa da CTIA). O *Billboard* lançou um gráfico "Hot Ringtones" [Toques Quentes], e o toque inaugural do ano em 2004 foi o "In Da Club", do 50 Cent.

A tecnologia móvel traduz-se obviamente no benefício do sem fio e promete cumprir igualmente as promessas da banda larga, da busca e da conexão em rede (a "tempestade perfeita"). Com o crescimento dos tamanhos de tela, da resolução, das capacidades de vídeo, do acesso Wi-Fi e da largura de banda, o aparelho móvel é com efeito "a terceira tela". Os telefones da Nokia e da Samsung Electronics veicularão vídeos da Grande Liga do Beisebol e da NBA, enquanto assinaturas da MobiTV (por intermédio de uma empresa chamada Idetic) oferecerão televisão ao vivo aos celulares, de canais que incluem a Fox Sports, a MSNBC e a TLC.

A interoperabilidade (ou seja, a comunicação entre redes) será uma variável essencial no grande circuito da tecnologia móvel.

No lado da inovação do marketing, a Motorola patrocinou um participante do Festival Internacional de Documentários de 2004, em Amsterdã, chamado "Cell Stories" [Histórias em Células], que foi gravado totalmente com a câmera de um novo celular Motorola. Similarmente, a empresa lançou seu telefone-câmera V710 com uma série de curtas-metragens filmados por Edward Lachman, o cineasta por trás de filmes como *Erin Brockovich* e *As virgens suicidas* (www.hellomoto.com/mobilegallery).

A Murphy's Brewery criou o Murphy's Limerick Challenge para promover a consciência da marca como alavanca para o Dia de São Patrício, procurando envolver os consumidores nos pontos de venda (pubs e lojas de bebidas) e lançar mão dos aspectos virais da tecnologia móvel. Usando um código multioperadoras divulgado em materiais de ponto de venda e propaganda ao ar livre, os participantes podiam digitar a conclusão de um poema cômico iniciado por "Era uma jovem garçonete de Cork" (acho que "Nantucket" deu a deixa[5]). As melhores respostas foram exibidas num minisite da marca (com agradecimentos à Enpocket).

Em associação com a Disney, o McDonald's britânico lançou uma campanha "digite e ganhe" em telefones móveis para promover o filme *Os incríveis*. Os clientes podiam digitar um código de oito caracteres para concorrer a uma variedade de produtos telefônicos, como toques polifônicos, logotipos e games em Java (com agradecimentos a Joshua Cooper e à ClearMessage).

A terceira temporada de *American Idol* revelou-se um divisor de águas na história da difusão de mensagens em texto. Por meio de um exército de aplicativos

---

5. "Nantucket" é o mais famoso exemplo do *Limerick* (um poema cômico em cinco versos), e seu primeiro verso é idêntico ao empregado pela Murphy's, salvo que se encerra em "Nantucket". (N. do T.)

de SMS[6], os espectadores da AT&T Wireless podiam usar mensagens em texto para votar em seus participantes favoritos do *American Idol*, entrar num bolão de 50 mil dólares, enviar mensagens de fãs a seus finalistas prediletos e jogar games, além de receber informações dos bastidores. Os fãs enviaram 13,5 milhões de mensagens durante a temporada, um aumento de 80% em relação à temporada anterior. As curvas de aprendizado e envolvimento ficaram evidentes pelo fato de que o número de mensagens aumentou quase 700% entre o primeiro e o último episódio. Além disso, 40% dos assinantes da AT&T Wireless que enviaram mensagens ao *American Idol* nunca haviam mandado mensagens antes.

Um Ponto de Vista sobre a Tecnologia Móvel

Jason Devitt*, CEO *e Presidente da Vindigo, Inc.

Quando a gente esquece o telefone em casa, volta para buscá-lo. Na verdade, ele é hoje a coisa que mais se volta para buscar, depois das chaves e da carteira.

Um telefone móvel proporciona uma tremenda emancipação. Tendo-o consigo, a gente fica conectado — a pessoas, informações, música, entretenimento. A geração móvel de hoje — e o resto de nós, que com ela é levado — é chamada de desconectada. Mas não acho que com justiça; longe disso, a mobilidade torna a informação onipresente, e os consumidores permanecem conectados, salvo que apenas quando e onde o desejarem.

Há cinco anos, quando criamos a Vindigo, ela era uma experiência realmente móvel para locais específicos;[7] a gente baixava-a no Palm e, quando estivesse terminando um jantar em São Francisco, procuraria o melhor tiramisu da cidade: antes que se desse conta, estaria a caminho da Trattoria Contadina. Hoje os consumidores móveis podem ser espontâneos ao tomar decisões, e procurar o indivíduo, empresa ou informação de que precisarem, sempre que precisarem.

Como profissionais de marketing, precisamos ter em mente esta nova mudança nos padrões de consumo. Os consumidores podem usar o telefone por apenas um ou dois minutos por vez, o que os torna um tipo inteiramente novo de público — ativo e cativo, dado a visitas breves para mordiscar informações, para descobrir o que deseja e desligar minutos depois.

---

6. Numa parceria entre a Mobliss, a AT&T Wireless, a Fox Broadcasting Company e a FremantleMedia. (N. do T.)

7. A Vindigo oferece serviços de mapeamento urbano e sugestões de endereços úteis a pessoas em trânsito. (N. do T.)

Embora o uso dure um breve momento, trata-se do momento exato em que ele é necessário. Muitas vezes, será o instante da compra ou da decisão. O telefone móvel, esse aparelho que contém contatos preciosos e informações críticas para a vida cotidiana das pessoas, é a definitiva forma de marketing individual. E, com efeito, já é possível ter como alvo um indivíduo específico com base no local onde ele se encontra e em seu histórico com a marca.

O telefone, hoje chamado de "terceira tela" (depois dos PCs e do televisor) é diferente do PC e do televisor. Um telefone móvel é um aparelho intensamente pessoal; é uma extensão da personalidade da pessoa e a expressão de um estilo de vida. É um acessório chique, um repositório de amigos, um meio de entretenimento pessoal. Uma jovem descreveu seu telefone como seu "melhor amigo".

E como o telefone é intensamente pessoal e exclusivo para cada indivíduo, há clamores de que ele não deve e não pode ser usado para o marketing. Entretanto, jamais houve um instrumento de comunicação ou entretenimento bem-sucedido que não possuísse um forte elemento de marketing.

Hoje mesmo, enquanto eu caminhava até o serviço, milhares de turistas e transeuntes na Times Square estavam votando pelo celular em seu ideal de beleza para uma campanha da Dove. Um grande outdoor mostrava os resultados em tempo real da pesquisa. Os bons profissionais de marketing sabem que isso, como meio de comunicação, não é marketing de mão única. É uma nova maneira de deixar que os consumidores interajam com as marcas. O consumidor, porém, está no comando, e, se a marca não for relevante, eles se desconectarão.

E isso é mais do que um meio de transmitir suas mensagens; conforme os telefones se tornarem mais rápidos, mais versáteis e mais intuitivos, eles também poderão ser um canal de realização. Anunciantes inteligentes como a Kodak estão trabalhando com a Vindigo e usando a mídia móvel para estimular, vender e atender à demanda por seus produtos. Papéis de parede baseados num novo filme são tanto uma ferramenta de marketing como uma oportunidade de renda.

Essa mídia oferece oportunidades para novos conteúdos patrocinados, games interativos, bolões e cupons. Cabe aos profissionais de marketing cuidar para que as mensagens permaneçam oportunas, pertinentes e relevantes.

Em muitos sentidos, esse aparelho cumpre a promessa original de localização específica individual, que a Vindigo surgiu para fazer. Com o GPS já disponível, os telefones móveis se tornam o definitivo meio de publicidade local. Quando você ou eu andamos por aí, somos bombardeados por todos os meios de que o marketing se vale para nos alcançar. Agora, os consumidores têm todo o poder da Web na palma das mãos, por isso é melhor que seu produto seja o melhor, o mais próximo ou o mais relevante. Qualquer pessoa com um telefone móvel pode encontrar imediatamente aquele que todos concordam ser o melhor tiramisu.

Embora hoje pareça que a geração móvel consiste apenas nos jovens, ela não está deixando ninguém de lado. Hoje, nos Estados Unidos, os consumidores estão enviando mais de 1 bilhão de mensagens de texto por mês e, em 2004, eles gastaram entre 500 milhões e 1 bilhão de dólares em conteúdo móvel — toques polifônicos, papel de parede, notícias, games. Há aí claramente uma oportunidade de marketing.

Com tudo isso, o comercial de 30 segundos evoluirá, e prevejo que, em breve, todo comercial de TV mostrará um código ao final e que os consumidores responderão, votarão, solicitarão mais informações, receberão cupons. Isso ampliará o alcance da televisão, da imprensa, dos outdoors e da Web. Imagine sua marca no bolso do consumidor-alvo.

20

Entretenimento com Marca[1]

O casamento pretensamente fabuloso de Star Jones — o primeiro do tipo na história do mundo — foi propalado com uma quantidade nauseante de embustes comerciais corporativos. Acredite ou não, o evento (ou pelo menos o saco de presentes) foi patrocinado em parte pelas seguintes empresas:

- jogo de fragrâncias e loções corporais Armani (Giorgio Armani);
- velas aromaterapêuticas (Henri Bendel Home Collection);
- jogo de presentes Baby Phat (Kimora Lee Simmons e Baby Phat);
- carteirinha da Bally's Gym (Bally's Total Fitness);
- bíblias (Zondervan);
- sapatos de festa personalizados (Slartet, por Star Jones, para a Payless);
- xales de seda personalizados (Cecilia DeBucourt);
- chaveiros Swarovski personalizados (Key to My Heart);
- camisetas personalizadas (Honey Child, por Tracy Morning);
- kits de maquilagem personalizados (Giorgio Armani);
- pingentes e brincos de diamante (Simmons Jewelry);
- jogo de presentes DuWop (DuWop);
- abotoaduras gravadas (TheKnot.com);

1. Também conhecido pela expressão em inglês *branded entertainment*. (N. do T.)

- óculos de sol Fendi (Fendi);
- console e jogos do Game Boy Advance (Nintendo);
- coleção de romances românticos Harlequin (Harlequin);
- jogo de presentes King of Shaves (King of Shaves);
- máscara para pele Lancôme (Lancôme);
- lingerie (Victoria's Secret);
- jogo de presentes Matrix (Matrix);
- sapatos de couro masculinos (Moreschi);
- pijamas (Karen Neuberger);
- bolsas personalizadas (L. L. Bean);
- jogo de presentes Polo (Polo/Ralph Lauren);
- sininhos de prata (TheKnot.com);
- trajes esportivos (RocaWear);
- enchimentos (Better Boob Job).

E se não acredita em mim, pode ler por si mesmo em www.starandal.com ("mesclando dois corações e almas em um só"). Houve até uma viação aérea oficial para o evento — a Continental.

O *entretenimento com marca* — também conhecido como *posicionamento de produto* e pelo rótulo mais recente *Madison+Vine*™ — é em parte uma bolha que, acredito, já estourou. Ele tem sido mal compreendido e mal aplicado e, em muitos sentidos a razão para isso é seu crescente transplante para o bom e velho comercial de 30 segundos.

A DaimlerChrysler descobriu da pior maneira que os únicos vencedores no contrato com Celine Dion para a promoção de sua nova linha de Chryslers foram a própria Celine e, claro, Peter Arnell, o "agente" (é um passo natural até "agência") que fez tudo acontecer. Não ponhamos toda a culpa em Arnell; no fim das contas, a campanha estava fadada ao fracasso, em razão da falta de integração. Por acaso os novos compradores recebiam brindes ou incentivos, como entradas para shows ou CDs gratuitos? Não. Digam-me, então: o que motivou esse investimento todo, além dos avassaladores fumos do ego?

O fiasco Celine Dion originou-se de vários equívocos estratégicos, mas foi, em suma, um produto daquele tipo de pânico e desespero por uma solução rápida que parecesse também a mais confortável e mais próxima ao *status quo*. Ele não foi além do endosso de uma celebridade exposto numa série de comerciais de 30 segundos, com uma ocasional aparição pessoal num programa de autos e na sede da DaimlerChrysler. É um preço infernal para pagar por uma aparição pessoal — *eu* teria feito o mesmo por menos.

Superficialmente, parece que misturar as marcas com o mundo do entretenimento (Hollywood, televisão, esportes e música) é como misturar água e óleo — o resultado fica longe de integrado. Nem me parece que as marcas precisem do apoio de estrelas reclusas e superpagas para oferecer a seus clientes uma experiência que envolva e entretenha. O Napster nunca precisou. A Nike pode se virar com ou sem ele. A Buick soube como usá-lo e convertê-lo em algo que superasse as expectativas, com o Tiger Trap.

A TV Sem Comerciais

Se agora você ainda não estiver convencido quanto aos rumos do comercial de 30 segundos, basta que veja a proliferação da mídia livre de anúncios. A TV sem intervalos comerciais — como na temporada inaugural do *24 Horas*, patrocinada pela Ford para a Fox — pode ser vista como a admissão de que um capítulo está se encerrando e o próximo está começando. Isso, de fato, é o que a HBO representa — sem nudez, palavrões, baixaria, depravação e violência gratuita. Em outras palavras, o comercial de 30 segundos é um leão banguela e faminto à espreita — desesperado e deploravelmente incapaz.

A única maneira de a programação sem comerciais sobreviver é por meio da subscrição ou da veiculação *premium*. E isso está acontecendo — mediante a TV paga, a veiculação sob demanda e o DVD. O que me preocupa é saber se quando as marcas puserem seu proverbial pé na soleira, os consumidores não lhes baterão a porta na cara.

Posicionamento de Produto: o Guia do Preguiçoso para o Entretenimento com Marca

Se os comerciais já não servem, e quanto ao conteúdo?

Fico simplesmente atônito com o modo como pessoas inteligentes ainda tomam decisões estúpidas, só por serem motivadas pelo medo, desespero, preguiça ou ego. Em parte alguma isso é mais evidente do que na televisão (com a TV aberta no topo), na qual o posicionamento de produtos se tornou tão flagrante que se denuncia de longe para o consumidor atento e traquejado.

Apesar do novo panorama do marketing, os marqueteiros continuam duvidando da eficácia de formatos e abordagens ousados e inovadores, e o posicionamento de produto é o remendo a que recorrem de novo e de novo. Em 2004, 34% dos executivos da indústria publicitária sentiam que o posicionamento de produto teria um impacto decisivo na publicidade televisiva ao longo dos próximos três anos. E está fazendo justamente isso. As rendas dele advindas atingiram um pico, do mero 0,6 bilhão de dólares da Tyson Foods em 2003 para os 2 bilhões do Citibank em 2004, e estima-se que chegará a estrondosos 13,3 bilhões da Hershey's em 2009, crescendo 22 vezes em apenas seis anos (estatísticas da In-Stat/MDR). De acordo com Les Moonves, da Viacom, 75% de todos os programas do horário nobre da CBS incorporarão o posicionamento de produto até 2008. Por outro lado, o poderoso da mídia Barry Diller não acha que o *"advertainment"* seja particularmente eficaz. Ele gostará de saber que eu concordo.

Meus receios quanto ao posicionamento de produto baseiam-se em grande medida em seu uso e abuso por parte dos marqueteiros, o que levou a sua rejeição incondicional por parte dos consumidores. Também tenho uma crença instintiva de que o posicionamento de produto é, em termos relativos, muito ineficaz. *O aprendiz* tornou-se a quintessência do veículo para posicionamento de produto. Episódios inteiros foram criados em torno de marcas como a Levi's, a M&M's, a Crest e a Mattel. São com freqüência gratuitos e transparentes. Quando Donald Trump diz que seu programa é o melhor, que seus prédios são os mais altos e que suas iniciativas são as mais bem-sucedidas da história, nós nos dispomos a acreditar, mas quando ele faz a mesma coisa para seus amiguinhos corporativos, já não parece verdade. Mais que isso, não sei se há alguma substância nisso além dos benefícios associados com a "presença" — *"escolham-me porque estou aqui"* é a mensagem transmitida pelos episódios que mostravam catálogos da Levi's sendo compilados e barras de chocolate sendo produzidas e vendidas. Não há pontos de prova nem motivadores funcionais, utilitários ou emocionais sendo comunicados. Quase me dá saudades do comercial de 30 segundos, só para erradicar a gratuita invasão do conteúdo pelas marcas. No mundo publicitário, chamamos isso de "razões para crer" — eu não me lembro de nenhuma em *O aprendiz*. Se pareço estar argumentando pelos dois lados da questão, peço desculpas. Num trecho anterior do livro, entoei louvores a *O aprendiz* e agora desço-lhe a lenha. É bem um ardil 22. Talvez eu possa conciliar os dois pontos de vista com a seguinte declaração oficial: existe um contínuo do desespero, em cuja base está o comercial de 30 segundos. Um degrau acima na cadeia alimentar está o entretenimento com marca, mas ainda há um longo caminho a percorrer antes de vermos a luz do dia.

Claro, os investimentos iniciais em *O aprendiz* (que é um dos mais bem executados *reality shows*) resultaram em picos de curto prazo, mas eles se explicam pelas vantagens do pioneirismo. No momento, quero contestar tanto os benefícios de longo prazo das marcas participantes *e* a sustentabilidade e expansibilidade desse tipo de formato para além dos próximos poucos anos. Essa moda tem poder de permanência? Se não, o que virá depois? *Não é* cedo demais para fazer tais perguntas.

Há, evidentemente, maneiras boas, más e horríveis de fazer isso (por exemplo, o Yahoo! leva sua participação para "além" do episódio, com benefícios para quem acessar a Web), mas existe algo de fundamentalmente errado com a metodologia e as premissas responsáveis por alimentar esse câncer, que pode destruir por dentro a justiça que resta no conteúdo televisivo. Tenho um teste de tornassol simples para avaliar a sutileza do posicionamento de produto e da integração das marcas: se parece pago, é porque é. A coisa sobressai como um polegar doído. No entanto, se ela deixa o espectador perguntando-se se foi paga ou não, ou, melhor, se não gera resposta nenhuma nos consumidores, é provável que tenha sido argutamente integrada e inserida no roteiro.

O "Absolut Hunk", acordo entre a vodca Absolut e o *Sex and the City* que provou que o tamanho tem importância, foi um daqueles exemplos em que a tênue linha entre o sutil e o flagrante foi cruzada... e cruzada de novo... e de novo. A superexposição de qualquer marca, especialmente no conteúdo, é imperdoável. Acho estranho que apresentemos o argumento igreja-Estado[2] no que toca ao conteúdo editorial e ao comercialismo, mas que, quando passamos ao conteúdo de entretenimento e à pior espécie de comercialismo (aquela que não ocorre às abertas), ninguém diga nada.

O *American Idol* é um clássico exemplo dos melhores (ou no mínimo bons) e piores aspectos do posicionamento de produto e do entretenimento com marca, tudo num único programa. Eu poria a Coca-Cola no lado dos "bons", por sua inserção imersiva e holística no programa. Para começar, ela tem a vantagem do pioneirismo. Além disso, existe uma associação deliberada e desejável da marca com tudo o que envolva a música, especialmente para o público mais jovem. Em outras palavras, o patrocínio da Coca para o *American Idol* é consistente com a postura de sua marca, com sua estratégia e com seu mantra publicitário (de "realidade" e auto-expressão). Finalmente — e não é coisa pouca —, a Coca-Cola fez isso com cautela e consideração:

- a Sala Vermelha, conhecida até então como sala verde, foi um toque inteligente, como também o sofá vermelho (salvo que, na quarta temporada, ele passou a ser adornado por uma óbvia e artificial faixa branca);
- os óculos opacos dos juízes da Coca (que estou certo de conterem tudo, *menos*...) são outro toque sutil (exceto quando a câmera se fixa neles por tempo demais).

A Ford — abençoados sejam por continuarem tentando — é meramente ruim, ou talvez *triste* seja uma palavra mais precisa. Aqueles vídeos musicados de gente

---

2. Ou seja, o argumento separatista. (N. do T.)

que se acha enquanto passeia num Ford (os "Momentos Ford") são, na verdade, momentos de vergonha.

E por último deve vir a Subway, que concertou o que só pode ser descrito como uma farsa humilhante em que os finalistas serviam algum tipo de prato na tentativa débil de dar ares românticos ao frango *chipotle* (haja vergonha!).

A tragédia nesse caso é que a subcampanha da Subway arruína quaisquer vestígios de esperança que os esforços da Coca-cola tenham deixado ao entretenimento com marca. (Exija seu dinheiro de volta!) Além disso, seu comercialismo transparente será farejado — e em seguida rejeitado — pelo mais esperto dos públicos, que é justamente o do *American Idol*. Se eu fosse a Madison Avenue, estaria tentando enfiar digitalmente o Clapper, o Oxford HealthCare ou produtos para dentaduras numa velha reprise de *Murder, She Wrote* — e não contaminando o *American Idol*. Não que eu compare a Subway a dentaduras, mas no fator "legal" eles estão muito perto.

O FUTURO DO ENTRETENIMENTO COM MARCA

Não atire ainda sua toalha, Ralph Lauren. Há esperança.

Por um lado, o posicionamento de produto sempre servirá a um propósito maior da gestão de marcas, desde que seja feito com sensatez e de maneira a manter intactas a integridade (palavra desconhecida na Madison Avenue) do conteúdo e a inteligência do consumidor.

Sir Ian Fleming sabia o que estava fazendo ao integrar com sutileza produtos compatíveis no tecido da grife James Bond. Lotus, Aston Martin, Rolex e martinis "batidos, não mexidos" (parece até marca) tornaram-se ídolos que representavam o sofisticado estilo Bond. Eu não teria ficado surpreso se os guardiões da marca 007 tivessem combatido (ou pior, gemido e desancado) os avanços da Ford, da Swatch e, lamento dizer, da Absolut (que já não é a opção de primeira).

Provando que a grandeza pode vir em pequenos pacotes, o Mini Cooper teve seu dia em *Uma saída de mestre*, que, embora bastante óbvio, foi bem mais digerível do que a repelente orgia da GM na seqüência de *Matrix*. (Por falar nisso, é uma maneira bem esquisita de promover um carro mostrá-lo sendo totalmente aniquilado e feito em pedaços.)

O Home Depot é, em minha opinião, um dos mestres do marketing hoje em dia e o melhor exemplo de como integrar uma marca ao conteúdo. A empresa praticamente escreveu o manual de como oferecer uma "experiência" — de como ser um catalisador da marca, e não um mero destino — e se saiu excepcionalmente bem numa categoria altamente competitiva, apossando-se praticamente de todo o conteúdo "com marca" de programas como o *Trading Spaces*.

O *Survivor* foi um importante veículo para que uma marca de ferramentas para consertos domésticos faça-você-mesmo deixasse de servir gratuitamente como a "recompensa" do desafio. Numa tarefa em particular, o Home Depot foi o pivô em torno do qual toda a recompensa se estruturou. As tribos tinham de construir seus próprios abrigos usando uma caixa de ferramentas Depot. O desafio demonstrava as propostas de valor do Home Depot em termos tanto funcionais como de valor emocional: a possibilidade de construir coisas e os benefícios (como a satisfação pessoal e a criação de artigos únicos) associados com a obtenção dos meios necessários para isso — para não falar da importância de ter um teto sobre a cabeça! Compare isso com a barra de Snickers que foi dividida pela tribo vencedora, cujos integrantes se punham a babar como se ela fosse um objeto sexual. Os espectadores não tiveram a menor dúvida de que os membros da tribo haviam sido treinados pelos abutres da produção.

O Home Depot também dominou o gênero dos consertos domésticos na televisão, mantendo seu domínio sobre *reality shows* como o *Trading Spaces* e canais especializados como a HGTV. Finalmente, que tal lhes parece o entretenimento com marca na forma de brinquedos (ver Figura 20.1) que funcionam às maravi-

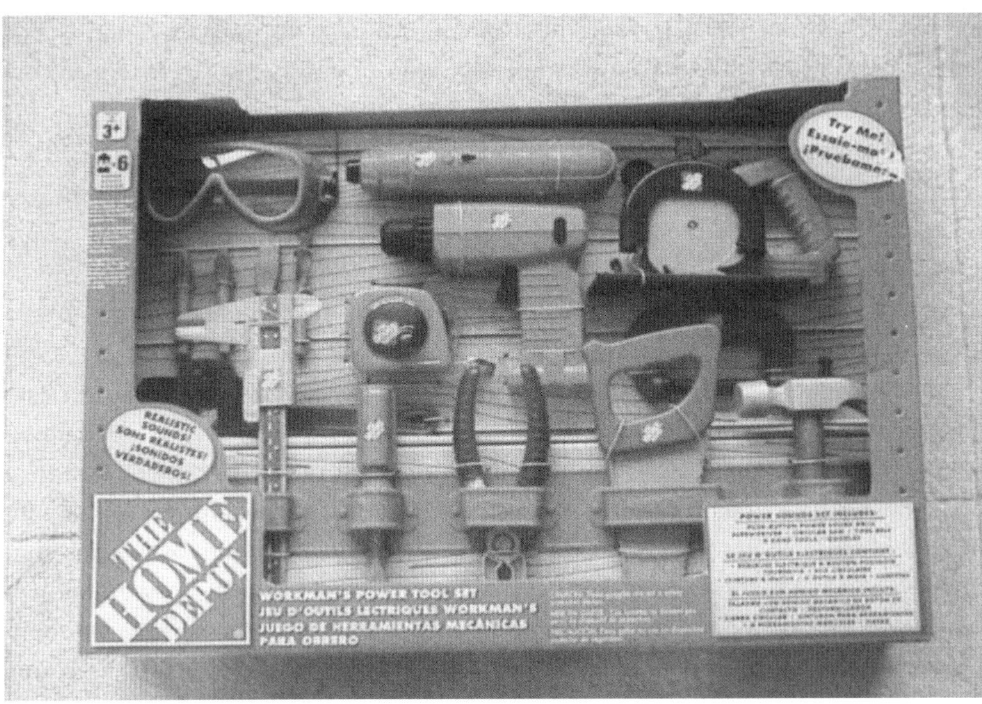

Figura 20.1 Quem não gostaria de comprar um brinquedo com tão boa marca para seus filhos?
Fonte: Jaffe, LLC.

lhas, em contraste com o kit do McDonald's vendido na Toys "Я" Us, que, estou certo, nenhum pai responsável se rebaixaria a comprar para os filhos.

MARCAS ESQUIZOFRÊNICAS

Se a habilidade de bordar a marca com sutileza no tecido do conteúdo tem propriedades benéficas, a habilidade de bordá-la mal deve necessariamente ter as qualidades opostas — e prejudiciais. É o caso do entretenimento com marca, mas quero levar a coisa mais longe e traçar distinções entre o velho e o novo marketing, entre as abordagens tradicionais e não tradicionais.

Um caso pertinente é a FedEx, cuja fraca tentativa no Super Bowl, em 2004, e sua insultante seqüência, em 2005, me fizeram perguntar o que Brown poderia fazer por mim. Se você se alimenta continuamente da lavagem dos cochos, é isso o que será sua produção final. Métodos não-tradicionais, como o entretenimento com marca (quando bem feito), são uma história totalmente diferente.

Um bom exemplo é o anúncio de frase única que apareceu no filme *Noiva em fuga*, quando Julia Roberts foge do casamento e pega carona do caminhão da FedEx. "Aonde ela vai?", pergunta um convidado. "Não sei", diz outro, "mas com certeza vai chegar antes das 10h30".

Um exemplo mais substancial ocorreu no filme *Náufrago*. Esqueça os 30 segundos; tente um comercial de 90 minutos para a FedEx. O enredo incorporou a marca de maneira totalmente cabível. Lembra-se da cena ao final em que Tom Hanks entrega o último pacote fechado ao destinatário? O que isso nos diz de uma cultura corporativa que se orgulha da perseverança e comprometimento, e que sempre chega a seu destino (em todos os sentidos)?

Desafio qualquer pessoa que estiver lendo este livro a me dizer se, ao ver esse filme, ficou pensando em "posicionamento de produto" — e, em caso positivo, se isso comprometeu sua fruição do filme. O público literalmente gemeu durante a sessão de *Matrix* a que fui assistir. No caso de *Náufrago*, era mesmo posicionamento de produto? Na verdade era, mas não importa muito, pelo menos para os consumidores. O interessante é que a FedEx fez essa cartada barganhando o posicionamento de marca, ao doar gentilmente os aviões, os serviços de envio, os armazéns e coisas do tipo — ah, se fosse tão fácil hoje em dia! Compare isso com as taxas astronômicas que os estúdios vêm cobrando por enredos mais fracos, vínculos vulneráveis e benefícios menores, e some isso a um público cético que já conhece a piada. Socorro, estou preso num inferno circular! Vamos seguir em frente...

O Endosso de Celebridades: Um Outro Tipo de Entretenimento Com Marca

A seção anterior tratou da existência de marcas esquizofrênicas — do marketing tanto eficaz como ineficaz para a mesma marca, o que indica que a empresa em si está longe de integrada. A razão para que esforços certeiros e equívocos provenham da mesma marca é a mesma para que vejamos tentativas certeiras e equívocas na mesma campanha publicitária — há gente diferente trabalhando no assunto, sem se comunicar. Não fosse assim, e provavelmente veria a FedEx reduzindo seus comerciais no Super Bowl e substituindo-os por esforços não tradicionais mais inteligentes.

Esse princípio se aplica igualmente a outra técnica favorita dos marqueteiros preguiçosos e das agências gananciosas: o endosso de celebridades, expressão quintessencial do tráfico de influência.

Veja a Buick e seu vínculo com uma das mais comerciáveis figuras do esporte: Tiger Woods. Os comerciais de 30 segundos da marca são quando muito um saco e, para sermos francos, uma perda de tempo e dinheiro. Sim, vou mesmo comprar um Buick só porque Tiger Woods esteve com as mãos no volante.

Passemos agora a um de meus exemplos favoritos do novo marketing e do paraíso não tradicional: o "Tiger Trap" [Armadilha de Tigre] — um momento de gênio no *Candid Camera* que abrangeu tantas das dez abordagens do novo marketing deste livro que é praticamente um mapa para o futuro da publicidade.

Pensem nisso, amantes do golfe. Vocês estão dando suas tacadas — ops! jogando — com três amigos no campo de golfe e, ao chegarem ao par de três, notam que algum palerma deixou o taco na saída. Você pode ou não notar que ele tem a inscrição "Tiger", mas com certeza notará quando o próprio Tiger saltar despercebidamente de trás de uma moita e perguntar se alguém viu o taco dele.

E, como se o momento não pudesse ser mais surreal, Tiger, num capricho, desafia os quatro a uma competição para ver quem se aproxima mais do buraco e, "por piada" oferece um Buick como prêmio. Claro, o prêmio é muito real, e depois de ele atirar as chaves ao campeão amador, os operadores de câmera surgem "espontaneamente" em cena, e executivos comerciais obtêm alegremente o assentimento dos quatro participantes.

Essa série de minifilmes foi digitalizada e difundida sobretudo via Web. Ela foi promovida em uma variedade de mídias, da imprensa a anúncios online. O que realmente chamou minha atenção e me "informou" e "persuadiu" a dar uma espiada online foi o trecho noticiado no *SportsCenter*, da ESPN. *Isso sim* é entretenimento com marca.

A Buick não somente conseguiu criar um anúncio de quatro minutos, como a criação se elevou na prática ao sacrossanto *status* de conteúdo editorial. Provavelmente descobrirei, após a publicação deste livro, que a notícia foi comprada, mas não importa. Quando eu a vi, eu estava vestindo os chapéus de consumidor e marqueteiro, e a notícia no *SportsCenter* foi aprovada nos testes de *business-to-business* e *business-to-consumer*.

Outro exemplo fantástico de endosso de celebridade é o "Whodunit?" [Quémquefezisso?], da Reebok, que criou uma extravagância experiencial e de entretenimento, fazendo pleno uso de sua associação com astros da NBA como Kenyon Martin ou Steve Francis para gerar uma experiência com marca em torno de um crime — o assassinato figurado da carreira de um jogador por outro jogador, que usava um par de Reeboks (o que dá um novo sabor à acusação de homicídio). Foi um programa realmente interativo, com anúncios televisivos expostos numa seqüência específica para atrair interesse e deixar uma pista ou duas no meio do caminho (a integração horizontal).

CHECAGEM DA REALIDADE

Nada jamais substituirá o pensamento inteligente e a capacidade de associar as marcas certas com as formas certas de entretenimento ou oportunidade.

A Parada do Dia de Ação de Graças da Macy é um bom exemplo das últimas tendências em entretenimento com marca. Não somente ela dá visibilidade à famosa loja de departamentos, como torna visíveis as múltiplas marcas que figuram na parada — incluindo o mordomo Jeeves, o marcossauro que é Barney, Ronald McDonald, M&Ms e até o velho Esponja, Sr. Calça Quadrada, que em 2004 deu as caras convenientemente para promover seu novo filme.

Outro exemplo muito visível é a já famosa distribuição de carros em *The Oprah Winfrey Show*, em que Oprah deu 276 unidades do Pontiac G6 a membros estupefatos da audiência. Foi um jeito infernal de abrir com estilo sua décima nona temporada.

É arriscado até mesmo tentar calcular o ROI desse tipo de cartada ambiciosa. Do ponto de vista do valor de mídia, contudo, uma comparação apropriada e equilibrada poderia ser feita entre o típico comercial de 30 segundos de *Oprah*, vendido usualmente por 70 mil dólares, e o tempo no ar dedicado à marca Pontiac (que se estima ter sido metade do episódio), para não falar na publicidade gerada em todos os tipos de escoadouros da mídia, da *People* ao *SportsCenter* da ESPN. Isso vendeu carros? "Os retornos iniciais mostram o G6 superando em 20% seu concorrente mais direto, o novo Five Hundred, da Ford", segundo a revista *Business 2.0*. Apesar disso, com apenas 27 mil unidades do G6 vendidas em seus primeiros cinco meses, a situação só pode ser resumida como a estagnação metafórica do veículo. (Será que eles incluíram no total os 276 carros doados?)

O entretenimento com marca não é e não deveria ser sinônimo dos dispendiosos posicionamento de produto, acordos de integração ao conteúdo ou patrocínio por celebridades. Ele consiste nas *marcas como entretenimento*, usando sua rede de relações com os clientes para nisso se converterem. Como o nome sugere, esse é um entretenimento que, por acaso, se associa a uma marca. Por alguma razão, nós nos convencemos de que precisamos das grandes emissoras para nos ajudar nessa tarefa, quando na verdade já temos a bala de prata — nossos sites.

Numa conferência de 2005 sobre entretenimento com marca, o diretor de marketing da Motorola, Geoffrey Frost, disse: "Precisamos reconhecer que há uma terceira pessoa em nosso leito matrimonial — a tecnologia. Vamos rebatizar nossa união de Madison + Vine + Vale do Silício e reconhecer que a tecnologia tem permitido a nosso público fazer o que realmente quiser, quando quiser e onde quiser".

Isso impressiona bastante, salvo que eu disse a mesma coisa há dois anos em um de meus artigos para o "Jaffe Juice". Levou dois anos para que o grande circuito do marketing encarasse o fato de que a Madison & Vine era apenas uma parada nos boxes em meio ao nada.

O "Vale" não é apenas uma terceira rua abrindo-se na esquina entre a Madison e a Vine; ele é *a* rua. Ao passo que a Madison e a Vine são ambas vias de mão única, o Vale corre nos dois sentidos.

Talvez a conclusão mais adequada para este livro (que começa com "Jacksonville, temos um problema" e se encerra com a infestação do conteúdo pelos acertos e erros dos comerciais) possa ser encontrada num episódio da terceira estação de *O aprendiz* em 2005, que demonstrou habilmente a confusão maciça e o futuro incerto do comercial de 30 segundos.

Naquele episódio em particular, as equipes Magna Corp. e Net Worth foram incumbidas de criar comerciais de 30 segundos para a patrocinadora Dove. Seus esforços foram tão desalentadores que o juiz e júri Donny Deutsch achou que *ambos* eram uma caca e declarou prontamente o aborto. O executor Donald Trump fez o que fazia melhor. Irônico? Sem dúvida. Surpreendente? De modo algum.

Comercial de 30 segundos: "Está despedido!".

Deixo-os nas mãos competentes de Bob Greenberg, da R/GA, que apresenta um ponto de vista ponderado sobre a questão de nadar com a marca, o que traz ganhos significativos em termos de envolvimento, experiência e, por fim, entretenimento.

Nadando com a Marca: Como Podem os Publicitários Criar Experiências que Envolvam os Consumidores?

***Bob Greengerg, Chairman,* CEO *e Diretor de Criação da* R/GA**

Há uma convergência tecnológica fermentando-se neste exato momento, e ela ameaça não apenas a indústria publicitária, mas toda a infra-estrutura da televisão, sustentada por anúncios ou por assinaturas. Agora mesmo há redes não hierárquicas como o BitTorrent que permitem que os usuários troquem maciços arquivos digitais — como toda a temporada final de *Friends* ou a última temporada de *Six Feet Under*. Por meio de DVRS, os usuários estão baixando esses programas em seus discos rígidos e removendo os comerciais, se houver. Os programas são então postos em redes não hierárquicas para serem baixados por qualquer pessoa com uma conexão rápida de Internet.

Uma vez que o conteúdo seja baixado para um computador, os consumidores já não ficam limitados a vê-lo numa pequena tela de PC. As redes domésticas sem fio e os aparelhos de convergência para fins de entretenimento permitem aos consumidores conduzir os arquivos diretamente para o televisor. Esses arquivos se aproximam do DVD e do HD em termos de qualidade, sem nada daquelas imagens granuladas do tamanho de um selo.

O aumento da largura de banda abre o caminho para novos programas de marketing e publicidade mais ricos e de fato interativos. Eles podem assumir a forma informativa ou experiencial, mas, em ambos os casos, experiências são oferecidas aos consumidores de maneira bem direcionada.

Criar experiências online em que os consumidores "nadem com a marca" vem se tornando cada vez mais comum. Uma maneira de conseguir isso é pelos games online, a exemplo do que fizemos para a Nike em www.nikegridiron.com, um game de futebol americano que destaca os jogadores da Nike. Há campanhas sendo influenciadas pelos games ou por meio de concursos virais e torneios ao vivo ou pelo posicionamento de produto dentro dos jogos e pelas experiências de criação personalizada de marcas para multijogadores.

A adoção da banda larga também proporciona um conteúdo online mais rico, na forma de e-mails virais, de programas de notícias e da personalização. No campo da personalização há muitos exemplos, desde a criação de avatares em games que se assemelhem ao jogador (como no EyeToy) até o www.nikeid.com, onde os consumidores podem criar produtos personalizados da Nike. A largura de banda também possibilita o uso de demonstrações via Web para fins *business-to-business*, como as do Software at Work, criadas para a IBM para explicar de maneira mais simples sistemas complexos.

Também é possível criar experiências informativas. Um exemplo é o programa de mentoreamento criado para o Nestlé Purina, que estimula uma interação maior com a marca mediante o uso de um conteúdo robusto sobre como tratar de seu bichinho. Outra área em que a apresentação do conteúdo é central é o e-commerce. Os consumidores têm acesso a mais informações na ponta dos dedos, e estão investindo mais tempo em suas decisões de compra, fazendo comparações, insistindo em descrições detalhadas, vendo avaliações dos produtos e assim por diante. Eles esperam que as mensagens lhes sejam direcionadas com precisão mediante a publicidade local online autorizada e um merchandising online que atenda a suas necessidades. Eles recebem informações úteis e prestimosas enquanto tomam suas decisões de compra.

Os avanços tecnológicos permitiram que a produção do conteúdo se tornasse digital, abrindo toda uma gama de possibilidades. Com o surgimento de conceitos de marketing em formato digital, seja para comerciais, outdoors, marketing online, campanhas impressas ou mala direta, os ativos podem ser reutilizados e redirecionados para outros aspectos da campanha. Graças à criação de um banco de dados digital, as mesmas imagens podem ser compartilhadas entre agências. O resultado final é uma gestão de marcas, menores custos para os clientes e uma biblioteca de imagens para o uso futuro.

Outra mídia que tem crescido rapidamente é a *penetrante*. As tecnologias penetrantes permitem aos consumidores se comunicar, mas também aprender e comprar por meio de diversos aparelhos, sempre e onde quer que a inspiração surja. A plena extensão da tecnologia móvel ainda não foi sentida nos Estados Unidos. Um exemplo é o game da R/GA desenvolvido para o Yahoo!, executado num telão no 23° andar do prédio da Reuters na Times Square e acessado a partir dos telefones móveis dos transeuntes.

A tecnologia móvel está sendo usada de outras maneiras. Os telefones vêm se tornando carteiras sem fio usadas como dinheiro eletrônico pré-pago, tíquetes, cartões de sócio em clubes e programas de fidelidade. Eles são usados cada vez mais para finalidades múltiplas e têm um potencial de marketing muito além do das comunicações.

Os consumidores estão à espera de experiências mais envolventes em todos os aparelhos com os quais interagem. O tamanho do aparelho é pouco relevante, e a conveniência é um elemento-chave. As implicações de longo prazo são que os criadores de propaganda precisam desenvolver novos conjuntos de habilidades para arquitetar experiências online de fato imersíveis, e não histórias lineares como as feitas na mídia tradicional. As experiências devem unir design, gráficos e arquitetura, e, ao mesmo tempo, integrar música e efeitos sonoros, vídeos animados, games, entretenimento e tecnologias à base de dados. Necessitamos de uma nova linguagem e de roteiristas capazes de deitar os padrões para a escrita online.

No fim das contas, a experiência online de sucesso deve ter as dimensões de 2 minutos × 120 minutos. Os 2 minutos representam um vídeo ou game abreviado, e os 120 minutos são a multiplicidade de links que emanam de anúncios online ou sites para conteúdo e informações adicionais. A construção desse tipo de experiência digital tem requisitos muito diferentes dos necessários à criação de um comercial linear de 30 segundos na TV. A inovação e a inspiração são os fatores centrais de hoje.

Epílogo: Por Que Você Iria se Importar?

O que você deve fazer quanto a tudo isso?

Em seu auge, o comercial de 30 segundos era o rei de regresso ao reino. Hoje, passados uns 65 anos desde seu primeiro uso, ele é como Sean Connery — ainda sexy como o inferno, mas sem potencial de longo prazo. Afirmo (e espero ter dado suficiente material de reflexão para que se sustente minha afirmação) que o comercial de 30 segundos já perdeu a serventia. Os rumores de seu óbito podem muito bem ser exagerados, mas são irrelevantes. Usá-lo hoje em dia é como usar uma espada de pau para combater um dragão que cospe fogo. É melhor que ter seguro contra incêndio.

Numa bizarra guinada do destino, o comercial de 30 segundos ganhou uma bóia da menos provável das salva-vidas: a Internet. A possibilidade de preservar (e ampliar) a vida do comercial de 30 segundos na Web é uma solução de curto prazo para um problema de longo prazo. Terá de haver, no fim das contas, alguma outra coisa, e felizmente há — na forma das 10 novas e ousadas abordagens discutidas neste livro, as quais vêm revolucionando e transformando os jogos do marketing e da publicidade.

Os marqueteiros que procuram em vão por "grandes idéias" e por maneiras de amplificar suas marcas provavelmente descobrirão que as respostas estavam bem na frente de seus narizes. Toda marca — e quero dizer *toda* marca — tem o potencial e os meios de executar uma experiência envolvente, e a habilidade de romper a monotonia do marketing tradicional e empregar novas e ousadas alternativas, em contraste com a definição de *insanidade* dada por Einstein (repetir continuamente a mesma coisa esperando ter resultados diferentes).

Algumas agências e departamentos de marketing já enveredaram por essa via de mão única. O Amazon.com Theater é um exemplo. Vejamos como muitas das 10 novas abordagens discutidas na Parte 3 entram em jogo simultaneamente nesse caso específico:

1. Internet — (dããã) confirma.
2. Games — não aplicável.
3. Conteúdo sob demanda — confirma.

4. Marketing experiencial — confirma.
5. Conteúdo de forma longa — confirma.
6. Marketing comunitário — confirma.
7. Conteúdo gerado pelo consumidor — havia um link "Atenção cineastas: dêem-nos seus endereços de e-mail para saberem mais sobre os futuros programas do Amazon Theater".
8. Busca — a seu tempo...
9. Música, fones móveis e coisas que o deixam ligado — a seu tempo...
10. Entretenimento com marca — confirma.

Sete em dez não está nada mal. (Hãã, quantos livros será que eles venderam?)

E há também George Masters e sua ode de 60 segundos ao iPod da Apple. Esse é um excelente exemplo da reunião de várias abordagens — conteúdo sobretudo interativo + de forma longa (ei, não são meros 30 segundos!) + comunitário + gerado pelo consumidor. E eis o segredo: o cliente e a agência não seriam encontrados em lugar nenhum. O que há é uma conversa sobre a marca inteiramente independente, e as agências correm o risco de ser totalmente removidas do circuito devido a sua inação (ou à "proação" do consumidor).

Em teoria, acender o novo marketing é mais fácil do que se imagina, mas na prática é um pouco mais difícil, pois começa com a aceitação de que se vem fazendo as coisas de maneira não otimizada (leia-se: errada). Ou, para ser mais gentil, é possível expiar as oportunidades perdidas assim:

- rejeitando o *status quo* e descartando objetivamente paradigmas estagnados e falhos;
- acolhendo a mudança ao considerar um jogo de novas ferramentas/opções;
- aceitando responsabilidades e um nível maior de incumbências ou eficácia mercadológica;
- desafiando os parceiros externos a se adaptarem... ou morrerem;
- contratando ou investindo em talentos que possam se adaptar às rápidas mudanças de maré do marketing — *acolhendo-as e capitalizando sobre elas.*

Rejeite o *status quo* e questione tudo. Olhe interna e externamente, na tentativa de determinar objetivamente a eficiência e a eficácia dos atuais esforços de comunicação de marketing. Aceitar as coisas só porque elas sempre foram feitas assim ou resistir a mudanças "em seu relógio" acabará custando-lhe seu emprego e refreará sua marca. Está-se perdendo contato com consumidores que obtiveram o poder decisivo — o de escolher e controlar as experiências de consumo de mídia. Metodologias fracassadas e adotadas por todos não resultarão em ganhos para ninguém. É hora de aposentar a concessão a Wanamaker e seguir em frente com uma perspectiva precisa, informada e ponderada sobre as eficiências e as eficácias comparativas de seus esforços integrados.

Acolha todo o jogo de novas opções e alternativas de marketing que se abrem. Molhar o dedão na água não bastará para vencer o triatlo que o aguarda mais adiante. Deve-se ir além da conversa fiada e dos testes, e, se pretender fazer experiências, o esforço precisa ser substancial — é preciso provir do topo, como diretiva corporativa, e precipitar uma maciça mudança cultural. É isso o que a P&G fez, convocando um "parem tudo" e dando meia volta em seu couraçado antes de ele encalhar na praia (ou num iceberg).

Aceite um novo nível de responsabilidade — um padrão mais alto que não somente elimina os palpites, as premissas herdadas e as hipóteses reduzidas a uma relação causal entre investimento e retorno, como vai muitos níveis além, ajudando a separar e comparar todos os pontos de contato. É importante saber quais pontos de contato nas comunicações rendem mais (e, sendo tudo o mais constante, devem ser intensificados) e quais rendem menos (e devem ser cortados). Também é importante manter um pé firme na realidade marca *versus* negócios, ou gestão de marcas de longo prazo *versus* vendas de curto prazo. Esta é a era do "e", e não do "ou", e a capacidade de equilibrar seus objetivos muitas vezes contraditórios se tornarão cada vez mais uma arte *e* uma ciência.

Desafie seus parceiros de marketing, publicidade e/ou mídia para seguir adiante com o programa... ou cair fora. Este é o momento de concentrar os esforços em extrair o máximo dos parceiros, e não em pagar o mínimo por eles. É o momento de assegurar que se está obtendo deles as melhores idéias *novas*, e não idéias redirecionadas (e com certeza não idéias tapa-buraco) que ajudem a vender mediante a recomendação mais familiar dos comerciais de 30 segundos. É hora de avaliar a capacidade dos parceiros de *gerar* (criar idéias) e *integrar* (executá-las) de maneira objetiva e colaborativa. É também o momento de assegurar que se está com os cobras dos cobras, e não com as sobras das sobras. Numa era de consolidação e generalização, precisa-se de peritos e não de paus-para-toda-obra.

E, finalmente, *contrate* como se não houvesse amanhã, pois talvez não haja (ao menos para você). Faça-se esta pergunta: se os compradores de hoje se incumbem do processo seletivo de sua agência de comunicações, será que amanhã não se incumbirão também da produção? Pare de sacudir a cabeça e olhar para os lados — o departamento de marketing costumava ser muito maior do que é hoje; a gente costumava ter muito mais responsabilidade do que tem hoje. A única coisa em que se pode apoiar é provavelmente no aliado mais fraco — um fatigado e ineficaz comercial de 30 segundos. É preciso podar os que insistem em resistir à mudança e acolher toda uma nova gama de talentos. Se for possível treinar e converter os gerentes do velho marketing em gerentes do novo, um certo grau de continuidade será mantido, mas o necessário, em última instância, é uma grande e perturbadora quebra na criação do etos operacional.

A BBDO e a JWT são duas das maiores agências Golias que recorreram às duas grandes esperanças — o criador dos BMW Films, David Lubars, e a fonte de várias experiências da Nike, Ty Montague. Com isso, elas estão tanto reinventando como redirecionando a roda. O tempo dirá se é possível ensinar novos truques a um cachorro velho. A mensagem que soa para os diretores de criação é mista: crie uma solução ou experiência diferente (*à la* P&G) e sua passagem só de ida para um confortável emprego numa empresa dinossauro está garantida. Será que um leopardo consegue mudar suas marcas? Mesmo que a mudança venha do topo, como exatamente se lidará com a decadência ocorrendo no meio?

Chamei este livro de *O Declínio da Mídia de Massa* e aproveitei o fato de que podemos interpretar o título de diversas maneiras:

- o comercial de 30 segundos está morto (com isso, há vida depois da morte);
- *há* vida depois dos 30 (segundos);
- o comercial de 30 segundos já não é o padrão de ouro (esteja vivo ou morto) e, em seu lugar, há todo um exército de possibilidades e alternativas empolgantes que podem e devem fortalecer sua marca, restabelecendo, preservando e, por fim, reforçando a conexão, o contexto e o relacionamento com seus clientes;
- o comercial de 30 segundos pode sobreviver (ou ser salvo) somente com a ajuda da tecnologia. A formação de corais, os comerciais congelados no tempo, o *behavioral targeting* e/ou a publicidade sob demanda soam muito apetitosos... mas a pergunta de 58 bilhões[1] de dólares é esta: "*Não será pouco e tarde demais?*"

Estamos adentrando uma idade de ouro no marketing que pode não se assemelhar em nada à publicidade tradicional. A televisão está ficando mais rica do que nunca — do som ambiente à alta definição — e também se encontra a caminho da digitalização, o que resulta em toda uma gama de opções sob demanda, dos filmes ao gravador de vídeo digital. Os games usurparam grande parte do conteúdo hoje disponível para oferecer uma experiência similar à do cinema ou da TV, que vem sendo consumida *imersivamente* por comunidades de pessoas que admitem não haver a menor graça em jogar sozinhas. (Ver televisão, em contraste,

---

1. Total de gastos no ano de 2004 na TV aberta, de anúncios, a cabo e por sindicação, segundo a TNS Media Intelligence.

tornou-se um ato de ver sozinho[2].) O rádio subiu aos céus (via satélite) e sofrerá a transformação de gratuito para pago. A imprensa continuará mancando e falando para públicos segmentados, a menos que consiga integrar e alavancar profundamente suas propriedades móveis e online. Conforme as impressoras e a impressão continuarem a baixar seus custos e aumentar sua produtividade, os consumidores devem imprimir suas próprias revistas em casa, usando um processo de vinculação seletivo capaz de incorporar um grau super-refinado de direcionamento público. As mesas digitalizadoras para PC virão com pacotes de telas de 3 × 100 MB, que os consumidores pré-carregarão com conteúdo e conectarão em casa ou no trabalho. A Web ficará mais e menos parecida com a TV a cada dia, com os consumidores oscilando entre as atitudes ativa e passiva, dependendo de sua postura e do grau da curvatura entre eles e suas telas.

A tecnologia será a grande aliada e a inimiga que ronda. Para cada ameaça que suscita, ela também trará uma oportunidade concomitante para os que querem ver as possibilidades. *Pular anúncios pode acabar sendo a norma, mas evitar experiências pode ser a exceção.* Acima de tudo, o conteúdo permanecerá o rei — hoje mais do que nunca. O bom conteúdo será consumido e compartilhado entre comunidades com interesses afins, e todos serão bem-vindos para participar, criar e comentar.

Os ventos da mudança começaram a soprar. O anúncio da PepsiCo de reintroduzir a Pepsi One diet com uma miríade de pontos de contato e táticas do novo marketing — e sem o menor traço de propaganda televisiva — converteu indubitavelmente essa brisa suave numa ventania de proporções ciclônicas. Você *ainda* acha que as notícias da morte do comercial de 30 segundos foram exageradas?

Haverá uma vida gloriosa depois que o comercial de 30 segundos for posto para dormir. Espero que você esteja presente para testemunhá-la.

---

2. De acordo com a Knowledge Networks (dezembro de 2004), 45% dos telespectadores em horário nobre vêem TV sozinhos, em comparação com os 31% de uma década atrás.

Índice Remissivo

24 Horas (programa de TV), 24, 181-2, 238-9

Absolut, vodca, 83-4, 241
Acesso Total (McKenna), 49-50
Advergaming, 136, 141
Advertising.com, 159
Agências de publicidade
  arrogância criativa das, 6-7
  clientes em jogo nas, 16-7
  papel da mídia nas, 182-183
  relações com os clientes nas, 1-2
Aldhous, Chris, 174
Amazon.com Theater, 172-3, 250-1
Amazon.com, 44-5, 57-8, 220-1
America Online (AOL), 16-7, 72-3, 121-2, 124-6, 171-2
American Express, 72-3, 76, 181-2, 186-7
American Idol (TV show), 24, 194-5, 233-4, 241-2
Anheuser-Busch, 68, 207-9
Antimarcas, 57-59
Apicella, David, 185-6
Aplicativo assassino (Killer app), 31-2, 43, 129
Apple Computer
  campanha "Think Different", 65-6
  campanha boca-a-boca do iPod, 52-4, 211-2
  comercial "1984", 4-6, 79-80
  concorrentes e, 48-9
  conteúdo gerado pelo consumidor e, 207-9, 211-2
  promoção iTunes, 42-3, 68, 79-80, 227-9
Aprendiz, O, 182-5, 239-41, 249
Arad, Avi, 197, 199
Arnell, Peter, 237-8
Arrested Development, 163-4
AT&T Wireless, 194, 233-4
Atendimento ao cliente, 48, 50
Audiência da televisão
  compromisso com programas, 121-2, 146
  não linear, 157-9
  premium, 238-40
Autenticidade, 43

Banda larga
  como nova tecnologia, 39
  games online e, 145
  no grande circuito, 32-3, 119-20, 165
  papel no novo marketing, 28, 59-60, 75-76, 249
  proposta de valor da, 29-30
  velocidade da, 129
Banners, 151, 205-6
BBDO, 5-6, 169-71, 173, 252-3
Beavis, Ian, 132
Behavioral targeting, 24-5
Beisebol, publicidade no, 197-8, 199-201
Belanger, Ron, 219
Bernbach, Bill, 63-4
Berry, Jon, 196-7
Bezos, Jeff, 15
BitTorrent, 247-8
BlackBerry, 50, 216, 230-2
Blockbuster, 146-8
Blogs, 71, 166-7, 195-6, 200-3
BMW Films, 75-6, 172-3, 179-81, 186-7, 252-3
Budweiser, campanha "Whassup?" da, 21-2, 207
Buick, comercial "Tiger Trap" da, 76, 180-1, 238-9, 245-6
Burger King
  campanha TC versus Spicy, 184, 193, 205, 222
  Frango Submisso, campanha do, 76, 183, 192-3, 202-4, 208-11
Busca
  palavras-chave na, 218-20, 224-5
  papel do marketing na, 221-2, 223-5
  tendências na, 221-3
  vantagens da, 217
Buscadores. Ver também os portais específicos
  diversificação dos, 216-7
  papel no novo marketing dos, 28, 66-7, 77-8
  promessa de valor dos, 30-2
  publicidade nos, 9, 24-5

serviços sob demanda e, 166
Butler, Shine, Stern & Partners, 212-3
BzzAgent, 195-6

Cardies, 226
Carlson, Tucker, 126
Celulares, 39, 47, 48-9, 231-6, 249
Cheifet, Stewart, 231-2
Chiat, Jay, 63-4
Chrysler, 142, 168-70, 237-9
Cingular Wireless, 73-4, 194
Citibank, 239-40
Classificações da Nielsen, 7-8, 10-12, 163-4
Classificações
precisão das, 162
mudança de horários e, 154-5
da Nielsen, 7-8, 10-12, 163-4
para o sucesso dos anúncios, 76-7
Coca-Cola
como concorrente da Pepsi, 3-5, 48-9
como distribuidora de conteúdo, 76, 184-5
gastos publicitários da, 55-6
no American Idol, 241
política de marketing da, 116-7
propaganda-realidade da, 69
Colgate, 4
Comercial de 30 segundos
a Internet e o, 128-9, 250
a televisão como mídia para o, 18-9, 178
buscas na web pelo, 223
desconstrução do, 155-6
eficiência do, 6-7, 15, 33-4
entretenimento com marca no, 237-8
games usados no, 136-9
indicadores do, 154-5
interatividade no, 156-8
música no, 226-9
óbito do, 33, 63-6, 112-3
papel na gestão de marcas do, 55-6, 184
propósito do, 78-9
público do, 33, 146-7
status do, 1-2, 31-3, 61-2, 148-50, 185-6,187-8, 238-9, 253
versus conteúdo de forma longa, 184-5
Comissão Federal das Comunicações (FCC), 49-50, 72-3, 229-30
Commercial Alert, 72-3
Compras comparativas, 44
Compras, 15, 49-50
Comunidade
como aplicativo assassino, 31-2
como qualificadora das marcas, 55
dos usuários da TiVo, 150-1
gestão de marcas pela, 58-60, 189-90
informações sobre produtos na, 44-5
partilha de conteúdo pela, 166, 194-5
zunzum publicitário na, 193
Comunitário, marketing
controle no, 192-3
indicações como, 193-5
na construção das marcas, 190-3
para o cinema, 197-201
poder do, 162, 197
via blogs, 200-3
via e-mail, 194-6
via sites interativos, 202-5
zunzum corporativo no, 195-6
Conectividade, 30-1, 45-6, 49-50
Confusão, 9-11, 33, 39, 46-7, 198, 220-1, 227-8
Consultores, 15
Consumidores
atenção dos, 46-7, 122-3
conteúdo gerado pelos, 207-215
controle pelos, 30-1, 192-3, 213-4, 219-20
envolvimento dos, 79-80, 80-82, 83-5
experiência da marca/produto pelos, 57-8
exposição a anúncios, 9
fidelidade dos, 48-56, 161-3
indicações por, 190-92, 193-4
marketing para, 40-54, 76-7
mudanças nos, 39-41
multitarefas, 11-2, 35-6, 39-40, 121-2, 145, 146-8
personalização de anúncios para, 77-8
posicionamento de produtos e, 239-40
presença na Internet dos, 117-8, 124-6
relações corporativas com, 52-3
Conteúdo
acesso ao, 159
autorizado, 145
da Internet, 120-2
de forma longa, 178-88, 230
geração pelo consumidor, 207-215
gestão de marcas integrada ao, 157-8, 159, 240-1
gratificação instantânea, 47, 125-6
manipulação pelo consumidor, 165-7
no rádio, 229-30
patrocínio do, 161
pré-embalado, 163
premium, 72-3, 127-8, 238-40
publicidade e, 53-4, 72-4,155, 184-5
qualidade do, 46-7, 136-7, 155-7
supremacia do, 254

Controle remoto, 31-3, 35, 124, 150, 152-3
Converse, 76, 212-14
Copyrights, 140, 151-61
Criatividade, 13-4, 61-2
Crispin Porter + Bogusky, 193
Crossfire, 126
Customização, 26-7, 77-8, 160-1, 242

Dados na gestão de marcas, 61-3
de Bono, Edward, 67
Dean, Howard, 69-71
Dell, 129-30
Dellarocas, Chrysanthos, 196-7
Delta Air Lines, 40-1
Demographics, 57-8, 146-7, 151
    Dammam Housewives, 121-2
Demonstração de produtos, 82-4
Deutsch, Donny, 247-8
Devitt, Jason, 233-4
Digitalização, 28, 41-2, 57-8, 159-60, 166-7, 240-1, 253
Diller, Bany, 239-40
Dion, Celine, 168-70, 237-9
DoubleClick, 159
DVD (disco de vídeo digital), 147-8, 161-5

eBay, 57-8, 220-1
E-business, 51, 68, 249
Ecotonoha, 59-61
Efeito bebedouro, 5-6, 21-2, 31-2
E-mail
    no marketing comunitário, 194-5, 269
    via BlackBerry, 230-1
Emancipação dos consumidores
    a tecnologia e a, 30-1, 36-7, 39-41, 150
    a TV a cabo e a, 24-6
    evolução da, 31-2, 35
    expectativas resultantes da, 78-9
    o conteúdo e a, 165
    o dvd e a, 163-4
    papel de marketing da, 26-7, 30, 33, 43, 80-2
    via buscadores, 219-20
    via fones móveis, 234-5
    via TiVo, 151-2
Endosso de celebridades, 245-6
Entretenimento com marca, 180-1, 183, 184-6, 237-49
EverQuest (game), 142-3

Fallon Worldwide (agência), 172-3
Fat Actress, 121-2
Federal Express (FedEx), 73-74, 243-5
Festival Internacional de Publicidade de Cannes, 59-60
Fidelidade, 48-50
FIFA, game de futebol, 139-40
Filmes
    bilheteria dos, 199
    escolha dos consumidores, 44-5
Fleming, Sir Ian, 242
Fluxo, gestão de marcas em, 57-8, 62-3
Ford Motor Company
    apoio ao American Idol, 24, 241-2
    F150, anúncios da, 82-83
    patrocínio do, 18-9, 24, 181-2
    presença na Internet, 117-8
Ford, Henry, 4-5
Frost, Geoffrey, 246-7

Games. Ver Jogos de videogame.
Gawker Media, 200-202
General Electric (GE), 211-3
General Motors (GM), 194-6, 242-4
Gênero
    os games e o, 142
    do público-alvo, 5-7
Gestão das relações com o cliente (CRM), 48-50, 62-3, 191-2
Gestão de marcas
    duração da, 79-80
    no conteúdo, 157-9, 186-7, 240-1, 242-4
    novas abordagens à, 55-63, 250
    o comercial de 30 segundos e a, 55-6
Gladwell, Malcolm, 28, 196-7
GoDaddy.com, 21-2, 200-1
Godin, Seth, 46-7, 126
Google
    cliques no, 218
    como fonte de informações,42-3, 45-6
    como marca, 57-9
    emancipação dos consumidores pelo, 30-31, 165
    influência do, 216
    na revolução digital, 159
    volume de respostas via, 220-1
Grammy, cerimônia do, 22
Gravador de videocassete (VCR), 32-3, 35
Gravadores de vídeo digital (DVRs). Ver também TiVo.
    como nova tecnologia, 39
    efeitos na publicidade, 1, 11-2, 35, 148-9
    efeitos na TV aberta, 23, 39-40
    para pular comerciais, 32-3, 149-58, 247-8

tecnologia sob demanda, 165
Gravadores de vídeo pessoal (PVRs), 39, 150
Greenberg, Bob, 12-3, 247-8
Guerrilha, publicidade/marketing de, 53-4, 195-6

H&R Block, 73-4
Halo 2 (game), 135
Happy Days, 18-9
HBO, 19-20, 22, 72, 238-9
Hershey's, 186-8, 239-240
Hewlett-Packard, 68-9, 174-7
Heyer, Steven, 76, 184-5
HGTV, 242-4
Hirshberg, Eric, 178
Home Depot, 242-4,
Homem-Aranha 1-2, 197-201
Honda, 182-3, 209-11
HYPE, galeria, 174-77
IBM, 51, 68, 249

Idetic MobiTV, 233
"In Da Club" (50 Cent), 233
Incríveis, Os, 135, 233-4
Indicadores. Ver também Classificações
inteligentes, 61
para anúncios de forma longa, 179-80
para anúncios de TV, 154-5
para o marketing na Internet, 118-20, 131-3
Influentials, The (Berry and Keller), 50
Infomediários, 57-9
Infomerciais, 79-80
Informação:
acesso à, 45-7, 249
barreiras à, 58-9
compartilhamento da, 115-7
para o atendimento ao cliente, 50-1
uso pelos consumidores, 51-2
Instant Messaging, 24-5, 47-8, 124
Integração da marca, 184, 240-1
Intel, 142-3
Inteligentes, indicadores, 61
Interatividade
com a Internet, 35, 119-20, 122-4, 254
com banda larga, 59-60
consumidores e, 132-4
na publicidade, 75-6, 82-5, 119-21
no comercial de 30 segundos, 156-8
nos games, 141, 144
Internet. Ver também World Wide Web
acesso WiFi à, 39, 49-50
anúncios em pop-up na, 119-120
blogs na, 71, 166-7, 195-6, 200-203
bloqueadores de anúncios na, 39-40
campanha presidencial de Dean na, 69-71
como interativa, 35, 119-20, 122-4, 254
como tecnologia subversiva, 32-3
gestão de marcas na, 59-60
informações via, 41-3, 115-7, 249
marketing na, 116-23
popularidade da, 18-9
publicidade na, 18-9 126-32, 199
sempre ativa, 30-1, 45-6, 49-50, 119-120, 129
troca de arquivos pela, 194-5, 247-8
uso pelos consumidores de, 124-6, 171-2
Intervalos comerciais, 9, 151, 155-6
Intro Message, 127-8
iPod, 52-4, 165, 200-1, 211-2, 216, 227-30, 250-1
Isdell, Neville, 55-6
iTrip, 228-9
iVillage, 117-8

Jackson, Janet, 41-2, 154-5
Jackson, Peter, 197
Jaffe Juice, 200-1, 246-7
Jeep, 169-70
Jennings, Ken, 72-4
Jeopardy, 73-4
JetBlue, 146
Jogos de videogame
a televisão como aparelho para, 35-6, 136
atrativos dos, 138-40, 145
capacidades dos, 136, 139-40
como entretenimento com marca, 249
comunidades em torno dos, 253
conteúdo autorizado nos, 145
crescimento dos, 26-7, 143-144
marketing cruzado via, 135-6, 139-44
publicidade em, 18-9, 136-9
John Doe (programa de TV), 162-3
Jones, Star, 237-8
JWT (agência), 252-3

Kellner, Jamie, 159-60
Kerry, John, 71
Kmart, 141, 170-3
Kovacs, Ernie, 116-7
Krugman, Teoria de, 80

Lachman, Edward, 233
Lee, Kevin, 218
Lei de Educação e Combate à Pirataria, 151-2
Lei de Proteção à Propriedade Intelectual,151-2

Light, Larry, 57-8
Links textuais, 218, 221-2
Love Is the Killer App (Sanders), 115-6
Lubars, David, 173, 252-3

M&M's, Voto Colorido Global da, 80-4
M*A*S*H, 22
Macy, Parada do Dia de Ação de Graças da, 246
Madison+VineTM, 237-8, 246-7
Marcas
- busca na web por, 221-2
- classe A, 120
- como ferramentas para navegação no conteúdo, 166
- como redes, 76
- extensão das, 140
- fidelidade às, 48-9
- importância das, 55
- integração de games nas, 144
- líderes, 55-7
- posicionamento de, 4
- publicidade centrada na, 16-7, 40-41
- qualidades das, 44-5
- recordação de anúncios e, 12-3
- relacionamento dos consumidores com as, 53-4, 62-3, 168-9, 204
- superexposição das, 241
- versus produtos, 57, 191-2

Marketing de causa, 59-60
Marketing. Ver também Comunitário, marketing; Viral, marketing
- a idéia como coração do, 59-60
- a Internet e o, 116-123, 126
- afiliado, 191-2
- consumo de, 25-6
- de eventos, 168-70
- de fonte aberta, 207-9
- de relacionamentos, 62-3
- desmascaramento pelos consumidores, 51-2
- empurrar versus puxar, 30-40, 76-8, 146
- excessos no, 68-9
- experiencial, 168-77
- freqüência no, 79-80
- gratificação instantânea e, 47
- individual, 234-5
- integrado, 9-10
- Internet na, 117-8

Massa, marketing de, 4-5, 26-7, 43, 49-50
Massa, mídia de
- métodos alternativos de, 4-5, 28, 34, 250-4
- modelo de negócios da, 23
- modelo de negócios do, 71-2
- por permissão, 46-7, 126-7
- problemas da, 3
- relevância da, 74-5
- segmentação do, 151
- serviços sob demanda e, 166-7
- sinergia digital e, 35-6
- tradicional, 26-7, 40-1, 80-1
- ubiqüidade do, 9
- versus compras, 49-50

Masters, George, 200-1, 207-9, 250-1
Mazda, 195-6
McCain, John, 152-3
McDonald's, 57-8, 189, 233-4
McDowell, Jim, 179, 180-1
Meetup.org, 70-1
Mercury, anúncio "Lucky Ones" da, 180-2
Microsoft, 129-30, 135, 159-60, 227-85
Mídia impressa, 123, 254
Mídia. Ver também Massa, mídia de; Multimídia
- consumo simultâneo da, 121-2, 147-8
- custo da, 79-80
- definida, 66-7
- digitalização da, 159
- papel junto às agências publicitárias, 61-2
- segmentação de mercado e, 151

Mini Cooper, 242-4
Mitsubishi, anúncios "Veja o que Acontece" da, 181-2
Montague, Ty, 252-3
Moonves, Les, 239-40
Moore, Peter, 135
Motorola "Cell Stories", 233
Móvel, tecnologia, 228-9, 231-6, 249
MoveOn.org, 207-9
Mr. Clean AutoDry, 138-9
MSN, 117-8
MTV, 152-3
Mudança de horários, 23, 39-40, 154-5
Multimídia, 30-1, 39-40, 50, 121-2, 249
Murphy's Brewery, Limerick Challenge da, 233-4
Música em comerciais, 226-9
Myers, Jack, 80

Napster, 68, 181-2, 194-5
NASCAR 2005: Chase for the Cup (game), 138-9
Náufrago, O, 244-5
NBC
- Seinfeld e Superman na, 186-7
- TV Imperdível, 146-7, 151, 158

NEC Corporation, 59-61

Neistat, Casey, 52-4, 211-2
Neistat, Van, 52-4, 211-2
Nestlé Purina, 249
Netflix, 146-8
Nike
  anúncio "Just Do It" para os Red Sox, 190-2
  campanha "Art of Speed", 201-3
  comercial "Whatever", 181-3
  experiências de marca online, 249
  Michael Vick Experience, 138-9
  propaganda boca-a-boca contra a, 27
Nissan, 69
Noiva em Fuga (filme), 243-4
Nokia, 233

Ogilvy on Advertising (Ogilvy), 63
Ogilvy, David, 63, 119-20
Once and Again (programa de TV), 163
Opções, proliferação de, 39, 55
Orbitz, 141
Oscar, cerimônia do, 22
Overture, 218

Palavras-chave, 218-20, 224-25
Palm, programa Champions do, 191-2
Parents Television Council, 41-2
Parsons, Bob, 200-1
Penetrantes, tecnologias, 30, 249
PepsiCo
  como concorrente da Coca, 3-5
  concurso do comercial favorito, 69
  marketing da Pepsi One, 254
  promoção de iTunes, 42-3, 48-9
  uso de vídeo de Britney Spears, 157-8
Personalização, 26-7, 77-8, 269
Plagiocefalia, 46-7
PlayStation, 26-7, 136, 145
Plummer, Jake, 139-40
Poltrack, David, 11-3, 154-5
Ponto de desequilíbrio, 28
Pop-ups, 116-7, 119-20, 205-6, 228-9
Porter, Charles K., 205
Posicionamento de produto, 53-4, 72-3, 138-9, 144, 156-7, 237-8, 239-42, 244-5
Posicionamento, 4, 189, 220-1
Powell, Michael, 41-2, 229-30
Presidencial, campanha (2004), 69-71, 227-8
Priceline, 48-9, 57-8
Princípio RUE (relevância, utilidade, entretenimento), 73-6, 221-2
Procter & Gamble (P&G), 62-3, 65-6, 181-2, 251-2
Produtos
  ruins, 16, 70-1
  versus marcas, 57, 191-2
Programação por reembolso postal, 159
Projeto Luz Verde, 207-9
Propaganda boca-a-boca, 43-4, 52-3, 76, 189-90, 191-2,192-3
Propaganda mouse-a-mouse, 27, 51-2
Psicografia, 57-8, 151
Publicidade sob demanda (AOD), 77-8, 159-61
Publicidade televisiva. Ver também comercial de 30 segundos.
  ameaças à, 112-3, 231-2
  como formato entrincheirado, 2, 24
  customizada, 160-1
  de resposta direta (drtv), 79-80
  eficiência da, 14-5, 18-9
  espectadores evitando, 10-1
  espectadores pulando, 32-3, 149-51, 152-3, 159-60
  formatos online da, 72
  indicadores da, 154-5
  interativa, 65-6
  novos papéis da, 80-1, 183
  previsibilidade da, 9
  proposta de valor da, 123, 146-7, 161
  público atingido pela, 14-5, 21-2, 76-7
  queda na renda da, 23
  recordação dos espectadores, 11-2
  tempo consumido pela, 129, 160-1
Publicidade. Ver também Televisiva, publicidade; Trinta segundos, comercial de
  definida, 65-67
  versus marketing direto, 59-61
  interativa (ver Interatividade)
  novos papéis da, 80-85
  autorizada, 128-9, 145, 179-80, 249
  versus relações públicas, 189-190
  propósito da, 78-81
  relevância da, 69-70, 78-79, 80-81, 124, 155-156, 166
  gastos em, 18-9, 55-6, 179-80
  novas abordagens à, 1-2, 112-3
  emoção na, 79-80, 117-9
  por permissão, 46-7, 126-7
  relação do conteúdo com a, 53-54, 72-74, 127-8, 179, 181-2
  capacidade de busca na, 221-2
  música na, 226-9
  por celular, 231-2, 235-6
  colaborativa, 211-2, 252-3
  centrada em marcas, 16-7, 40-1

evolução da, 40-1
versus propaganda boca-a-boca, 43-4
antigos líderes na, 63-6
maus produtos e, 16, 70-1
qualidade da, 35, 73-5
demanda por, 23, 77-8
eletrônica, 18-9
na Internet, 18-9, 119-121, 124, 127-132, 199
Público-alvo
pulando comerciais, 39-40
online, 130-1
para o comercial de 30 segundos, 33, 146-7
alcançando o, 180-1, 202-3
informações disponíveis para o, 42-3
dos anúncios do Super Bowl, 5-7, 68
Públicos cativos, 230-1, 234-5

Rádio Sirius, 229-30
Rádio
comercialismo do, 9
satélite, 18-9, 35, 39-40, 123, 229-30, 253
Raj, Jon, 213-14
Redes (exceto TV)
interoperabilidade das, 233
papel no novo marketing das, 28
promessa de valor das, 31-2
Reebok
anúncios "Whodunit?", 246
comercial de Terry Tate, 5-6, 180-1
Relações públicas, 189-90, 193, 195-6
Relevância contextual, 168-9
Resolução de problemas, 67-8
Resposta à marca, 61-2
Resposta direta, 60-2, 79-80
Retorno sobre Investimentos (ROI), 61-2, 74-5, 129-30, 179-81, 246
Ries, Al, 4, 189-90, 193
Riney, Hal, 63-64
Ripper (game), 180-1
Ryan, Kevin, 223

Saltando o tubarão, 18-9
Samsung Electronics, 233
Schulman, Karen, 143-4
Seinfeld, 18-9, 22
Seinfeld-Superman, crônicas, 72-3, 76, 181-2, 186-8
Sem fio, tecnologia
acesso à mídia via, 39, 49-50, 247-8
papel no novo marketing da, 28, 231-6
penetração da, 32-3
proposta de valor da, 30-2
Senhor dos Anéis, O (filme), 197, 199
Serviço de mensagens breves (SMS), 205, 251, 252
Serviços por assinatura, 72-3, 238-41
Sex and the City (TV show), 241
Showtime, 121-2
Sims Online, The (game), 142-3
Sitcoms, 19-21
Snickers, 83-4
Sob demanda, serviço
a TV e o, 146-55
audiência da TV aberta e, 24-5
futuro do, 165-7, 253
no envio de mensagens, 51
o DVD como, 161-5
publicidade via, 77-8, 155-61
Sony Ericsson, 82-3, 138-9, 195-7
Spam, 116-20, 228-9
Sports Night (programa de TV), 163-4
Spyware, 228-9
Stengel, Jim, 62-3
Stern, Howard, 41-2, 229-30
Stewart, Jon, 126
Stewart, Martha, 42-3
Subway, 242
Súmulas de criação, 55-7, 84-5
Super Bowl
2004, 12-3, 154-5, 243-4
2005, 13-4, 68, 195-6
como oportunidade de marketing, 4-7, 22, 120, 205-6
Survivor, 242-4

Target
campanha "Toque de Despertar", 81-2
como varejista, 170-1
TBWA Hunt Lascaris, 226
TBWA\ChiaftDay, 170-1
Tecnologia. Ver também as tecnologias específicas
como catalisadora, 112-3, 161
como oportunidade/ameaça, 65-6, 254
comunidades centradas na, 151
conteúdo gerado pelo consumidor via a, 210-12
emancipação pela, 36-7, 39-41
marketing e, 230, 246-7
móvel, 30-1, 228-9, 231-6, 249
subversiva, 32-3
Telemarketing, 51-2, 228-9
Televisão a cabo
audiência da, 150
canais da, 46-7, 72, 112-3
publicidade na, 18-9

taxas da, 147-8, 152-3
uso do DVD na, 164-5
versus TV aberta, 22, 25-6
Televisão interativa, 65-6
Televisor, 45-6, 136
Tempestade perfeita, 28, 33, 233
Tempo
como um bem escasso, 46-8, 151-2
gasto vendo comerciais, 126-7
The Fall of Advertising and the Rise or PR (Ries), 189
The Family Guy, 161-4
The Matrix, 242-4, 244-5
The Oprah Winfrey Show, 246-7
Time Warner, 24-5, 72-3, 164-5
Titus, Rick, 82-3
TiVo
a audiência não linear com a, 158-9
a TV aberta e a, 18-9, 39-40
adoção da, 152-3
custo da, 147-8
demonstrações da, 47, 158, 181-2
downloads da, 24-5
efeitos na publicidade, 1
para eliminar anúncios, 43, 149-52, 228-9
para mensurar a audiência, 154-5
popularidade da, 7-8, 150-1, 163-4
Tobaccowala, Rishad, 165
Tom Clancy's Splinter Cell Pandora Tomorrow (game), 138-9
Topolewski, Gary, 169-70
Toques polifônicos, 233
Toyota, 209-11
Triple Play (game), 139-40
Trout, Jack, 4, 189
Trump, Donald, 184, 247-8
TV aberta
audiência da, 18-9, 22, 146-7, 150, 161-4
concorrência pela, 20-1
declínio da, 35
estréias na, 24-5
evolução da, 35-6, 181-2
marcas classe A na, 120
mudanças de consumo na, 25-7
personalizada, 158
posicionamento de produto na, 239-42
sem comerciais, 238-40
uso de dvd pela, 164-5
TV Realidade, 19-20, 20-1, 69, 240-1
Tyson Foods, 239-40

Ultramercial, 127-8
Upfront, 19-20, 21-22, 23

Vantagem do pioneiro, 68, 196-7, 240-1
Verklin, David, 61-2, 157-8
Vertigo (U2), 79-80, 185-6, 227-9
Vídeo sob Demanda (VOD), 72, 165
Vídeo, como aplicativo assassino, 129-30, 179
Vindigo, 235-6
Viral, marketing, 51, 52-3, 189-93, 205-6,
Virgin, viação aérea, 194
Visa, campanha "Idéias Acontecem", da, 69-70, 207-9, 213-5
Visible World, 160-1
Volkswagen (VW), 230
Volvo, 136-7

Walken, Christopher, 180-1
Wal-Mart, 170-1
Wanamaker, John, 15
WeatherBug, 127-8
Web logs. Ver Blogs
Who Wants to be a Millionaire, 45-6, 124-6,
WiMax, 30-31
Winfrey, Oprah, 172-3, 246
Woods, Tiger, 180-1, 245-6
World Wide Web. Ver também Internet; Busca; Buscadores
campanhas na, 69-70, 202-5
como mídia em crescimento, 115–6
conteúdo gerado pelo consumidor na, 207, 211-12
escolha de conteúdo na, 72
games na, 141, 145
gestão das relações com o cliente na, 48, 51
gestão de marcas versus resposta direta na, 60-2
mudanças de consumo na, 25-7
no marketing comunitário, 194
quebra de sites na, 196-7
relações com as marcas via a, 42-3
renomeação da, 16-7
reprise de comerciais na, 5-6, 72
vantagens de marketing da, 129-31

Xbox, 28, 135, 145

Yahoo!, 69-70, 121-2, 240-1, 249

Zlotnick, Jan, 36-7